太平洋大海战

THE PACIFIC NAVAL WAR 1941—1945

〔英〕戴维·雷格 著

张国良 雷丹 马东敏 译

中国市场出版社
China Market Press

图书在版编目（CIP）数据

太平洋大海战 /（英）雷格著；张国良，雷丹，马东敏译. —北京：中国市场出版社，2014.1

书名原文：The pacific naval war

ISBN 978-7-5092-1138-0

Ⅰ.①太… Ⅱ.①雷… ②张… ③雷… ④马… Ⅲ.①太平洋战争—海战—史料 Ⅳ.①E195.2

中国版本图书馆CIP数据核字（2013）第211165号

著作权合同登记号：图字 01—2013—5872

出版发行	中国市场出版社	
社 址	北京月坛北小街2号院3号楼	**邮政编码** 100837
出版发行	编 辑 部（010）68034190	读者服务部（010）68022950
	发 行 部（010）68021338 68020340 68053489	
	68024335 68033577 68033539	
	总 编 室（010）68020336	
	盗版举报（010）68020336	
邮 箱	1252625925@qq.com	
经 销	新华书店	
印 刷	北京九歌天成印刷有限公司	
规 格	170毫米×230毫米 16开本	**版 次** 2014年1月第1版
印 张	15	**印 次** 2014年1月第1次印刷
字 数	210千字	**定 价** 58.00元

前　言

1941 年 12 月 7 日凌晨，美国海军某一艘驱逐舰探测到一艘潜艇，随即对其发起一次成功的深水炸弹攻击，并迅速将此事上报给驻夏威夷瓦胡岛港口珍珠港的美国海军太平洋舰队司令部。在更为遥远的西部，就在当地时间凌晨 1 时 15 分，日本海军战舰开始轰炸靠近暹罗（今日泰国）边界附近的马来亚海岸，为日本陆军的登陆行动铺平道路。

就这样，第二次世界大战的战火烧到了太平洋。

早在十天前的 11 月 27 日，就在日本要求美国承认其在亚洲的地位遭到拒绝后的第二天，美国海军作战部长哈罗尔德·斯塔克海军上将发电报给美国海军亚洲舰队司令托马斯·哈尔特海军上将和太平洋舰队司令哈斯邦德·金米尔海军上将：

"你们可以将这封信视作一个战争预警。为了争取太平洋地区的稳定，我们与日本人进行的谈判如今已经停滞，日本人未来几天很可能发起攻击……请做好必要防范……"

此时，日本海军联合舰队已经在海上活动，正朝着珍珠港进发，他们甚至早在美日双方谈判破裂前就已经出航了。

其实，早在 11 月 24 日，斯塔克就已向他的舰队指挥官们发出了外交形势日趋恶化的警告，他甚至提醒哈尔特和金米尔，日本人有可能发起一场突然袭击，但袭击的目标和方式尚不确定。

在斯塔克看来，日本人的攻击目标不是关岛就是菲律宾。当时，没有一个人能够料到，日本人竟然会对珍珠港发起袭击。

11 月 27 日，斯塔克再次认为，菲律宾、暹罗或者婆罗洲，最有可能成为日本人的攻击目标。在夏威夷，金米尔坚信，"日本人的舰队绝对不可能进入我们的地盘！"

然而，随着日本海军航母舰载机对美国太平洋舰队基地珍珠港发起袭击，欧洲战争随即扩大成为世界战争，所有上述看法最终被证明是极其错误的。美国被迫对日本宣战，德国随即对美国宣战。

珍珠港事件发生时，正值盟军士气普遍低落、战争前景暗淡的时刻。此时的"盟国"只有英国及其所属的自治领、殖民地以及那些在1940年春季被德国闪电攻势所征服国家的自由力量，他们撤退到英国境内继续抵抗。在北非，英军地面部队和空中力量仍在浴血奋战，誓死保卫苏伊士运河。就在此时，关乎盟军地中海交通线生死存亡的马耳他岛也几乎沦为一座孤城。

在海上，大西洋海战发展到了白热化的地步。1942年，丧命于德国U型潜艇之手的英国商船吨位大幅增加。除了在1939年年底击沉德国海军"施佩伯爵"号战列舰、1940年11月突袭意大利海军基地塔兰托港、1941年5月击沉德国"俾斯麦"号战列舰等微不足道的胜利外，盟军方面几乎没有任何令人振奋的好消息。

在英国皇家海军方面，自从战争初期战列舰"皇家橡树"号在奥克尼郡斯卡帕湾锚地被德军击沉以后，又相继损失了航空母舰"勇敢"号、"光荣"号以及更新型的"皇家方舟"号。如果说德国人向斯堪的那维亚半岛、低地国家和法国的闪电推进速度令人瞠目结舌的话，那么日本人的进攻速度和规模则称得上无与伦比。在短短几个月内，日本军队占领了向西到达马来亚和新加坡的大片土地，最远距日本本岛3000英里，并在缅甸和新几内亚等地与盟国交战。

正当美国人尚未从突遭日本人偷袭的阵痛中解脱出来的时候，大英帝国又相继丢失了马来亚和新加坡，成为其在第二次世界大战期间所遭受的一系列沉重打击之一。1942年年初，在日本人的迅猛攻势面前，澳大利亚和新西兰的处境日益危急，它们与宗主国英国乃至美国之间的纽带随时有可能被切断。

战争爆发之前，大英帝国曾经向澳大利亚和新西兰承诺，一旦他们遭受到日本人的威胁，英国皇家海军将派出一支"强大的舰队"前去保护他们。然而，当这种威胁真正变成严峻现实的时候，皇家海军却无法兑现承诺，在缺乏有效的空中掩护的情况下，英军战舰无法派到那么遥远的地方。

本书详细记录了盟国与日本人之间所进行的这场战争。它主要是一场海战，这是因为：

正是凭借强大的海上力量，日本人才得以对珍珠港发起毁灭性的军事偷袭，而后向西、向南快速推进；同样，正是凭借强大的海上力量，盟国才能够有效遏制住日本人的迅猛攻势，进而发起强力反攻，直至将战争推往日本本土。

1942年6月，中途岛海战，美军以压倒性的胜利彻底扭转了交战双方的攻守态势，终结了日本人企图吞并全世界的狼子野心。接下来上演的莱特湾海战，成为史上最大规模的海上交战，美国人通过此役重新返回菲律宾。

本书开篇，再现了远东地区错综复杂的政治、军事和外交场景，研究了促使日本人走向战争的决策过程，分析了在战争初期遭受了包括"威尔士亲王"号和"反击"号战列舰在内的主力舰的重大损失后，英国皇家海军所面临的种种严峻形势。然而，经过短短一两年的时间，英国皇家海军就得以东山再起，向远东地区派出了其历史上一支力量最强大、编组最合理的舰队，他们在攻击日本石油设施、阻击本土日军增援硫磺岛和冲绳的战斗中，扮演了一个不可或缺的重要角色。

在这场战争中，我们还见证了澳大利亚皇家海军的成长历史——如何从一支负责支援皇家海军在南半球作战的小型兵力，逐渐发展成为一支力量均衡、指挥独立的积极参与和影响地区事务的大型舰队。

术语解释：

重巡洋舰——配备的舰炮口径不超过 8 英寸的一种大型战舰。

轻巡洋舰——配备的舰炮口径不超过 6 英寸的一种大型战舰。但一个例外是，英国皇家海军"城镇"级战舰共拥有 12 门 6 英寸口径舰炮，分别配置在 4 座炮塔上，却被归类为重巡洋舰。

联合舰队——日本帝国海军作战部队，由 6 支分舰队和 1 支航空舰队组成。

航空母舰 ——搭载飞机作战的大型战舰。

护航航空母舰——美国海军护航航空母舰和英国皇家海军的辅助航空母舰。

轻型航空母舰 ——美国海军轻型航空母舰或者英国皇家海军轻型舰队航空母舰。

本土舰队——驻扎和守护本土海域的英国皇家海军舰队，其前身是第一次世界大战期间的英国皇家海军大舰队，以及随后出现的英国皇家海军大西洋舰队。

目 录
Contents

1

"我们将派出一支强大舰队"
——新加坡要塞

大英帝国和英国皇家海军与远东和太平洋地区有着悠久的历史渊源。截至20世纪初期，作为大英帝国在该地区最大的殖民地，印度曾被冠以"皇冠上的宝石"之美誉，但它的重要地位很快便被马来亚所替代，这是由于后者有着丰富的橡胶和锡矿产量，以及新加坡和香港在殖民地贸易中所处的关键位置。

然而，对于许多英国人来说，太平洋地区真正需要关注的两个地方却是澳大利亚和新西兰。这两个国家在空间距离上都远离它们的宗主国，先后在1901年和1907年取得了自治地位，成为大英帝国属下的自治领。这一政治格局的出现，是由于英国人汲取了早年导致美国独立战争的经验教训，认识到与其直接统治一个遥远的殖民地，不如允许殖民地人民实施自治，从而使他们继续保持对于宗主国的效忠。澳大利亚和新西兰对于大英帝国的经济发展极为重要，因为它们不但是廉价的农产品生产基地，更重要的是，它们不像其他殖民地那样成为帝国沉重的经济负担，例如人口数量庞大、民生状态赤贫、种群问题严重的印度。不过，令人匪夷所思的是，即使像印度这样经济社会落后的殖民地，却整天叫嚷着要求独立。

与印度相比，澳大利亚和新西兰的人口数量却很稀少。其中，前者人口中的绝大多数聚集在沿海几座城市，只有少数几个粮食产区散布在内陆地区。新西兰的面积跟宗主国英国差不多，人口数量却很少。澳大利亚有着丰富的铁矿石、煤炭和农产品，新西兰的矿产资源却很稀缺。

但是，保卫澳大利亚和新西兰自治领的负担，很大程度上需要依托它们的宗主国，这是可以理解的，因为当地稀少的人口数量，使它们很难组织起一支行之有效的规模适中的武装力量。然而，给大英帝国造成沉重防务负担的并非只有澳大利亚和新西兰，还有另外两个国家——加拿大和南非。在伦敦的政治家眼里，这两个地方的政府从来就不打算承担任何防务开支，根本不替宗主国分忧解愁，相反却奉行更加强烈的独立主张，拒绝为"帝国防务"出一分钱，这种局面与温驯恭顺的澳大利亚和新西兰形成了鲜明对比。

到了19世纪末期，一边是大英帝国防务负担的日益加重，一边是自治领和殖民地的日益繁荣，这种强烈反差导致大英帝国政府要求各个属地在帝国防务上尤其是海上防务方面承担重任。要知道，此时此刻，对于大英帝国而言，它与法国的传统历史恩怨已经让位于对不断崛起的新兴德国和沙皇俄国的深深恐惧。

在远东，直到19世纪末期，英国皇家海军还在为新兴的日本帝国海军提供各种资助和建议，英国造船厂向日本出售各种作战舰船。英国人此举的背后，一方面是为了追求商业上的利益，同时还有着在远东地区抵制沙俄势力扩张的用意。1904年，日俄对马海战中，被派往远东与日本帝国作战的沙皇俄国舰队最终全军覆没。在此之前，大英帝国和沙皇俄国之间曾经几乎走到战争边缘，俄国人在北海海域炮击了几艘向南行驶的英国拖网渔船，因为其误认为它们是日本人的鱼雷艇，这一事件激起英国人的强烈不满。因此，当俄国人在对马海战中惨遭失败的消息传来后，英国举国上下很是幸灾乐祸。

不过，这一时期的远东，羽翼丰满的日本帝国同样野心勃勃，悍然启动了自己的侵略扩张计划，先是占领中国的辽东半岛，紧接着将中国势力从朝鲜半岛驱逐出去。

在第一次世界大战结束后的最初几年，英国与日本的关系曾经有过一段蜜月期，英国皇家海军派出一个军官代表团访问日本，日本海军航空兵的许多发展项目都与这个代表团的建议和指导工作分不开，英国海军飞机甚至以许可证的形式在日本进行生产。然而，即使在这样一种热烈交往的氛围中，英国人对于日本人的真实意图也开始担忧起来。

20世纪的历史大幕逐渐拉开的时候，英国海军部已经非常清楚，自己正面临着来自德国海军日益清晰的威胁，在第一次世界大战爆发前的数年里，英德之间展开了一场异常激烈的海军竞赛。面对德国人的咄咄攻势，英国海军部的对策是在本土海域尽可能多地集中皇家海军兵力，御敌于国门之外。根据这一政策，英国皇家海军组建了 2 支舰队，一个是大舰队，一个是地中海舰队。

在苏伊士运河的东面，澳大利亚皇家海军于 1911 年正式建立。与此同时，一支新西兰分舰队也组建起来。这两支海军舰队的指挥权逐渐被英国皇家海军军官所掌握，英国人在德文郡达特茅斯港对澳新两国的海军军官进行培训。在印度，同样也组建了一支印度皇家海岸警卫队。

第一次世界大战

第一次世界大战期间，日本和意大利作为盟友，和英国人携手并肩，他们甚至派出一支驱逐舰编队前往地中海海域作战。在战争期间，皇家澳大利亚海军和新西兰海军作战非常英勇，与英国皇家海军相比毫不逊色。战后，这些自治领的海军力量再次进行了削减。在此期间，英国皇家海军内部也展开了一场激烈的争论，焦点在于只能够在一个半球海域作战的英国皇家海军，是否有必要继续保持其在东西半球同时遂行作战任务的职责。

但问题在于，经过第一次世界大战，人们发现英国皇家海军已经今非昔比，按照英国第一海务大臣兼舰队司令的杰克·费希尔爵士的原话就是："虚弱不堪，百无一用。"这种情况在太平洋海域的作战行动中尤其突出。

1914 年，在苏伊士运河以东，英国皇家海军有着 3 支舰艇编队，它们分别是驻扎在香港的中国分舰队，下属 1 艘早期"无畏"级战列舰"胜利"号、装甲巡洋舰"汉普郡"号和"弥诺陶洛斯"号、轻巡洋舰"纽卡斯尔"号和"亚茅斯"号。战争开始时，"胜利"号还在造船厂，但很快交付海军使用。当时，为了解决舰员短缺的问题，4 艘"扬子江"级炮艇迅速退役，艇员们被转移到"胜利"号上服役。英国人起初打算征召中国锅炉工人到舰上服役，但应者寥寥，最后不得不从"康沃尔公爵轻型步兵团"征召了 106 名士兵和 2 名军官。

在新加坡，驻扎着英国海军东印度分舰队，下属"胜利"号的姐妹舰"快捷"号无畏舰以及 2 艘轻巡洋舰。法国人也在这里部署了 2 艘装甲巡洋舰，但接受英国海军指挥官的指挥。后来的俄国人也向这里贡献出了 2 艘老旧的轻型巡洋舰。

在 3 支舰队之中，最强大的当属澳大利亚分舰队，这支驻扎在悉尼的舰队由"不倦"级战列巡洋舰"澳大利亚"号以及 2 艘老式轻巡洋舰"悉尼"号和"墨尔本"号组成。第一次世界大战期间的轻巡洋舰在吨位上接近第二次世界大战期间的驱逐舰，但当时的驱逐舰体型比较小，排水量通常在 1000 吨以下。只有那些配备了装甲防护设备的装甲巡洋舰，才能在体型上与它们在第二次世界大战期间的后继者相提并论。

太平洋地区虽然并非战争的中心地带，但德国人认识到，破坏对手的海上交通线非常关键，尤其对于阻击澳大利亚和新西兰兵团前往欧洲大陆和中东地区参战，有着至关重要的战略意义。英国皇家海军虽然直到战争后期仍不赞同护航运输队的做法，但他们对于在太平洋和印度洋航行的运兵船还是提供了必要的护航保障。即便如此，在这些护航运兵船之中，仍有 39 艘被德国商船袭击舰"埃姆登"号和"卡尔斯鲁厄"号所击沉，总吨位达到 176000 吨。为了迷惑敌人，"埃姆登"号曾经故意伪装成一艘英国轻巡洋舰，拥有 4 根烟囱。一旦攻击行动得逞，"埃姆登"号往往表现出比较高贵的人道主义姿态，允许被袭船只上的士兵们弃船逃生，使他们避免了和船只一起葬身海底的厄运，因此赢得了一定的声誉。

尽管如此，在 1914 年 11 月 9 日，"埃姆登"号的好运气还是走到了尽头，驻守科科思岛电报站的人员认出了这艘军舰，紧接着，它的信号被护送澳大利亚运兵船前往红海的英军轻巡洋舰"悉尼"号捕捉到。与"埃姆登"号相比，"悉尼"号的速度更快、吨位更大且火力更猛。当时，"悉尼"号立即离开运兵船队，径直前往相关海域截击"埃姆登"号。经过两个半小时的激烈炮战，"埃姆登"号中弹发生燃烧，最后触礁沉没。

1914 年 11 月 4 日，"卡尔斯鲁厄"号在加勒比海海域因发生内部爆炸而沉没。倘若不是由于这种意外爆炸，它也注定成为英国皇家海军战舰的美味佳肴。

科罗内尔

就在"埃姆登"号利用伪装袭击英国皇家海军且不断得逞的同时，德国海军一支作战编队却在太平洋海域到处游荡，它就是驻扎在中国青岛的德国海军东亚分舰队，指挥官是冯·施佩海军上将。舰队配有装甲巡洋舰"沙恩霍斯特"号和"格奈森瑙"号、轻巡洋舰"莱比锡"号和"纽伦堡"号。另外一艘就是上面提到过的"埃姆登"号，长期在海上实施单兵作战，专门对英国商船发起袭击。这支舰队也许称得上强大，但总体而言，其对手英联邦海军的实力则要强大得多。一些英国舰船，尤其是"澳大利亚"号，要比他们的德国对手高出一个等级。"米诺托尔"号要比德国任何一艘装甲巡洋舰都先进，"纽卡斯尔"号和"雅茂斯"号则比德国轻巡洋舰优异许多。此外，德国人为了扭转不利局面，在战争刚一爆发，就征用了商船改装的装甲巡洋舰"弗里德里希亲王"号。

英国海军部一贯极不赞成实施护航运输队制度，也缺乏足够多的驱逐舰为运输船队提供保护，但在德军商船袭击舰的严重威胁面前，为前往欧洲战场的印度、澳大利亚和新西兰的运兵船提供防护又必不可少，在此情况下，护航作战迅速成为在东方海域活动的英国皇家海军的主要任务。此外，对于澳大利亚和新西兰而言，他们还要承担夺取德国人在太平洋地区的地盘和资产的任务，因此同样离不开英国皇家海军的支援。

冯·施佩率领的德国海军分舰队在太平洋上飘荡了许多日子，在究竟选择哪条航线上始终举棋不定。一路上，这支德国舰队最大限度地利用了中立国的港口设施。施佩最初计划与在美洲基地的德国分舰队会合，然而，就在他沿着南美洲海岸向南航行、准备进入大西洋的途中，遭遇了前来追击自己的英国皇家海军舰队。

这支英军舰队由海军中将克里斯托弗·克拉多克爵士率领，包括装甲巡洋舰"好望"号和"蒙默思"号、轻巡洋舰"格拉斯哥"号以及勤务船"奥特朗托"号。其中，战斗力最强的"好望"号装甲巡洋舰1912年建成，排水量14224吨，舰首装备1门233毫米口径的老式舰炮，舰尾装备16门152毫米口径老式副炮；"蒙默思"号1913年建成，排水量9144吨，装备14门同样破烂不堪的152毫米口径老式舰炮；"格拉斯哥"号轻巡洋舰1909年下水，装备2门152毫米口径和10门稍新的100毫米口径舰炮；勤务船"奥特朗托"号是由东方公司的商业班轮改建而成，无论从任何角度来讲，都算不上一艘战斗舰。

就整体实力而言，英国皇家海军在南大西洋的实力优于德国海军，但由于航空侦察手段欠缺，加之通信手段有限，他们在茫茫大海上寻找对手无异于大海捞针。即便如此，1914年11月1日，一个海上风高浪大的日子，在智利海岸科罗内尔附近，"好望"号、"蒙默思"号、"格拉斯哥"号和"奥特朗托"号发现了冯·施佩海军上将率领的德国分舰队，双方开始交战。

在恶劣的天气条件下，英军只有"好望"号和"蒙默思"号装甲巡洋舰的火炮能够正常射击。但由于在火力和射程上均处于劣势，"好望"号和"蒙默思"号很快就被德舰击中起火，就这样，作为旗舰的"好望"号在交战一小时后发生爆炸并沉没，克里斯托弗·克拉多克爵士也因此成为第一次世界大战期间阵亡的4名舰队司令官中的第一人。

紧接着，"蒙默思"号被德军巡洋舰发射的一枚鱼雷击中，全舰官兵随舰一起葬身海底。在此情况下，"格拉斯哥"号和"奥特朗托"号赶紧停止进攻退出战场，开始向福克兰群岛航进——根据英国海军部的命令，它们将保卫设在那里的无线电台、煤炭和石油储备。

随着克拉多克海军中将的分舰队被摧毁，英国人在南大西洋的处境变得异常困难。相反，冯·施佩却得到了一个非常有利的时机：不但可以瘫痪英国在南美洲的海上运输线，还可以直接穿过大西洋攻击南部非洲的商业航线。然而，令人大惑不解的是，冯·施佩并没有抓住这个千载难逢的良机，相反，他在智利外海完成舰船重新补给和舰员休整之后，决定挥师前往福克兰群岛，攻击并夺取那里的英军设施。

在伦敦，英国海军上将约翰·费希尔预见到了冯·施佩的计划，立即派遣海军参谋长弗雷多里克·多夫顿·斯泰迪爵士率领战列巡洋舰"常胜"号、"不屈"号前往南大西洋。此外，他还命令位于中南美洲海域的英军巡洋舰"康沃尔"号、"肯特"号、"卡纳封"号和"布里斯托"号立即全速赶往福克兰群岛，与"格拉斯哥"号和另外一艘早期无畏舰"凯纳匹斯"号会合。

冯·施佩的舰队于12月初绕过霍恩角，12月8日，福克兰群岛已经遥遥在望。正当5艘德军战舰向英军无线电发射站逼近的时候，突然遭到英舰"凯纳匹斯"号的猛烈攻击，紧接着，又有 3 艘英军巡洋舰从福克兰群岛东侧海湾内冲出来。面对这种情况，冯·施佩立即调动两艘主力舰前去占据有利位置，以便集中重炮火力对"凯纳匹斯"号进行射击。同时，他还命令"莱比锡"号参加战斗，协助其他战舰击退英国轻巡洋舰可能发动的鱼雷攻击。9 时 20 分左右，在距离港口 10 英里的地方，冯·施佩将舰队编成新的战斗队形，由"格奈森瑙"号装甲巡洋舰担任先导舰，紧随其后的依次是"沙恩霍斯特"号、"德累斯顿"号、"纽伦堡"号和"莱比锡"号，这是由德国人创造的一种追击战术，可以轻易压制对手的机动能力。

然而，冯·施佩做梦也没有想到，英国海军"常胜"号和"不屈"号战列巡洋舰前一天刚刚抵达这里，并且补充了足够的燃料。此时此刻，它们就埋伏在港口周围高地的后面，正伺机而动。9 时 45 分，在英军巡洋舰施放的烟幕的掩护下，"常胜"号和"不屈"号突然出现在德国人眼前。等到冯·施佩意识到自己掉进一个精心设计的陷阱里的时候，一切都为时已晚！

12 时 30 分，斯泰迪海军上将命令两艘战列巡洋舰以 28 节的航速向敌人逼近，"卡纳封"号、"肯特"号、"康沃尔"号紧随其后，在距离对手 15700 米的地方开始对最后一艘德舰进行炮击。这时候，冯·施佩认识到已经无法摆脱英国人的追击，于是命令两艘装甲巡洋舰调转舰身进行还击，由"沙恩霍斯特"号对付"常胜"号，"格奈森瑙"号对付"不屈"号。与此同时，另外 3 艘德国轻巡洋舰则脱离战斗序列向中立国港口四散奔逃，英军巡洋舰"肯特"号、"康沃尔"号和"格拉斯哥"号在后面穷追不舍，"卡纳封"号巡洋舰紧随其后以便提供必要的支援。

在对付冯·施佩的战斗中，斯泰迪采用了与冯·施佩此前对付克拉多克海军中将所采用的同样战术——利用优势速度和火力来获取最大限度的胜利。16 时 17 分，在长达 3 个多小时的追击战之后，伤痕累累的"沙恩霍斯特"号从舰尾开始下沉。紧接着，两艘英国战舰又集中全部火力对付"格奈森瑙"号，在英舰的猛烈炮击下，"格奈森瑙"号几乎变成一堆熊熊燃烧的残骸，但它仍在英勇战斗，一直坚持到 18 时最终沉没为止。在"格奈森瑙"号的 800 多名舰员中，大约 200 人获救，相反，"沙恩霍斯特"号的 860 名舰员全部葬身大海。

与此同时，其他几艘英国战列巡洋舰也追上了那些企图逃逸的德国轻巡洋舰。在接下来的战斗中，"莱比锡"号被"格拉斯哥"号和"康沃尔"号击沉。"纽伦堡"号经过长达 5 小时的追击战之后，也被"肯特"号所击沉。英舰"肯特"号是"纽伦堡"号此前所击沉的"蒙默思"号的姊妹舰，当初，在"蒙默思"号沉没时，"纽伦堡"号竟然坐视那些幸存者活活淹死而不施救。因此，在艾伦舰长的激励下，"肯特"号全体官兵同仇敌忾对付"蒙默思"号，复仇心切的轮机兵和司炉兵为了加快追击速度，甚至将舰上所有能燃烧的物品都作为燃料填进火炉。在这种努力下，"肯特"号有一阵子的航速甚至比它最辉煌时期还要快上 1~2 节，最终将敌人追进自己的火炮射程之内。

在冯·施佩的太平洋分舰队中，只有"德累斯顿"号轻巡洋舰侥幸逃脱，但它的末日也已为期不远了。1915 年 3 月 14 日，在胡安·费尔南德斯群岛附近，英舰"肯特"号和"格拉斯哥"号追上了"德累斯顿"号，在严重受伤的情况下，"德累斯顿"号舰员被迫将其自行凿沉。

通过福克兰群岛海战，英国人报了一箭之仇，德国人蒙受了惨重损失，双方在南大西洋和太平洋的力量平衡发生扭转。即便如此，德国人继续袭扰英国及其盟国的海上运输线，太平洋依旧是德国商船袭击舰的欢快的狩猎场。

第二年，在新加坡，大英帝国一个与生俱来的缺陷暴露出来。当时，信仰伊斯兰教的印度士兵发生哗变，原因是他们听说自己要被派去与土耳其军队作战，而土耳其人是他们的穆斯林兄弟。在哗变期间，印度士兵杀死了几名英国军官和文职人员。最后，大英帝国从马来亚最南端的柔佛和缅甸火速调集军队进行弹压。事实上，穆斯林和其他教派之间的尖锐分歧在大多数的殖民地都普遍存在，只不过在印度表现得尤为严重。此外，即便是在诸如马来亚和尼日利亚这样遥远的地方，宗教矛盾同样是一个不容回避的严重问题。

力量标准

19 世纪最后 20 年，大英帝国无疑独享了全球公海霸权。但是，随着新技术和新发明的不断涌现，英国皇家海军的某艘战舰往往尚未下水便已经严重过时。造成这一切问题的根源就在于英国推行的所谓"双重力量标准"的海军政策，即确保在任何情况下，皇家海军战舰数量要与任意两支未来战争中可能的海军对手的总和保持均等，而且最好能在此基础上再稍高一筹，即多出 10%。在这种政策的驱使下，皇家海军以一种异乎寻常的速度建造新的战舰，根本来不及汲取最新的科技成果。

不过，"双重力量标准"这种理论虽然听起来悦耳动听，实施起来却非常艰难，建造数量众多的"大舰巨炮"的无畏舰，几乎耗尽了英国皇家海军的造船能力和经费预算，即使到了战争结束，如何维持和部署这样一支庞大舰队，仍然令英国政府头疼万分。

在此情况下，有人提出应该建立一支大英帝国综合海军，以英国皇家海军为基础，将澳大利亚、加拿大、新西兰、南非乃至印度的舰艇扩充进来，这支海军毫无疑问将接受英国皇家海军控制，却由各个殖民地自治领共同承担人力、舰船以及所需的经费开支。

早在 1918 年 8 月 15 日，英国政府的这一方案遭到各个自治领当局的断然拒绝，其中，最强烈的反对来自加拿大和南非。但是，即便是一向温驯听话的澳大利亚和新西兰，也都明确表达了希望保留各自的舰队，以及对于财政和防务上的独立控制程度。

1889 年，英国对"双重力量标准"政策进行了修改，颁布了新的《海军防御法案》，要求皇家海军必须具备与世界第 2 和第 3 位海军力量一决高低的能力。随着这项法案的出台，英国又开始了新一阶段的造船计划，首当其冲的便是"皇家君主"级战列舰，除了"皇家君主"号自身以外，该级战列舰还包括另外 7 艘，它们分别是"印度皇帝"号、"拉米伊"号、"反击"号、"决心"号、"复仇"号、"皇家橡树"号和"胡德"号。

随着第一次世界大战的结束，1922年2月6日，《华盛顿海军条约》正式签署，英国皇家海军被获准拥有的主力舰数量遭到削减。与之相反，美国海军则获得了与英国皇家海军同等的发展规模，朝着走向未来世界领先海军又迈出一步。美英两国海军的舰船吨位均限制在525000吨，包括法国、意大利和日本等其他国家的吨位则相对较小，战败国德国只能建设一支海岸防御力量。

事实上，作为历史上第一个裁军条约，《华盛顿海军条约》首先由美国人倡议并规划，首要目的在于限制英、美、法、意、日等当时5个世界海上强国的海军规模。对于英国来说，该条约的签署意味着要对现有一些战舰进行拆解，停建一些新的造船项目，最终将主力舰数量削减到20艘。然而，与美国战舰相比，英国战舰却存在着武器装备落后、舰龄老化等问题，因此，《华盛顿海军条约》允许英国再建造2艘新战舰对老化船只进行替换。

鉴于上述情况，在两次世界大战的间隙，英国皇家海军发现自身处境也许可用"单支海军标准"来表示。在这种令人羞愧的处境中，大英帝国内部的政治争论围绕着皇家海军战力而展开，大家普遍认为目前的皇家海军只能对一个半球产生影响力，却承担着两个半球的作战任务。伦敦的政客们极力鼓吹应当对各个自治领施加压力，迫使他们站出来承担责任。但是，这种主张却遭到了来自自治领的普遍抵制。

当时，在澳大利亚，海军现役人员数量减少至3117人，另有5446人服预备役。面对这种局面，为了打消澳大利亚和新西兰的顾虑，大英帝国开始在新加坡建造一个足以支撑一支主力舰队的大型海军基地，确保在与日本发生战争时，英国皇家海军能够向东方投送全部兵力。在英国主力舰队到达战区之前，新西兰和澳大利亚两国的主要任务就是最大限度地迟滞日本海军的推进步伐。其中，新西兰对于新加坡基地的期望值最高，甚至为这项工程投入了100万英镑的资金，这在当时是一笔数量不菲的开支。

在大多数人看来，新加坡就是"远东的直布罗陀"，在持这种观点的人群中，就有第一次世界大战爆发时担任英国海军部第一海务大臣、后来在第二次世界大战爆发前重新担任这一职务、最终出任英国首相的温斯顿·丘吉尔。

事实上，这是一种失败的战略观点，因为它不仅没有判断出欧洲将会发生战争的前景，还完全忽略了日本人对于发展海军航空兵和航空母舰的极度狂热。与这种战略密切相关的还有一个因素，那就是经济大萧条对于英联邦国家军队所产生的致命影响。例如，皇家澳大利亚海军在 1928 年接收了 2 艘"郡"级巡洋舰，却无力为它们提供任何所需的装备支持，这种情况一直持续到了 1934 年。英国皇家海军也受到了同样的影响，在自身发展建设上面捉襟见肘。

在众多大国和未来对手之中，英国是唯一一个寻求收紧《华盛顿海军条约》有关条款的国家，它做了大量的努力，试图降低巡洋舰和航空母舰的吨位上限。英国建造的重巡洋舰配置了 3 座炮塔 6 门火炮，比条约所允许的 4 座炮塔 8 门火炮还要少。战列舰的主炮口径从 16 英寸降低到了 14 英寸，不但使炮弹的炸药装量减少，还使射程缩短了许多。

鉴于与德国、意大利和日本等国爆发战争的可能性日益增加，英国皇家海军和皇家澳大利亚海军开始了舰船升级改进和扩充军备。与此同时，新西兰分舰队接收了 2 艘更加现代化的巡洋舰，并且扩充成为皇家新西兰海军。

在其他一些地方，皇家印度海军仅有 1708 名现役人员和 5 艘单桅帆船（其中只有 2 艘比较先进）、1 艘巡逻艇和 2 艘辅助船，它们实际上不过是皇家海军东印度海军站的资产。

1941 年，由于战争的原因，地中海海域愈发不适于舰船航行，来往远东的各型舰船不得不绕道南非。在距离开普敦不太远的西蒙斯敦，英国皇家海军建立了一处大型海军基地。尽管南非的商业贸易大部分经由海上进行，并且拥有一支规模较小的海岸兵力（在 1942 年演变成为南非海军），但其本质上并非一个海洋国家。

英国皇家海军对于殖民地和自治领的海军发展有着不可或缺的深刻影响。在皇家印度海军，四分之三的军官从英国皇家海军借调而来。在 1939 年 9 月的新西兰海军队伍中，有着 1257 名士兵和 82 名军官，其中仅有 716 名士兵和 8 名军官是新西兰人。

当战争在 1939 年爆发后，几乎所有的新西兰人都渴望着能够为自己遥远的祖国贡献力量，但新西兰本国的武装部队却没有这么大的吸收能力，于是有许多新西兰人选择直接加入英国皇家海军的行列，他们在海军航空兵之中的比例尤其高。鉴于这种情况，英国皇家海军索性在新西兰城市奥克兰开设了一个新兵征募办公室。

鉴于欧洲战争阴云密布，英国皇家海军和皇家空军的注意力全部放在此地，对于远东发生的一切爱莫能助，即使是在日本人已经开始对中国发起一场大规模战争的前提下，他们也无暇顾及。

新加坡

丘吉尔曾经拿新加坡跟直布罗陀做比较，以突出其重要性。但是，新加坡仅仅凭借其 225 平方英里的面积，就远远超过了面积只有 2.5 平方千米的直布罗陀，达到后者的 100 倍。事实上，直布罗陀只不过是一个小型半岛，新加坡则是一座岛屿，大概有半个英国怀特岛那么大。

此外，还有其他一些区别。例如，直布罗陀港口大部分用人工建成，而新加坡要大出许多，是世界上最重要的天然良港之一。就重要性而言，直布罗陀充其量只是一座军港，很少有商业船只往来进出。新加坡在东方却是一个颇具规模的商业港口、仓库和贸易中心，马来亚群岛南部几个国家的产品出口大多经由此地，地理位置十分重要。

直布罗陀过去是而且始终是英国的一处殖民地，新加坡则不然，它作为英属海峡殖民地存在许多年，实际上却由印度代为统治。1867 年 4 月，新加坡升格为英国直辖殖民地，其总督可直接与设在伦敦的殖民地办公室进行联络。在新加坡，人数最多的族群是华人，同时还有相当多的马来人。早在 1906 年，矢志推翻中国清政府建立共和国的同盟会在新加坡创建了一个分支机构，后来发展成为该组织在东南亚的总部。同盟会实际上是中国国民党的前身。

创建海军基地

最早在 1919 年，有关在新加坡建立大型海军基地的想法得到了英国人的普遍认同，一方面是由于受到俄国十月革命的冲击，另一方面也由于对日本建设大型海军基地政策的种种担忧，后者直到 1923 年才公开宣布此事。

在新加坡建立海军基地的问题上，英国人之所以如此迟钝，是由于过去五十多年里，该地区没有出现过任何非常明显的威胁，统治该地区殖民地的是英国的友好国家，尤其是荷兰和葡萄牙。此外，随着 19 世纪逐渐走向尾声，英国和法国之间结束了长达数个世纪的激烈对抗，逐渐走向和解和合作。在该地区，法国是第三大殖民力量，拥有着印度支那的大片地盘。

随着局势的发展，日本对外侵略扩张的活动日益加剧，英法等西方老牌殖民主义国家与日本军国主义之间的矛盾愈发尖锐，双方随时有可能正式摊牌。尤其在 1931 年前后西方世界出现严重经济危机、生产陷入停滞的历史时刻，日本人为了转嫁经济危机带来的沉重压力，悍然出兵侵略中国东北。

即便如此，新加坡的海军基地直到 1939 年才勉强完工，当时共花费了 1.25 亿英镑，按照当时的汇率，相当于 5 亿美元。按照今天的物价，相当于花费 75 亿英镑，约合 105 亿美元。

投入如此庞大的资金，所建成的新加坡基地确实与众不同，它有着世界上最大型的干船坞，能够接纳英国皇家海军现役的和计划建造的任何舰船，即便像"玛丽女王"号乃至"伊丽莎白女王"号那样的大型远洋客轮，也不在话下。（一旦战争打响，这些大型远洋客轮都有可能被征用，作为大型运兵船，往来于远东和本土之间。）

此外，新加坡基地还有着世界上第三大浮动船坞，其燃料仓库的储量可供整个英国皇家海军舰队使用 6 个月。为了保护整个港口，英国人在岸上部署了 5 门口径 15 英寸的海军火炮。与此同时，英国皇家空军还在此部署了一处航空站，为港口提供必要的空中防御手段，这一点在直布罗陀港口是没有的。

如果需要，这些重型海军岸炮可以直接对敌方战舰进行射击，它们配备的主要是穿甲弹,而非用来杀伤敌方人员的破碎弹。在意识到这种配置有可能成为一种弱点后,英国海军部提议在新加坡到马来亚之间的堤道上部署大量中小口径的野战炮,专门用来对付敌军登陆部队。然而,部署野战炮的做法遭到了英国皇家空军的反对,后者认为不如将这些钱花在防空建设上,因为未来战争只有可能在海上或马来半岛上空进行。

而丘吉尔本人也坚信,在新加坡部署一支 20000 人的守备部队,足以抗击日本人可能发起的任何攻击。这位英国伟人甚至怀疑日本能否出动那么多的兵力长途跋涉,去进行一场旷日持久的战争。在他看来,"新加坡距离日本,如同南安普敦距离纽约那么远!"

然而,根据英国皇家空军的作战计划,鉴于法国和荷兰的相继溃败,英国将无法从其在东南亚和太平洋殖民地那里获得任何的军事支持,因此投入了一支总数达 556 架飞机的编组合理的空中兵力,专门为新加坡和马来亚提供空中防御。事实上,接下来我们将会看到,在日军进攻面前,荷属东印度群岛作为英国的盟友一直在坚持战斗。英国参谋长联席会议重新审查了皇家空军的作战计划,将飞机减少到了 336 架,这是鉴于英国陆军计划将在此地部署 48 个步兵旅和 2 个装甲旅的缘故。

新加坡最致命的弱点在于,它只是一个坚固的要塞或基地,而没有部署足够多的兵力进行防守。当时,英国皇家海军在资金和人力上都极为匮乏,充其量只能组建本土舰队和地中海舰队,要想组建一支远东舰队或太平洋舰队,几乎毫无可能。

在远东,英国皇家海军拥有 2 处海军站,一个是东印度群岛海军站,最初就设在新加坡,在 1941 年搬迁到了锡兰的亭可马里;另一处是设在香港的中国海军站。这两处海军站成为英国皇家海军在该地区军事存在的标志,不过,英国皇家海军部署到这里的几艘舰船虽然被称为舰队,但其实力只不过比分舰队稍强一筹而已。随着第二次世界大战在欧洲的爆发,东印度海军站和中国海军站进行合并,成为英国皇家海军东方舰队。

2
竞争对手

　　战时联盟总是一种权宜考虑的集合体，促使它们形成的因素战前很少有人能够预见到。同样，在首先源于欧洲而后蔓延至亚洲和太平洋地区的第二次世界大战爆发之前，不曾存在着一个类似于北大西洋公约组织那样的国际机构，从而对成员国军队进行规划、协调、训练、演习和统一派遣。

　　当时，对于将会在欧洲爆发的这场战争，比利时人认为，倘若这场战争沿袭第一场世界大战的作战模式，那么自己可依赖的盟友将只有英国人和法国人。然而，英、法、比三国之间从未举行过任何形式的联合军事演习，这是因为他们担心此举有可能刺激德国人的敏感神经，进而被德国人视为一种挑衅行为。事实上，法国人甚至反对驻扎在其境内的一支英国前沿航空兵对德国目标实施攻击，担心此举将会招致德国空军对法国城市的报复性轰炸。

　　与其他国家相比，比利时在太平洋地区既没有殖民利益，也没有任何势力范围，即便如此，它仍然在第一次世界大战期间遭受灭顶之灾，惨遭德军铁蹄的蹂躏。荷兰人可怜兮兮地奉行中立政策，在第一次世界大战中得以苟延残喘，但这种做法到了第二次世界大战期间却失灵了，他们和挪威人一样在第二次世界大战初期就遭遇了亡国灭种的悲惨命运。

　　1940年4月，英德之间持续了半年之久的对峙战争——被许多英国人斥骂为"虚假战争"，又被德国人戏称为"静坐战争"——终于走到了尽头，德国军队闪电攻击丹麦和挪威，随后潮水般地突入荷兰和比利时，接下来，法国就近在眼前了。当然，在海上和空中，双方并没有进行"虚假的战争"，战争一爆发，海上就出现了比较惨重的伤亡和损失。

　　直到1940年6月10日，法国即将灭亡的前夕，意大利人才正式参战。不过，他们这种做法却为自己换来了德国人的鄙视,后者轻蔑地称意大利人是"摘桃派",是一伙擅长坐享其成的势利小人。

起初,美国人也曾试图保持严格的中立,完全不介入这场发生在欧洲的战争。人们通常将这种做法视为"门罗主义"的延续。长期以来,美国人认为美洲是自己的势力范围,自己绝不插手欧洲和非洲的事务,也希望欧洲人能够投桃报李,奉行不干涉美洲事务的政策。然而,这种做法绝不是一种切实可行的选择,因为有许多美国人仍然像他们父辈当年参加第一次世界大战时那样,自发自愿地前往欧洲参战。

其实,美国人参与"旧世界"的事务最早可以追溯到 1816 年,由美国、英国和荷兰等三国海军组成的分舰队驶入地中海,打击长期在这片海域为非作歹的北非伊斯兰海盗。到了第二次世界大战初期,美国虽然保持所谓的中立,但在政府层次上,美国人的态度也是比较强烈的,他们先是通过向英国"出租"武器装备的方式支援英国人,接着派出美国海军护航运输队将战争物资运送到大西洋中部海域某个指定的交货点,从而减轻英国皇家海军的护航压力。甚至就在法国沦陷前夕,美国政府还曾准许其飞机制造商接受法国陆军和海军提出的飞机订单。

殖民地力量

在远东,法国和荷兰拥有着非常广阔的地盘,其中,法属印度支那由今天的越南、老挝和柬埔寨组成,而荷兰也有着一块面积最大的殖民地——荷属东印度群岛,由无数个大小不等的岛屿组成,从东到西绵延 3000 英里。然而,随着印度支那和东印度群岛相继沦陷落入日本人之手,它们与宗主国之间的联系也被切断。

起初,在印度支那的法国人拒绝了日本人提出的允许其在这片土地上从事各种经营的要求,但由于手头缺乏足够兵力,很快便被迫答应。当时,法国在西贡的海军基地只有 1 艘老旧的重巡洋舰和 1 艘轻巡洋舰,外加几艘巡逻艇,专门用来维护殖民地秩序。

在荷属东印度群岛，昔日殖民地政府中的人员组成了一个战时流亡政府。在这个地方，大量岛屿和辽阔的海疆为海军航空兵提供了充分的展示自身能力的机会。20 世纪 20 年代，部署在荷属东印度群岛的荷兰皇家海军航空兵拥有 40 架汉莎 – 勃兰登堡公司生产的 W–12 水上飞机，后来又增加了道尼尔公司生产的 wal 飞艇，这些飞艇一直服役到 1942 年日本入侵为止。在战争爆发前，荷兰皇家海军航空兵还购买了一些道尼尔公司 Do24K 型飞艇用来在东印度群岛作战，但随着日本人的快速推进，一些荷兰海军航空兵人员逃到了锡兰（今天的斯里兰卡）和澳大利亚。

荷属东印度群岛的小型水面舰队领头羊是轻巡洋舰"德鲁伊特"号和"爪哇"号。同时，军事航空力量掌握在荷属东印度陆军的手中，这支陆军装备精良，甚至超过了本土陆军，一旦殖民地出现民族独立主义倾向，即进行镇压。

不过，直到此时，世界上最大的殖民地国家仍然是大英帝国，这不仅因为它拥有着印度和锡兰，还拥有着马来亚和香港，在此基础上，澳大利亚和新西兰这两个自治领绝对称得上是英国的亲密盟友，两国海军深受英国皇家海军的影响，尤其是新西兰海军，所有权力都被牢牢控制在英国人手中。除此之外，英国在太平洋上还拥有着几个群岛。

英国皇家海军中国站设在香港，是所有殖民地海军站中实力最强大的一个，配备有 1 艘航空母舰、3 艘重巡洋舰、1 艘轻巡洋舰、不少于 15 艘的驱逐舰（其中 2 艘处于维修状态）、6 艘单桅帆船（其中 1 艘正在进行改装），以及 15 艘潜艇（其中 3 艘正在改装）。英国皇家海军东印度海军站并没有设在新加坡，而是在锡兰东北部港口城市亭可马里，皇家海军在这里部署了 3 艘轻巡洋舰、1 艘潜艇和 12 艘单桅帆船，其中的 5 艘帆船由英国皇家海军印度分舰队负责操控。

在伦敦，与统辖英国陆军的战争部和统辖皇家空军的航空部的表现不同，英国海军部对于上述海外舰队一直实施着积极有效的指挥和管辖，它不但是一个政府部门，而且还是一个作战司令部。

1939 年，部署在英国皇家海军中国站的航空母舰是老旧的"鹰"号，这是英国建造的第三艘航空母舰，由一艘起初为智利建造的战列舰改装而成，它最先配置了右舷舰岛。战争爆发之初，"鹰"号就开始执行护航任务，为奔赴欧洲战区的澳大利亚和新西兰兵团提供空中掩护，一路护送着他们穿过印度洋、红海进入苏伊士运河。

1940年，英国和法国决定共同阻止德国入侵挪威，部署在地中海的英国皇家海军"光荣"号航空母舰（由战列巡洋舰改装而成）奉命编入本土舰队，但在从挪威撤退的战斗中被德军击沉。与此同时，"鹰"号奉命前往地中海战区，严密防范意大利人可能出现的参战，届时将为英国地中海舰队提供空中支援。随后发生的一切也的确验证了这一点。

接替"鹰"号航空母舰的是吨位较小但建造年头更早的"竞技神"号，与其他后期改装的航母不同，这是英国人建造的第一艘真正意义上的航空母舰，它从铺设龙骨开始就明确了建造目标。"竞技神"号的首要任务是搜索德国海军的水面袭击舰，这是因为它所装备的航空力量非常有限，仅有12架"剑鱼"双翼飞机，因此更适合在北大西洋海域执行护航运输任务。

澳大利亚为大英帝国防御体系所能做出的贡献，主要在于2艘重巡洋舰、3艘轻巡洋舰、5艘驱逐舰和2艘单桅帆船，其第四艘轻巡洋舰部署在百慕大群岛上的西印度海军站。相比之下，新西兰拥有2艘轻巡洋舰和2艘单桅帆船。

总体而言，在战争初期，英国在太平洋战区部署的军事力量仅次于美国，在该地区的殖民地国家之中首屈一指，主要用来吓阻战争和制止侵略，而不像其他国家那样，部署的只是一些用于维持殖民地秩序的江河炮舰和海岸巡逻艇。

相比之下，澳大利亚的海军力量远远超过了荷兰部署在这里的力量。其实，即便是新西兰的海军力量，也和荷兰不相上下。

英国军事力量的主要弱点在于严重缺乏海军航空兵。在太平洋战区，这种矛盾更加突出，主要表现在：一是英国皇家海军在太平洋地区仅有1艘航空母舰，缺乏适合航母作战的高性能舰载飞机；二是部署在该地区的英国皇家空军同样缺乏能够从事空战的机型，这种情况进一步加剧了英国人的不利处境。在当时，甚至直到1940年，英国能够拥有的"喷火"式战斗机（超马林公司生产）的数量也是少得可怜，承担"不列颠空战"任务的主要是霍克公司生产的"飓风"式战斗机，这种飞机机动灵活、易于维修，但飞行速度却很低。即便如此，英国皇家海军该型战斗机的数量也寥寥无几。

然而，使问题更加严重复杂的还有一个重要因素，那就是过度自信。前面提到过，英国人曾经认为，只需20000人的兵力就可以守住新加坡，即使敌人集合起50000人的兵力，同样不在话下。此外，前面还曾经提及，原计划调拨到新加坡的556架飞机的方案一再被修改，最后削减到了336架，其中绝大多数最终还未能够真正交付。

在对日战争爆发前夕，新加坡只有少得可怜的几艘战舰。在这里，原计划驻扎48个步兵旅和2个装甲旅，但根本没有部署到位，取而代之的是33个并非训练有素的步兵营，更没有一支装甲部队。计划调拨的336架现代化战斗机，至多到位了158架，性能最好的也只是41架"野牛"战斗机，但它们压根就不是同时代的德国或日本战斗机的对手。除此以外，其他飞机还包括威克斯公司生产的已经严重老化的"维尔德比斯特"双翼鱼雷轰炸机，在欧洲战场屡遭败绩的布里斯托尔公司生产的"布伦海姆"轰炸机和少量的"英俊战士"夜间战斗机，十几架"剑鱼"和"鲨鱼"双翼飞机，以及一些洛克希德公司出品的"哈德逊河"海上侦察机。与此同时，至少有200架霍克公司出品的"飓风"战斗机作为援助物资被送给了苏联人，如果这些飞机能够配备到新加坡，将会使当地的防御能力大为改观。

总之，过度乐观自信，加上骄傲轻敌，未能及时确定出一套科学合理的防御方案，导致英国军事部门的参谋长们在制定新加坡防御作战计划上一再失误，终酿大错。

美利坚合众国

在太平洋地区，使得英法荷等殖民地国家和自治领兵力相形见绌的是美国军事力量。太平洋对于美国的重要意义，丝毫不亚于大西洋对于英国和法国的重要意义。事实上，太平洋对于美国的重要性远远超过了大西洋，这是因为那里有着远离大陆的美国海上领土，其中最重要的就是夏威夷，但在当时，它还没有正式归属美国。在夏威夷，美军部署了一个非常重要的海军基地以及海军和陆军航空站，这是因为当时的美国还没有建立起一支独立自主的空军。

在东方，美国海军部署着两支舰队，分别是基地设在菲律宾吕宋岛的美国亚洲舰队，指挥官是托马斯·哈特海军上将，以及美国海军太平洋舰队，基地设在夏威夷瓦胡岛上的珍珠港，指挥官是哈斯班德·金米尔海军上将。当时，亚洲舰队的力量比较薄弱，它的最大吨位舰船不过是 1 艘重巡洋舰，2 艘轻巡洋舰是从美国太平洋舰队租借而来，其所属的 13 艘驱逐舰中有 2 艘正在进行改装，29 艘潜艇之中也有 2 艘正在改装。

在珍珠港，美国海军太平洋舰队拥有不少于 9 艘的战列舰（其中 2 艘正在改装）和 3 艘航空母舰，有 12 艘重巡洋舰（2 艘正在改装）和 9 艘轻巡洋舰（3 艘正在改装）为其提供支援，这些重巡洋舰隶属于太平洋舰队的巡逻舰队，该舰队除此之外还配备有 24 艘潜艇和 1 艘驱逐舰。隶属于太平洋舰队的其他作战力量还包括 49 艘驱逐舰（在 1940 年 12 月有 8 艘正在改建）和 13 艘快速布雷舰（当时大约一半正在进行改装）。毫无疑问，这是一支力量非常强大的舰队，尽管它的小部分兵力在战争初期被派到大西洋海域增援英国皇家海军，参与大西洋海战。

事实上，无论是舰船数量还是舰队构成比例，只不过是战斗力的一个方面。有一点非常重要，那就是在当时，美国海军航空母舰的吨位要比英国皇家海军大出许多，而且有着性能先进的作战飞机。鉴于珍珠港地理位置的重要性，这里集中了美国在太平洋地区最主要的海军力量。在此基础上，美国海军还在珍珠港和美国太平洋沿岸部署了大量的炮艇和巡逻艇。此外，在圣迭戈部署了 4 艘驱逐舰，在西雅图部署了 5 艘驱逐舰。

1918 年 4 月，英国皇家海军将其飞机、机组人员和维修人员交给皇家空军管辖，直到 1939 年 5 月才收回。美国海军则不同，它从一开始就保持着属于自己的航空力量。不过，美国海军曾在 1931 年与美国陆军达成一项协定，承诺不发展大型陆基飞机，这使得美国陆军航空军（后来演变成为美国陆军航空队）牢牢掌握了海岸防御权，并拥有着海上侦察机以及保护航空基地的战斗机。

除了海上侦察飞机外，美国海军还接收了 PB4Y 型轰炸机，该机型是加固型的 B-24 "解放者" 轰炸机的海军版本，其作战半径大幅提升。美国海军也许并没有发展属于自己的远程陆基飞机，但是，它却是美国陆军航空军各种飞机机型的用户。当时，随着战争日益迫近，美国军方对于 "解放者" 轰炸机的需求甚至出现了分歧，美国陆军航空队要求该机型能够执行远程轰炸任务，而美国海军则希望它能够执行海上侦察任务。

日本帝国

就工业发展水平而言，日本是一个后起之秀，其各种自然资源非常匮乏。然而，这个国家和它的人民却表现出一种好学上进的精神，他们最初直接从国外购买舰船、飞机，随着本国工业技术的发展，逐渐获得以许可证方式进行生产，或者进行复制，然后发展出属于自己的军事工业。

在当时，日本总体上属于一个农业社会，但令人诧异的是，日本人却是一个尚武民族，也是一个航海民族。然而，就在 20 世纪初期，日本社会却面临着一个越来越现实的问题，那就是如何在一个多山的群岛国家，养活越来越多的人口。在此背景下，希特勒和纳粹德国所鼓吹的 "生存空间" 学说，也引起了日本领导层的强烈同感，他们也主张进行领土扩张。对于日本人而言，他们将最初的目标锁定在中国人身上，决定将中国的势力从朝鲜驱逐出去，从而将后者变成了它的第一个殖民地。接下来，日本人又将目标落在了中国大陆之上。

20 世纪最初几年，西方大国之间进行了一场异常激烈的海军军备竞赛，这使得日本海军的地位逐渐从世界第三位下降到了第五位。日本人在 "假想敌" 理论的基础上确立了它的国防政策，这种理论认为，凡是能够威胁到日本国家安全的都是其 "假想敌"，这一点其实就是英国皇家海军 "双重力量标准" 的东方版本。

然而，问题却在于日本帝国陆军将沙皇俄国视为假想敌，而日本帝国海军却将美国海军视为假想敌。此前，1907 年出台的一项日本帝国国防政策，试图协调上述两个军种之间的战略，最终却进一步加剧了二者的分歧。

日本帝国海军的战略是为了对付美国的优势地位，因为美国不仅是一个强大的海上国家，同时还是一个强大的工业国家。20世纪初期，日本最杰出的海军战略家佐藤铁太郎提出一揽子建议，试图补救自己的国家在日美海军力量对比中的弱势地位，主张日本帝国海军应当保持一支相当于美国海军70%的力量，这一比例足以击败美国可能对日本发起的攻击。日本政府采纳了他的想法，将其作为日本海军战略的基础。

起初，日本海军提出了"六六舰队"发展规划，主张每6年建成6艘战列舰和6艘战列巡洋舰。到了1907年，为了确保70%的力量对比，这项规划被修改成了"八八舰队"。不过，虽然制定了具体的计划，日本政府接下来却花费了许多年的时间，才使其国家经济和工业资源勉强达到这种生产水平。

第一次世界大战结束后，日本人不但建起一支实质性的航空母舰编队，还计划建设一支庞大的潜艇部队，其大型潜艇的作战半径最远可到达美国西海岸。根据该项计划，日本人将利用潜艇对付美国海军战列舰和其他大型舰船，而这种战法即使在第一次世界大战期间也未曾得到确凿的验证。战争经验表明，潜艇对于商业航运将产生致命的影响，但是，日本海军决策者却拒绝对商船进行攻击，认为这种做法有悖于武士道传统。

根据《华盛顿海军条约》之规定，日本海军舰船的总吨位限制在315000吨，远远少于美国和英国所允许拥有的525000吨。当然，跟意大利和法国所拥有的175000吨相比，日本的舰船吨位还是比较可观的。但就日本本身而言，这一吨位低于其70%政策所准许的367500吨。即便如此，1930年召开的伦敦国际海军会议，又对日本海军的舰船吨位做出进一步的限制，最终导致日本国内的强烈抵制，认为这是对其70%标准的进一步削减。事实上，《伦敦条约》的限制仅仅打算持续到1936年，在此期间，日本人将其舰船吨位发展到了最上限，同时还集中精力发展那些条约未能限制的武器和系统。

跟西方国家相比，日本拥有一个得天独厚的优势，那就是它在发展军事力量的时候，很少受到任何具体有效的反对和抵制。当时，英国政府不仅严格督促《伦敦条约》的真正落实，而且试图不断收紧相关规定。起初，日本人对于《伦敦条约》限制自己海军舰船吨位的做法很是不满，但他们很快另辟蹊径，设法突破条约的限制，秘密建造各型舰船。与德国相比，很少有外国人到日本参观视察，也没有任何形式的胜利者对于日本实施控制和占领，毕竟，日本人在第一次世界大战临近尾声的时候，做出了一项明智的选择，站在了胜利者的一边。即便如此，在 1936 年，日本仍然正式宣布不承认《华盛顿条约》和《伦敦条约》，公然走上海军侵略扩张的道路。

1931 年入侵满洲之后，日本人从中国大陆夺取了一些海军基地，与其本土基地连为一体。日本在中国的主要基地是上海，在广东、汉口、三亚也有一些小型基地，主要进驻一些小型船只。当然，如果需要，日本人还可以动员一些大型战舰前往驻扎轮训。

日本帝国海军的作战基地主要部署在广岛，其他一些基地位于吴港、高雄、特鲁克岛、大凑以及夸贾林环礁，其主要作战力量就是尽人皆知的联合舰队，驻扎在广岛基地，下属 3 艘战列舰、3 艘水上飞机母舰、2 艘轻型巡洋舰、12 艘护航船和 14 艘潜艇，这些舰艇全部直接听从日本海军总司令的指挥。其他一些分舰队是联合舰队的组成部分，其中包括第 1 航空舰队，也驻扎在广岛基地，下属 6 艘航空母舰、2 艘轻型航空母舰以及 12 艘驱逐舰。驻扎吴港的第 1 舰队下属 8 艘战列舰、4 艘重巡洋舰、4 艘轻巡洋舰以及 28 艘驱逐舰，其中 1 艘驱逐舰在 1940 年 12 月正在进行改装。驻扎在中国的第 2 舰队下属 13 艘重巡洋舰、2 艘轻巡洋舰和 35 艘驱逐舰。第 3 舰队基地位于高雄，下属 1 艘重巡洋舰、3 艘轻巡洋舰、8 艘驱逐舰、4 艘鱼雷艇和 4 艘潜艇。第 4 舰队驻扎在特鲁克岛，下属 4 艘轻巡洋舰、8 艘驱逐舰和 9 艘潜艇。第 5 舰队驻扎在大凑，下属 2 艘轻巡洋舰。驻扎在夸贾林环礁的是第 6 舰队，下属 1 艘轻巡洋舰、30 艘潜艇。第 11 航空舰队驻扎在高雄，除了上面已经提到的舰船之外，还有 3 艘驱逐舰。

除此之外，还有一支南方远征舰队，当时驻扎在印度支那，只有 1 艘轻巡洋舰。日本海军的舰船构成比较复杂，在某种程度上算是一支混合舰队，甚至拥有第一次世界大战期间的老式舰船，只不过进行了现代化的升级改进。此外，日本海军的航空母舰为了满足《华盛顿条约》的限制，通常吨位都比较小。即便如此，日本人还是建造了大量的重巡洋舰，用来协助战列舰作战。在日本海军战列舰中，有的甚至配备了18英寸口径的主炮，是当时世界上所建造的最大吨位的同类舰船。

在空中，日本空军战斗机的头号王牌是三菱公司研制的A6M型战斗机，即广为人知的"零"式战斗机。它是由早期的A5M战斗机演变而来，该型飞机自1937年问世以来就一直是日本最优秀的战斗机，在中国战场上有着不俗的表现。尽管如此，日本海军还是按照当时世界的通用做法，发展出了常规的轰炸机和鱼雷轰炸机。

海军力量的平衡

就在1941年12月，日本帝国海军总共拥有6艘航空母舰、2艘轻型航空母舰以及3艘水上飞机母舰。然而，跟其他国家一些传统保守势力一样，日本一些高级官员对于海军航空力量并不重视，因此，构成日本海军中坚力量的仍然是11艘战列舰、18艘重巡洋舰、17艘轻巡洋舰以及不少于106艘的驱逐舰和护航舰船，加上43艘潜艇。

在此期间，英国皇家海军和法国海军都曾进行过潜艇搭载飞机的试验，但是，与欧洲国家仅有1艘可搭载飞机的潜艇相比，日本人却拥有数艘此类潜艇，有的潜艇甚至能够搭载2架飞机。

形成鲜明对比的是，包括大西洋舰队在内的美国海军兵力主要有7艘航空母舰以及1艘几乎未曾进行检验的新型护航航空母舰、17艘战列舰、18艘重巡洋舰、19轻巡洋舰、162艘驱逐舰、111艘潜艇、8艘布雷舰和13艘快速布雷舰。

日本海军的劣势主要表现在四个方面：第一，他们缺少对其战舰和飞机进行更新换代的工业制造能力，无法在战时条件下迅速发展和壮大舰队力量。相反，这种工业制造能力却是美国人的主要优势。第二，他们极度缺乏自然资源，严重依赖海外漫长的补给线，而这种补给线在战时极容易遭到攻击。第三，他们缺乏运转高效的训练组织，无法对战时出现的人员损失进行快速补充，随着战争的进展，其作战人员的综合素质势必出现严重下滑，这一点在日本海军航空兵中体现得尤其明显。第四，他们并没有建立起一套行之有效的护航制度，有些海军军官甚至将护航行动视为一种负担，因为与军事上的攻势作战相比，护航作战并不吸引人。

3
航空母舰和舰载机

太平洋海战主要是一场航空母舰之间的战争，辅以双方之间尤其是美国人发起的极富进攻精神的潜艇作战。如果没有航空母舰，日本人就不可能对驻珍珠港的美国海军太平洋舰队发起攻击。同样，如果没有航空母舰，美国海军以及随后加入的英国皇家海军，就不可能将日本人从整个太平洋海域击退、进而使其败退本土，并使得美国陆军航空队后来对日本本土的轰炸成为可能。珊瑚海海战是双方之间的第一场海上交战，但就在这场战役中，双方战舰都没有进入对方视线或者炮火射程之内，这是因为航空母舰首次使得这种远距离海战成为可能，从而极大地改变了海战的模式。渐渐地，战列舰和巡洋舰也开始发现自己的角色正在日益发生改变，从过去的海上交战转变为攻击行动开始之前对于敌方海岸阵地的重型炮火准备，或者为舰队航空母舰作战提供大规模的防空炮火支援。

在太平洋，唯一胜出的一种海军舰船类型是潜艇，美国海军潜艇在切断日军运输补给线上的表现，要远远超过德国潜艇对于英国海上运输线的破坏，其中部分原因在于日本人从来没有认真对待过护航运输作战，也没有建造专门的护航航空母舰。战后，美国人在潜艇的研发使用上出现下滑趋势，原因大概有两方面：一是由于海军将领们更加青睐大型航空母舰，二是因为潜艇从来就没有真正引起过美国公众的注意力。

很显然，早在欧洲战争爆发之前，英国就有人意识到航空母舰数量有可能出现短缺。曾有一段时间，英国政府有意将2艘新客轮——"玛丽女王"号和"伊丽莎白女王"号——改建为航空母舰，但最终认为将其改建为运兵船会更有用，于是放弃了改建航空母舰的念头。英国皇家海军一直计划建造4艘新型的装甲航空母舰，用来取代老旧过时的航空母舰。但是，随着战争阴云日益密布，英国政府将航母订单直接增加到了 6 艘，同时下令将老旧航母保留下来继续服役。不幸的是，英国人并没有把这些老旧航母应用到护航作战这个最有可能发挥其使用价值的领域，相反却用在了海上作战领域，这只能使它们在指挥战术上的劣势暴露无遗。

第二次世界大战期间，曾经存在着三种截然不同的航空母舰，其中最富魅力的当属大型航空母舰，美国海军称其为攻击型航空母舰，英国皇家海军则称其为舰队航空母舰。在这些大型航空母舰中，就包括英国皇家海军的"卓越"级航空母舰及其派生舰型、美国海军的"埃塞克斯"级航空母舰以及日本海军的大型航空母舰，其中令人印象最深刻的就是 1941 年的"翔鹤"号和"瑞鹤"号。上述航空母舰可以搭载数量颇多的战斗机、轰炸机和鱼雷轰炸机，是海战中的中流砥柱。

在航空母舰的行列中，还有一种类型被美国海军定义为轻型航空母舰，英国皇家海军称为轻型舰队航空母舰，它们的吨位通常不超过 2 万吨。在太平洋海域，美国海军此类航母主要有"独立"级轻型航空母舰，它们是在"克利夫兰"级巡洋舰的基础上改装而来，机库和飞行甲板都很局促。英国皇家海军"巨人"级和"庄严"级航空母舰的设计水平相对较高，但是，这些舰船仅仅只是理论上具有优势，等到第一批该型航空母舰到达太平洋海域的时候，战争已经临近结束，它们几乎没有参加过真正的战斗。"巨人"级和"庄严"级航空母舰存在的问题在于速度低下，仅有 24 节。

名列最低端的是辅助型航空母舰，人们更习惯称它们是护航航空母舰，美国海军中的一些人嘲笑它们易燃、易爆、易遭攻击且成本昂贵。护航航空母舰大多从商船改装而来，有些甚至就是货船的简单翻版，其中还包括一些缴获的敌方船只。但是，需要指出的是，这些航空母舰虽然采用商船船体设计和机械装置，但从其铺设龙骨开始，就一直按照航空母舰的标准进行施工。从这种设计可以看出，决策者们希望这些船只在战后退役后，可以直接改装成为商船使用。毫无疑问，护航航空母舰在乘员居住条件、飞行甲板和机库空间等方面的设计标准都很低，有些仅仅配备了 1 台飞机升降机，为飞机准备起降行动时困难重重。

事实上，护航航空母舰只是一种保守的说法，这些舰船除了用作护航航空母舰之外，还可作为飞机运输舰和训练用航空母舰，用来训练海军航空兵的新兵。在地中海和太平洋，它们还负责为登陆作战提供空中打击火力支援。在太平洋作战行动中，美国海军陆战队从护航航空母舰上起飞大批的对地攻击机，为已经登陆的两栖突击部队提供航空火力支援。

攻击型航空母舰

第一艘攻击型航空母舰是英国皇家海军的"暴怒"号航空母舰，由一艘轻型战列巡洋舰改装而成。在最初的设计中，这艘航母简直就是一个令人惊愕的"混合体"，航速 31 节，装备 2 门 18 英寸口径火炮，装甲厚度与轻巡洋舰相同，舰首布置了一个起飞平台。除此之外，舰船其他部位未做改动。1917 年 6 月底，"暴怒"号顺利竣工，交付英国皇家海军使用。1917 年 8 月 2 日，在风速达到 21 节的情况下，英国皇家海军飞行员邓宁少校逆风驾驶飞机并与航速 10 节的舰船保持平行飞行，而后瞅准时机对准飞行跑道中央，使飞机安全着陆。在海军历史上，这是飞机第一次在航进中的战舰上成功降落。5 天后，邓宁又驾机进行了一次同样的降落试验，在此过程中，飞机一个升降舵损坏。在接下来的第二次降落尝试中，发动机突然停车，飞机翻着跟头坠入"暴怒"号右侧的大海里，这位勇敢的飞行员不幸淹死了。随后，"暴怒"号进行了改进，在船尾又加装了一条降落甲板。这样一来，"暴怒"号就拥有了两条甲板，其中，从机库甲板向外延伸出去的底层甲板，专门用来起飞飞机。

"暴怒"号的经历，很好地诠释了早期航空母舰的发展历程。1918 年 7 月 19 日，它执行了人类历史上的第一次舰载机攻击任务，从甲板上起飞了 7 架索普威斯公司研制的"骆驼"式飞机，根据英国海军部的命令对部属在德国北部汤登地区的德军实施攻击，最终摧毁了德国海军飞艇指挥部的 L54 号和 L60 号"齐柏林"硬式飞艇。

在"暴怒"号之后，英国人又建造了几艘航空母舰，其中就包括"百眼巨人"号。

这是一艘由蒸汽班轮改建而来的航空母舰，它克服了"暴怒"号由于烟囱和舰岛位于甲板中央所导致的热气流影响飞机降落的严重缺陷，通过建造一条平甲板，将烟从船尾甲板下方的管道中释放出去。1918年9月，"百眼巨人"号正式服役。继"百眼巨人"之后的是"鹰"号，它从一艘战列舰改装而来，是第一艘配置有右舷舰岛的航空母舰。

1918年1月，英国皇家海军开始建造"竞技神"号航空母舰，这是世界上第一艘从一开始就明确作为航空母舰进行设计建造的战舰，舰岛和烟囱均建在右舷，从而确保铺设一条全通式飞行甲板。"竞技神"号的船体较小，航速却很快，高达25节，性能非常先进，排水量只有10800吨。

1922年签订的《华盛顿海军条约》，第一次对航空母舰进行了正式定义：航空母舰属于一种军舰，排水量10000吨以上，但不超过27000吨，是专门为搭载和起降飞机而设计的，所装备火炮不超过10门，口径不超过203毫米。该条约还对各缔约国的航空母舰总吨位做出了限制，英美两国海军均为135000吨，日本海军为81000吨，法国和意大利均为60000吨。此外，作为一种特殊的妥协措施，英国、美国和日本获准使用现有船体各改建2艘33000吨的航空母舰。在近20年间，以上规定一直制约着航空母舰的设计工作，直到第二次世界大战爆发后，它们才变成多余的东西。

美国海军第一艘航空母舰"兰利"号从一艘大型舰队运煤船改建而来，仅仅属于一艘试验性的航空母舰。1920年3月，该艘运煤船驶进诺福克海军造船厂进行为期2年的改装，运煤用的塔式起重机被一条163米的木质飞行甲板替代，船舱改建成机库和油箱。为了纪念1911年海军航空事业的先驱者，该船被命名为"兰利"号（CV-1），绰号"有篷马车"，受到了飞行员们的青睐，因为它为他们提供了急需的实践经验。但就本质而言，它并不能算作真正的航空母舰。

根据《华盛顿海军条约》的标准，各海军大国现有的战列巡洋舰的吨位远远超出了规定，这样一来，英美日三国立即着手将其多余的战列巡洋舰改建成为航空母舰，从而规避该条约的限制。当然，日本第一艘航空母舰"凤翔"号却是个例外，它是由一艘舰队油船改建而成，排水量只有7470吨。

在《华盛顿海军条约》的影响下，美国海军决定将当时在建的 2 艘战列巡洋舰"萨拉托加"号和"列克星敦"号改建成航空母舰。当时，根据条约所做的让步，这两艘舰可以在 33000 吨的准许吨位的基础上，再增加 3000 吨的防护装甲，这样一来其标准排水量已经达到了 36000 吨，满载排水量超过了 40000 吨。这两艘舰在 1927 年年底编入美国海军舰队。根据设计，"列克星敦"号和"萨拉托加"号可搭载一个由 78 架飞机组成的航空大队，并能根据任务需求对轰炸机、侦察机和战斗机进行不同编组。1928 年以后，美国海军每年都要举行一系列演习，这两艘航空母舰经常参与其中，进行对抗性试验，从而探讨航空母舰战术理论。自服役之后，这两艘舰逐渐暴露出一个严重的设计错误，安装在舰岛前后位置的 4 座 20.3 厘米口径双联装炮塔及其弹仓占据了机库空间，强劲的炮口冲击波对甲板上的飞机构成很大威胁，而这些火炮系统只是在理论上具备了防御敌舰进攻的能力。在最初的设计中，舰载机还没被赋予防御水面进攻的能力，这些缺点数年后才得以暴露出来。

这两艘舰的性能空前强大：涡轮电动机可产生 180000 马力的动力，航速超过 33 节，可携带 6668 吨燃油，能以 15 节航速行驶 32000 千米。当塔科马城因干旱导致缺电时，"列克星敦"号从布雷默顿海军造船厂出发前往该城市，为当地 10 万居民提供了长达 1 个月的电力供应，总供电量高达 4250 万度。

对于英国皇家海军而言，从战列巡洋舰改装而成的航空母舰是"暴怒"号的 2 艘姊妹舰——"勇敢"号和"光荣"号，它们最初配备有 15 英寸口径主炮，分别于 1928 年和 1930 年编入现役。它们和"暴怒"号一样缺乏全通式的飞行甲板，只是从机库甲板向外延伸出去一个底层甲板。实践证明，这种设计不但毫无用处，而且随着飞机重量和速度的增加，会造成甲板空间的浪费。和美国海军航空母舰一样，英国皇家海军航空母舰起初也没有配置飞机弹射器（当时叫做加速器），这套设备到了 20 世纪 30 年代后期才逐渐加上。但在当时，这些弹射器都是水压装置，而不是战后那种功率更加强大的蒸汽弹射器。

日本强烈反对《华盛顿海军条约》对其舰船吨位所做的限制，这在某种程度上预示着日本将很快与其第一次世界大战时期的盟友分道扬镳。事实上，早在《华盛顿海军条约》谈判期间，日本帝国海军就已经制订出了它的"八八舰队"计划，决心要在 20 世纪 30 年代初期就拥有 8 艘战列舰和 8 艘战列巡洋舰。这就意味着，根据条约规定，日本在 1922 年只有 2 艘战列巡洋舰可用来改装成为航空母舰。第二年，41200 吨的"赤城"号和"尼崎"号战列巡洋舰动工改建。然而，在 1923 年 9 月 1 日的东京大地震期间，"尼崎"号刚建成的舰体遭到严重损坏，只好用另一艘吨位略轻的"加贺"号战列舰进行替代。

当时，航空母舰已经安装了拦阻索装置，但是，英国人后来采纳了美国人的做法，在甲板上安装一个防撞隔离墩，防止飞机在降落时一旦错开拦阻索撞上停在前甲板上的其他飞机。隔离墩可以快速升降，以便飞机降落后能够迅速离开跑道。

20 世纪 30 年代晚期，各国海军已经开始建造专门用途的航空母舰，而不像从前那样只是改造其他船只。日本人甚至建成了几艘可以搭载飞机的潜艇，即便如此，这种潜艇只能搭载小型水上飞机，作战能力非常有限。

从第一次世界大战结束到第二次世界大战爆发前，有一件事情给人们留下了深刻印象，那就是英国政府坚持不懈地收紧《华盛顿海军条约》的限制，他们将战列舰的主炮口径从"罗德尼"号和"纳尔逊"号的 16 英寸，减少到了"乔治五世"级的 14 英寸。不过，战争期间铺设龙骨的"乔治五世"级战列舰"前卫"号则增加到了 15 英寸。与此同时，他们还试图通过拆除炮塔以降低重巡洋舰的排水量，甚至寻求减少航空母舰的最大排水量。

在当时，与英国政府做法恰恰相反的是德国和日本政府，他们想尽千方百计增加战舰吨位和武器装备。

随着战前欧洲最后一艘航空母舰"皇家方舟"号的建成服役，英国皇家海军得到了当时报纸上鼓吹的性能最优异的战舰，拥有 2 条机库甲板和 3 台升降机。然而，就是这样一艘先进航空母舰，其飞行甲板却异常薄弱。当时，曾有一架飞机在进行降落拦阻作业时，挂载的训练炸弹意外脱落，竟然穿透飞行甲板，炸死一些机库中的人员。根据事故调查，飞行甲板之所以如此薄弱，部分原因在于英国政府为了遵守 23000 吨级的造舰限制，使其不至于成为一艘重型战舰。然而，颇具讽刺意味的是，这艘航空母舰最终并没有像大多数人所担心的那样死于对手的炸弹，而是一枚小小的鱼雷。

战争期间，有关航空母舰建造上的差异开始显现，英国皇家海军更倾向于建造快速装甲航空母舰，舰体和甲板全部加装防护装甲，甚至连机库也和舰体一样安装了防护装甲。美国海军比较推崇开放式的前甲板，机库和飞行甲板成为上层建筑的一部分。按照英国人的方法造出来的航空母舰比较坚固，抗毁伤能力强大，但一旦被炸弹损毁，维修起来将会更加困难，耗资巨大且历时更长。不过，美国人在经历了热带风暴之后，也开始采用英国人的做法，将装甲防护从舰体一直延伸到了飞行甲板上。

日本人的航空母舰跟英国皇家海军和美国海军截然不同，最初的两艘大型航空母舰"赤城"号和"加贺"号分别拥有三条飞行甲板，不过，中间那条飞行甲板只有 50 英尺长，而且很少使用。20 世纪 30 年代中期，这两艘舰进行了大规模重建，三条甲板变成了一条加长型甲板。也许出于减少重量的考虑，舰首和舰尾位置用钢柱进行支撑。此外，机库容积也进行了扩充。刚开始，"赤城"号是为数极少的依靠煤炭作为燃料的航空母舰，但在重新改装时改为燃油。其最不寻常的一个特征在于飞行甲板右舷位置上建造的并非岛形上层建筑，而是 3 个小型斗状烟囱，这些烟囱都装上了铰链，在飞机进行起降时可以降至水平位置。

随着"翔鹤"和"瑞鹤"号的问世，日本人在航母设计上达到了巅峰状态。这两艘舰的标准排水量 25675 吨，满载排水量 32105 吨，从铺设龙骨阶段开始就严格按照着航空母舰的标准进行建造。然而，其飞行甲板除了弹射器轨道之外，均采用木质构造。为了降低重量，甲板前后两端仍然采用钢柱支撑结构。它们均于 1941 年服役，刚好赶上参加对美国珍珠港的偷袭行动。

除了上述两艘航母以外，还有两艘从班轮改建而来的航空母舰也赢得了广泛好评，它们分别是"飞鹰"号和"隼鹰"号，标准排水量 24140 吨，满载排水量 29000 吨，在右舷舰岛上配置一根垂直烟囱。这两艘航空母舰的飞行甲板尾部虽然仍然用钢柱支撑，却成为西方人眼中最具吸引力的航空母舰。

由于缺乏飞行甲板，三个拥有航母的主要海军国家采取了一些非同寻常的折中措施。其中之一就是英国快速装甲航空母舰"胜利"号，作为取得重大成功的"卓越"级航空母舰的第二艘，它以租借的名义加入美国海军。在1942年年底到1943年年初，"胜利"号在美国诺福克海军造船厂进行改建，被暂时更名为美国海军"罗宾"号，该舰在美国海军太平洋舰队服役，一直到被美国海军快速航空母舰"埃塞克斯"号替换下来为止。在太平洋战场上，化名为"罗宾"号的"胜利"号航空母舰，对于增进美英两国海军之间的相互协调发挥了重要作用。事实上，出于同样的考虑，自打英国皇家海军重返东方战场以后，英国就派出了"卓越"号航空母舰和美国海军"萨拉托加"号航空母舰并肩作战，确保皇家海军能够适应美国海军那种从多艘航空母舰上起飞战斗机和轰炸机编队实施大规模空中打击行动的作战概念。

尽管日本在第二次世界大战爆发之初就拥有了一支规模庞大的航空母舰部队，但在德意日三国轴心集团之中却是孤军奋战的一个。最初的两个轴心国德国和意大利也曾制定了建造航空母舰的计划，并且取得了一定的进展，但这两个国家内部却出现了一系列的问题，其中就包括海军和空军之间就飞机应当由谁使用所进行的激烈竞争，极大地迟滞了航空母舰的建造工程，最终贻误战机。

轻型航空母舰和轻型舰队航空母舰

认识到很快将会需要更多数量的航空母舰，护航航空母舰虽然造价低廉且易于生产，却无法跟上舰队的作战步伐，美国总统罗斯福提议启动一项航空母舰紧急建造项目，计划将"克利夫兰"级轻巡洋舰改建成为航空母舰。然而，美国海军并不欢迎总统先生的提议，因为后者知道，巡洋舰的短促、狭窄和圆润的船体极不适于作为航空母舰平台，无法支撑飞机起降所需的足够长的全通式飞行甲板。即便如此，美国还是建造出了9艘此种类型的快速轻型航空母舰，排水量只有10662吨，可搭载30架飞机。另外，还有2艘"塞班"级航空母舰在实践基础上也进行了某种程度的改进。

尽管美国海军顾虑重重，但实践证明，这种"独立"级航空母舰取得了相当大的成功，性能表现很是出色，唯一不足的地方在于容易遭到鱼雷、炸弹或者神风特攻队的攻击。"独立"级航空母舰虽然在舰首位置装备了 2 台弹射器，但美国海军更乐于从此类航母上起飞战斗机或战斗轰炸机，而不是重量更大的俯冲轰炸机。当然，被削减的机库空间和有限的净空高度，对于海军产生这种观念的影响很大。

为了在短期内获得更多的航空母舰，限于海军造船厂在战舰建造上的高强度、高负荷运转的现实，英国人发展出一种"过渡性"航空母舰来填补护航航空母舰和舰队航空母舰之间的鸿沟，这就是后来人所共知的轻型航空母舰，术语叫做"巨人"级轻型舰队航空母舰。它们并非护航航空母舰，其设计宗旨是与舰队进行协同作战，因此英国人在设计时认真考虑了航空母舰必须具备的所有特点。该型航母比护航航空母舰的动力更强，舰载机数量更多，但为了便于那些不擅长建造战舰的非海军造船厂进行建造，只好按照商船的建造标准进行设计。这种新型航空母舰只需 2 年时间就能建成，满载排水量 18000 吨，能够搭载 48 架飞机。其中，有 10 艘的满载排水量达到了 20000 吨，另有 6 艘后来更名为"庄严"级的航空母舰也达到了这一标准。

由于大型航空母舰只有最大型的造船厂才能建造，再加上英国海军对于更多吨位航空母舰的需求日益迫切，于是在 1941—1942 年期间，英国设计出了一种轻型舰队航空母舰。事实上，为了增加航空母舰的尺寸，同时又不至于增加重量，该型航空母舰没有采用舷侧装甲和甲板装甲的设计，满载速度 23 节。实战表明，航空母舰遭受损伤时舰体容易发生倾斜，将会导致战机无法正常起飞和降落，因此需要对航空母舰上的"三明治"式的保护设计进行简化，以便航空母舰在受伤时保持平衡。为了加快建造速度，该型航空母舰吃水线以下的船体按照劳埃德商船协会标准建造。同时，为了降低遭到水下攻击的风险系数，需要把锅炉舱室和涡轮舱室分隔开来。另外，该型航空母舰配备了巡洋舰使用的标准涡轮，有利于航空母舰的快速加速，从而更适合舰载机起飞。

它们看起来更像缩小版的"卓越"级航空母舰，富于传统的英国风格，只不过没有了防护装甲，防空火力较弱而已。为了创造出更大的飞行甲板和机库甲板空间，舰上的舰岛和烟囱建在舷侧突出位置，这一点与美国海军"独立"级轻型航空母舰有着异曲同工之妙。它们最致命的弱点在于最大航速只有 24 节，在后来的战斗生涯中，非常不利于更重型的喷气式飞机的起降作战。

在这些航空母舰中，有 2 艘舰——"珀尔修斯"号和"先锋"号，最终却建成了维修舰和飞机运输舰，它们不能够直接起飞和降落舰载机，在上载时舰载机只能借助起重机。

上述英国航空母舰原打算参加对日作战最后阶段的战斗，但是，其中最早的一艘"巨人"号加入太平洋舰队的时候，已经到了 1945 年中期，完全来不及参加对日作战了。当然，"光荣"号航空母舰也编入了英国太平洋舰队，参加了 1945 年 9 月针对驻新几内亚的日本军队的受降仪式。后来，"巨人"号、"光荣"号、"复仇"号和"庄严"号总共 4 艘航空母舰参加了英国皇家海军太平洋舰队第 11 航母中队，执行对日军部队的扫尾处理任务。

日本帝国海军建造的第一艘航空母舰"凤翔"号属于轻型航母，排水量仅有 7470 吨，满载排水量 10000 吨。它充分吸收了英国人建造"鹰"号和"竞技神"号航空母舰的经验，在尺寸和航速上与"竞技神"号相近，但二者不同的是，"凤翔"号在飞行甲板右舷位置上建造的并非岛形上层建筑，而是 3 个小型斗状烟囱，这些斗状烟囱都装上了铰链，使它们在飞机进行起降时可以降至水平位置。此外，"凤翔"号飞行甲板下方仍然保留了采用钢柱支撑的设计特点。在世界海军史上，由于"凤翔"号是在英国"竞技神"号之前抢先建成的航空母舰，因而就成了世界上第一艘有着特定建造目标的航空母舰。

日本人在"凤翔"号之后建造的航空母舰的规格比较小，这是因为他们充分利用了《华盛顿海军条约》之中有关最低排水量的条款（该条款豁免 10000 吨以下的航空母舰）。1929 年 11 月，日本开始建造"龙骧"号航空母舰，排水量仅有 8000 吨，搭载 48 架飞机。尽管尺寸有限，设计者们还是在该舰上建造了 1 个双层机库，配置 12 门 127 毫米口径火炮。事实上，"龙骧"号对于日本帝国海军来说简直就是一场灾难，设计人员在这么小的排水量上做了太多的文章，其实际吨位远远超过计划的 8000 吨的标准。就在该舰正式服役后不久，日本帝国海军遭受了两次海上大灾难：一次是一艘新型鱼雷艇倾覆，另一次是联合舰队遭受了台风的严重破坏。于是，日本人又对"龙骧"号的稳定性进行了详细审查，拆除了4门火炮，以便尽可能多地降低重量。即便如此，该舰仍需改善抗风浪能力。可以说，在浩瀚无垠的太平洋上，这样一艘小吨位的航空母舰简直就是一堆废铁，根本谈不上有什么战斗力。

后来，日本海军又进行了一些非常规的改装试验，在一些战列舰舰岛的后方加装飞行甲板，试图作为航空母舰使用。不过，此类战舰似乎从来没有进行过舰载机的起降活动。

水上飞机母舰和载机潜艇

所有好战的国家都有着搭载水上飞机和飞艇的母舰，日本人将这种做法发挥到了极致，他们建造了2艘航速极快（高达30节）的水上飞机母舰——"千岁"号和"千代田"号，每艘均可搭载24架水上飞机，使用4台弹射器进行投射，7台升降机进行回收。其中，6台升降机配置在舰体中部，1台配置在舰尾位置。排水量仅有11000吨，这是因为采用了蒸汽和柴油混合动力，从而节省了重量，延长了续航里程。

上述两艘日舰先是被改装成袖珍潜艇母舰，后来又被改装成飞机母舰。这是因为在战争期间，水上飞机除了执行海上侦察探测和引导海军舰炮火力攻击之外，其他方面的作战价值非常低，在进行海上收放时操作难度极大，与航空母舰舰载机相比，处于明显的劣势。

曾经有3个国家的海军尝试发展可搭载飞机作战的潜艇。其中，英国人改进了M2型潜艇，也就是所谓的"海盗潜艇"，他们把潜艇上原有的12英寸口径火炮拆除之后，设置了一个可以容纳"佩特"微型水上飞机的小型机库。在水面航行状态下，机库门能够打开。甲板边缘设置了一圈防护围栏，水上飞机起飞时采用火箭推进，降落时先是落在水面，而后再使用起重机提升到甲板上。法国人的潜艇"苏尔古夫"号也是一艘"海盗潜艇"，但这艘潜艇却于第二次世界大战期间在加勒比海沉没。

只有日本人坚持不懈地发展可以搭载飞机的潜艇，有些潜艇甚至能够搭载 2 架飞机，即便如此，它们在吨位和规模上仍然过小，无法成为一种行之有效的武器装备。1944 年 10 月，日本人曾计划出动 3 艘该类潜艇搭载飞机攻击巴拿马运河，但最终未能成行。事实上，问题并不在于计划本身，而是在于没有一架其所搭载的飞机能够携带足够强大的炸弹、鱼雷或深水炸弹，通过击沉海上航行的船只达到封锁海峡的目的。对于日本人而言，在完成了偷袭珍珠港的任务后，就应当把封锁巴拿马运河放在首要位置，通过潜艇攻击、突击队攻击或者封锁船攻击等手段，切断美国人这一条进出太平洋的重要战略通道。

事实上，日本人的载机潜艇仅仅实施了 2 次攻击行动，分别发生在 1942 年 9 月 9 日和 29 日，它们用炸弹攻击了美国本土，我们接下来将谈到这些事件。

护航航空母舰

为了克服航空母舰的短缺，护航航空母舰应运而生。1941 年 6 月 20 日，第一艘护航航空母舰"长岛"号编入美国海军的战斗行列，但是，人们最初却将其视为一艘辅助型航母。紧接着，英国皇家海军"大胆"号也于同年 6 月 20 日服役。这两艘舰之间存在着诸多的不同，其中最明显的区别在于美国人的护航航母上配备有机库。

早在战争爆发之前，飞行甲板严重短缺的问题就已经引起普遍关注。于是，在 1940 年，时任英国海军部航空器材局局长的 M.S. 斯莱特利海军上校（后升迁海军少将）对此提出了两种解决方案，均涉及如何利用商船的考虑。方案一是在商船上面直接铺设一条飞行甲板，方案二是在商船上加装飞机弹射器。方案一的缺陷在于商船的吨位太小和速度太慢，无法满足飞行需求，只能用来搭载执行反潜任务的"剑鱼"飞机。方案二的瓶颈在于弹射器飞行的代价高昂难以承受，舰载飞机在完成对敌轰炸机和海上侦察机的攻击任务后，没有母舰可以降落。

将上述两种方案结合起来，就产生了一种切实可行且行之有效的手段，那就是护航航空母舰方案。斯莱特利所构想的这种护航航母，说白了就是商船航空母舰。用来作为平台的有两种商船：一类是油船，可以搭载 3 架"剑鱼"飞机；第二类是谷物船，可以搭载 4 架"剑鱼"飞机。另外，谷物船的船尾货船可以改装成为一个机库，如果将机翼折叠起来，可以容纳全部 4 架飞机，使其得到一定程度的防护。

谷物船的飞行甲板比较短，通常在 413~424 英尺之间，远不及油船的 460 英尺。但是，由于油船搭载的飞机只能停放在甲板上，浪费了一些甲板长度，缩短了起飞跑道的距离，这样一来，它所多出的甲板长度的优势就大打折扣了。不过，上述两类商船航空母舰的飞行甲板宽度却都是 62 英尺。同时，这些航母都配置有机库，确保维修工作能够安全有序高效地进行。

在这种设计理念的指导下，35 艘商船通过加装弹射器等做法，被迅速改装成为弹射式飞机母舰，它们悬挂的仍然是英国商船旗，运载的仍然是原来运载的货物。不过，这些商船飞机母舰所搭载的飞机往往来自英国皇家空军，而不是人们习惯认为的皇家海军。事实上，英国皇家海军也曾建立了一支舰队航空兵队伍，却不愿将其训练有素的飞行员派遣到此类船只上，因为他们认为这是一种人力资源的浪费。

1942 年 6 月，英国开始对首批 2 艘弹射式飞机母舰进行改装，它们的前身是谷物船——"麦克比恩帝国"号和"麦克安德鲁帝国"号。截至同年 10 月，英国人手中已经拥有了 10 艘此类飞机母舰。起初，英国人计划建造 32 艘弹射式飞机母舰，后来削减到了 19 艘，这是因为性能更加强大的护航航空母舰此时已经问世。

当然，随着护航航空母舰的最终出现，上述两类弹射式飞机母舰从来就没有出现在印度洋或太平洋上，它们其实也没有必要出现在这些海域。不过，必须承认这样一个事实，在太平洋上，盟国也并没有面临像北大西洋和北极海域那样繁重的护航任务。

专门的护航航空母舰最早出现在美国。当时，美国摩尔－麦考密克航运公司曾经建造出一支基于 C3 型船体的数量庞大的商船队伍，美国海军就从该公司购买了一批 C3 型商船，一部分留下来自用，另一部分交给英国皇家海军使用。其中，第一艘船"莫麦克梅尔"号曾经是一艘干货船，美国海军将其交到造船厂，立即改装成为一艘航空母舰。

时任美国总统的罗斯福要求该艘护航航空母舰的改装工作必须在 3 个月内完成，这与此前英国人搞的弹射式飞机母舰相比，工期大幅度缩短。之所以如此，是因为这种 C3 型商船实际上属于一种"一次性"船只，这是一种非常有效的原型船，可以使用大量的预制设备和标准化模块，从而大大缩短了工期。

就拿改造"莫麦克梅尔"号来说，具体工程包括拆除上层建筑，建造船尾机库，铺设一条全长 360 英尺的木质飞行甲板。该舰并没有岛型上层建筑，由于采用了柴油动力系统，燃烧的废气可以水平方式排出。一座升降机从甲板通往 120 英尺长的机库，船尾设置有飞机降落拦阻索。在自身防御方面，该舰仅有 2 门 3 英寸口径火炮（位于舰艏）和 1 门 4 英寸口径后甲板火炮。

在改装过程中，该艘航母还特意配置了可容纳 10 万加仑燃油的油箱，以便向为其护航的驱逐舰提供燃油补给。最终，这艘改造而成的航母最大航速 16 节，载机数量从最初计划的 21 架减少到了实际作战的 16 架，但其作为一艘运输船的能力却大大增加。该舰服役后不久，人们就发现飞行甲板长度过短是它的致命缺点，尤其在缺乏弹射器和航速过低的情况下更是如此。为了解决这一缺陷，美国海军将其飞行甲板又加长了 60 米，达到了 420 米。同时，还将舰桥部分拆除，加装了左右两座舷侧炮座，配备 5 门 20 毫米口径的"厄利空"火炮，从而提升防空能力。紧接着，又增加了双联装 20 毫米口径火炮，后甲板 4 英寸口径火炮被 3 英寸火炮所替代。服役一年后，该舰又增加了雷达天线杆。

"长岛"号最初被归类为辅助型航空母舰，舷号 AVG-1，意思是"飞机护航舰"，后改名为 ACV-1，意思是"辅助型航空母舰"，到了 1943 年 7 月，被正式分类为护航航空母舰，舷号为 CVE-1。即便如此，该舰从来没有作为护航航空母舰使用过，只是用作飞机运输船和航母训练舰，由此可以看出，盟国海军航空作战行动在战争期间的迅速扩张，并日益发展成为一个重要角色。

如果说美国人的第一艘护航航空母舰是周密计划并加以认真实施的结果，那么英国人的第一艘护航航空母舰则是对于其急需的海上航空力量的无可奈何的接受。1940年3月，英国皇家海军在西印度群岛成功俘虏了德国快速冷藏货船"汉诺威"号，并将这个战利品带回英国，英国高层下令将其改装成为一艘护航航空母舰。

为实现这一目标，该舰的上层建筑被拆除，柴油发动机配置的位置也进行了调整，以便水平排放燃烧废气。这样一来，该舰最终成了一艘没有舰岛的航空母舰，右舷设置一处导航指挥部位。舰尾设置了降落拦阻索，配备一个防撞隔离墩，但没有机库，只能容纳6架飞机。当一架飞机降落后，需要借助人力将其移动到防撞隔离墩的前面，以便腾出场地供后面的飞机接着降落。然后，继续如法炮制，确保甲板飞机起降作业的正常进行。该舰与"长岛"号的另一个区别在于携带的燃油数量极为有限，仅有10000加仑。此外，该舰的航速只有15节，舰尾配置1门4英寸火炮，飞行甲板前后边缘各配置4门2磅火炮，在此基础上，飞行甲板尾部还有4门20毫米单管火炮，以及相当数量的轻机枪。为了对付潜艇攻击，舰尾附近还配置了4具深水炸弹发射器。

该舰维护人员的工作环境也极其恶劣，如同商船改造的航空母舰一样，没有任何有效的防风防浪设施，维护人员不得不在露天条件下工作，经常被雨水和进溅上来的海浪打湿衣服。同时，海上潮湿的空气对于露天停放的飞机危害极大，严重腐蚀内部电路和机载武器系统。白天的工作条件尚且如此恶劣，到了夜间更是难以承受，维护人员不得不借助微弱的灯光继续工作，舰上的其他同事为他们拎着灯，并且小心翼翼地用衣服遮着，以免被海风吹灭。

1941年6月20日，该舰编入英国皇军海军服役，被命名为"大胆"号，随即前往英国到直布罗陀之间的海上航道执行护航任务。在那里，它将面临从被占法国基地起飞的德国空军Fw200"秃鹫"海上侦察机的监视和攻击。当时，该舰搭载的是6架格鲁曼公司出品的"泼妇"战斗机，除此之外没有配备任何有效的反潜防护手段。不过，即便在如此恶劣的环境下，"大胆"号的总体表现仍然相当出色，其作战能力令人信服。"大胆"号自服役后，前后执行了3次护航作战行动，它的生命便走到了尽头。1941年12月20日，在为前往英国本土的运输队执行护航时，就在葡萄牙附近海域，"大胆"号被德国海军 U–751 号潜艇发射的鱼雷击沉。

截至此时，由于太平洋舰队基地珍珠港遭到日本人偷袭，美国人也被拖入了第二次世界大战的泥潭。当时，美国人正忙着为英国皇家海军建造 5 艘护航航空母舰，迫于新的形势，他们又匆匆忙忙订购了 25 艘，其中 24 艘留给自己使用，另外 1 艘给英国皇家海军。这是因为，美国人当时把为英国人建造的首批 5 艘航母中的一艘截留下来，用于培训在美国的英国海军舰队航空兵飞行员，供他们进行日常甲板飞行训练。

英国人接下来的护航航空母舰"射手"号同样来自美国，是美国海军专门买来用于改建的 6 艘 C3 型船体之中的一艘。其最初铺设龙骨时的名字叫做"莫尔麦克兰德"号，在改装时被确认为 BAVG–1 号，意思是"英国飞机护航舰"，该舰于 1941 年 11 月 17 日根据《租借法案》交付英国皇家海军使用。

"射手"号的机库占据了四分之一的舰体空间，木质飞行甲板就铺设在钢制支架之上，并向前延伸至前甲板附近位置。

"射手"号和另外 2 艘早期护航航空母舰相比，另外一项差别在于其拥有一台水压弹射器，以及常见的舰尾降落拦阻装置，皇家海军当时称弹射器为加速器。飞行甲板右舷位置设置有一个小型平台，用于进行导航和航空控制。根据设计，该舰可携带 85000 加仑航空燃油，但英国皇家海军并没有采纳其美国同行用灌注海水替代燃油作为压舱物的做法，而是用了恒久的压舱物，从而确保舰体的稳定性。但是，这样一来，其燃油携带能力减少到了 40000 加仑。英国皇家海军擅自变更护航航空母舰操作方法的行为，自然激起了美国海军的强烈不满，因为据后者估计，在将一艘护航战舰交付英国皇家海军到其形成作战能力之间，往往会出现 24~30 个星期的延误期。

对于英国皇家海军在护航航空母舰使用方面种种自以为是的做法，美国人予以诸多的批评，指责他们没有充分发挥出这些舰船的性能，进而损害了美国海军自身的许多利益。当然，争议在于，究竟是航母舰员们自身所面临的风险大，还是缺乏空中掩护的商船队以及航线安全所面临的威胁大，这是一个很难回答的问题，即便放在今天仍然如此。

不过，作为护航航空母舰这一新生事物，就其本质而言，仍然是执行商船队护航任务的最佳选择，这一点可以从诸多成功战例中得到非常明确的印证。

对于美国和英国，尽管大西洋两岸这两个国家在航空母舰设计上都有着非常成熟且独到的经验，但在当时，要想在二者之间迅速确立起一个最为恰当的设计构造，仍然存在一定的难度，面临诸多的挑战，绝非是一件一蹴而就的事情。事实上，在今天看来，这一问题的最终解决方案应该非常清晰具体，那就是建造一艘与全尺寸航空母舰相比的规格缩小、更加实用的舰只，配备必需的降落拦阻索、弹射器、机库和舰岛等设备。

不过，任何事务从初具雏形开始，就想产生一种全新而且最佳的设计概念，几乎没有可能。人们之所以提出强烈批评，根源在于海军部门对于护航航空母舰的实验和改装的工程启动太晚，造成 1942 年盟国在护航运输队和商业航线上的诸多损失。倘若改装工作能够早日启动的话，这些损失也许就能够大幅度降低。

让我们做一个假设，对于盟国在 1942 年损失的 12 艘大型商船，如果能够对其及早加以征用并改装成为护航航空母舰的话，不但它们自身的最终命运将因此截然改变，而且也将改变其他船只的命运，甚至可以毫不夸张地说，因此获救的船只数量将达到这些被改装船只数量的数倍之多。同时，还将极大地减轻英国政府战时生产的压力，改善英国平民的生活条件，拯救不计其数的船员们的生命。最后，护航航空母舰的成功，还有可能迫使纳粹德国拼命制造更多的 U 型潜艇，从而耗尽对于其他军兵种部队的物资补给，削弱其战争支撑能力，从而有可能提前一年迎来战争的结束。

有一种值得商榷的观点认为，也许由于美国人自身强大的燃油储备能力，使得他们对于火灾和爆炸等危险的警惕性不是太强，也使得他们希望将护航航空母舰建成为护航运输队之中的小型护航舰船的一个"副油箱"。同样，有一个不争的事实在于，在舰船设计规划上，美国海军经常要比他们的英国同行更倾向于发展远航程舰船，因此为了追求更强大的续航能力，他们不惜让船只携带更多的燃煤、航空燃油甚至饮用水。相比之下，英国皇家海军的舰船经常会因为过短的续航能力而饱受非议，但这同时也反映出作为曾经的日不落帝国，英国人在全球各地密集分布的燃料补给站点。当然，美国人在海上补给方面也走在世界的前列，他们发明了龙骨直角方式海上补给办法，比英国人的龙骨同轴补给方法要先进许多，后者所需时间长，且在恶劣海况下难以为继。

到了这个时候，英国各家造船厂正加班加点地为商船运输队建造护航船只，尤其在南部和东部海岸，这项工作经常在德军的猛烈空袭之下进行。同样，造船厂还有大量的维修工作需要去做，尤其在西海岸的港口更是如此，因为这里经常作为护航运输队的装卸货物的场地。

鉴于美国造船厂利用标准化船体和大量预制零部件进行大规模造舰的能力，在大西洋东岸就没有必要再建立起一套大规模的批量生产线。同时，美国《租借法案》所列举的优厚条款，强烈地吸引了诸如英国这样的因战争而濒临破产的国家（其外汇储备在 1940 年年底已经因战争耗尽）。当然，《租借法案》并非只是一种单向行为，有时候还是一种"反向租借"，例如，根据该法案，一些英国和加拿大制造的轻型巡洋舰也相继驶往美国海域执行护航运输任务。

不过，英国人也建造和改建了少量的护航航空母舰。原因之一在于，英国海军部认为，与美国人青睐的焊接结构的护航航空母舰相比，铆合结构的护航航空母舰更适于在北极海域执行任务，为前往苏联的运输队提供护航。事实上，在北极海域的低温和狂风巨浪面前，美国人建造的护航航空母舰并非像英国人认为的那样难当重任。

在英国人建造的首批护航航空母舰中，有一艘叫做"活跃"号，是由尚未建成的快速冷冻货船"特勒马科思"号改建而来。它是为数极少的具有全钢飞行甲板的护航航空母舰之一，但缺乏弹射器，机库容积也不大，甲板长度不足 100 英尺，因此只能搭载和起降 10 架飞机，携带 20000 加仑燃油。自从 1942 年晚些时候编入英国皇家海军战斗行列之后，该舰先是用来进行甲板起降训练，随后参加了北大西洋海域护航作战行动，为前往苏联的运输队提供护航保障。在欧洲战事结束后，该舰搭载着战斗机前往远东战区继续执行任务。

在商船改装的航空母舰之中，有许多并不适用，随着更多的更具能力的船只的出现，这些舰船只能在演习中充当靶船的角色。在此基础上，还有 4 艘纯粹的英国护航航空母舰，它们分别是"比勒陀利亚城堡"号、2 艘"奈拉纳"级护航航母"奈拉纳"号和"文德克斯"号，以及"坎帕尼亚"号，后者的名字源于第一次世界大战期间的一艘舰船。

"比勒陀利亚城堡"号护航航空母舰的前身是一艘往来于英国和南非之间的定期班轮，第二次世界大战爆发后被改建成一艘武装商船巡洋舰，随着战局的持续吃紧，英国海军部决定对该舰进行进一步的改装，将其建成一艘航空母舰。1943 年 4 月，该舰正式服役，成为英国皇家海军战斗行列之中最大吨位的护航航空母舰，标准排水量 19650 吨，配备一个大型机库和全钢飞行甲板，前部靠近小型舰岛的地方设置一台飞机弹射器，这给飞机操作造成了一定困难。武器装备包括：舰尾配备 2 座双联装 4 英寸火炮，10 门双联装 20 毫米口径"厄利空"火炮，4 门 4 联装 2 磅火炮。2 磅火炮只能够在执行护航任务时使用，在进行训练时必须拆掉，代之以 8 门 20 毫米单管"厄利空"火炮。该舰可搭载 21 架飞机，通常是 15 架鱼雷轰炸机兼侦察机（多为性能可靠的"剑鱼"飞机），以及 6 架战斗机。

"奈拉纳"及其姊妹舰"文德克斯"号均是由快速冷冻货船改建而成，尽管缺乏弹射器，并且仅有 1 台升降机，但均配置有全尺寸机库和全钢飞行甲板。

在日本，尽管日本海军忽视护航航空母舰的作用，日本陆军却拥有 7 艘从油轮改装而成的飞机运输舰。首批 2 艘虽然没有机库，却配备了 1 台升降机，用来从飞行甲板下方的露天停机场提升飞机。第二批 2 艘既没有升降机，也没有机库。看起来，这些船只之中，只有首批 2 艘"秋津丸"号和 Nigitsu Maru 号曾经用于作战行动，后来均被美国海军潜艇击沉。在剩下的 5 艘舰船中，没有一艘参加过作战，甚至连飞机运输船的角色都没有充当过。飞机可以从这些船只上起飞，却不能在上面降落。

航空母舰

到了战争最后阶段，尤其在太平洋战场，面对飞行甲板的严重短缺，日本帝国海军高层比任何人都要忧心忡忡。这不仅暴露出日本工业生产能力的低下，同时也再次证明了日本人对于辅助型航空母舰认识上的误区。在此情况下，日本人对水上飞机母舰进行了重新改造，将其作为航空母舰使用。同时，还对一些战列舰进行改建，使其具备航空母舰的作战能力。事实上，这样一种折中方案不但是一种浪费，而且毫无意义。当时，战列舰"伊势"号和"日向"号的舰尾武器配置被削减，在炮座上面铺设了一条飞行甲板。飞机要想从这种战舰上起飞，必须加装功能强大的弹射器，而日本人却没有这种能力。事实上，这些改装后的能力从来没有在实战中应用过。曾经有一张照片显示，正在行进中的"伊势"号战列舰的舰尾，搭载着一架飞机。却没有一张有关其起降飞机进行作战的照片。

舰载飞机

从20世纪70年代开始，舰载机和陆基飞机之间的性能差距逐渐消失。事实上，当时最成功的两款作战飞机——F-4"鬼怪"II型战斗机和A-7"海盗"II型飞机，最初曾设计用作海军飞机，用来在航空母舰上起降作战，但由于性能出色，被许多国家的空军所采购。同样，英国霍克公司出品的"掠夺者"喷气式轰炸机，也取得了同样的成功，但只有南非空军成为它的海外客户。霍克公司出品的"鹞"式飞机的海军版本"海鹞"，被英国皇家海军和印度海军所使用，但美国海军陆战队和泰国、西班牙海军均采购了标准版的"鹞"式飞机用于航空母舰之上。不过，"鹞"式飞机和"海鹞"飞机的显著区别在于，前者主要是一款战术对地攻击机，而后者则是一款战斗机，其次要的角色才是空对地攻击。

事物的发展并非总是如此。第一次世界大战期间，索普威斯公司出品的"骆驼"飞机不但能够从飞行甲板上起飞作战，还可以从跑道上起飞。但是，随着飞机速度和自身重量的逐渐增加，海军飞机逐渐演变成一种专门的机型。格罗斯特公司生产的"角斗士"飞机，本质上属于一款海军飞机——"海上角斗士"，在马耳他防空作战中，英国皇家空军飞行员驾驶此类飞机发挥了非常重要的作用。有许多英国皇家海军军官认为，高性能飞机无法从航空母舰上起飞，由于在1918

年到 1939 年期间脱离了与美国、日本等国飞机发展领域的接触，致使皇家海军丧失了对于世界航空权的掌控。

20世纪30年代，有关"集体安全"和"国际联盟"均未能阻止纳粹德国的兴起，英国非常不情愿向这一现实妥协，于是从 1936 年开始，英国开始实施重整军备的计划。当时，英国在许多方面，尤其是海军航空方面存在着严重缺陷。由于在过去海军航空兵部队在空军部的管理下一直未能得到发展，因此现在他们处于一种相当危险的境地。英国皇家空军控制着飞机的采购权，由于对高空轰炸机的极度崇尚，他们根本不允许购买任何的俯冲轰炸机，同时，海军在陆基飞机性能的探索方面也得不到任何鼓励和支持，许多热衷于航空事业的海军军官在 1918 年都转入了皇家空军。在当时，英国海军部的一些高层军官都曾认为，空军力量必须服从于作战舰队的需要。

最终的结果却是，当第二次世界大战在欧洲爆发时，英国皇家海军缺乏高性能的飞机，舰队拥有的仍然是格罗斯特公司的"海上角斗士"，布莱克本公司的"贼鸥"战斗机被认为是一款战斗机／俯冲轰炸机，有人却将其视为一款俯冲轰炸机，而非战斗机。主力攻击机是费尔雷公司出品的"剑鱼"双翼飞机，有着可供 3 名乘员乘坐的开放式座舱，满载状态下最大时速达到 100 英里。最具作战潜力的英国海军战斗机是费尔雷公司出品的"管鼻薧"式双座战斗机，该机使用了和超级马林公司的"喷火"式战斗机同样的发动机——罗尔斯·罗伊斯公司出品的"隼"式发动机，但由于配置了 2 名乘员，使得该机型的作战性能大打折扣。其中，针对该项问题，部分原因在于英国皇家海军曾坚持认为，海军飞机需要一名导航员。

为了发展出相应的"海上飓风"和"海火"式飞机，英国海军指示设计人员对霍克公司"飓风"飞机和超马林公司"喷火"飞机的设计方案先后进行了修改，即便如此，这些飞机仍然存在着许多的不足。"海上飓风"没有可折叠机翼，因此，许多航空母舰不能够将该型飞机下放到机库甲板上。与德国和意大利的先进战斗机相比，该型机在性能上大打折扣，这一点在其后来遭遇日本"零"式战斗机上表现得尤为突出。相比之下，"海火"战斗机的性能稍微胜出，它们配置有可折叠机翼，但由于起落架过于脆弱，明显不适合舰载战斗机的作战需要。此外，机鼻过长，使得该型机极易在降落时撞上物体，损坏前端的螺旋桨。

"剑鱼"的后继者是另外一款双翼飞机"青花鱼"，但由于该型机性能极不可靠，使得"剑鱼"飞机不得不继续在部队服役。最后，费尔雷公司生产出一款单翼鱼雷和俯冲轰炸机，它被一位曾经在上面工作过的海军人员描绘为一个"维护的噩梦"。然而，作为一款俯冲轰炸机，它存在着一个更严重的问题和更致命的缺陷，就是当飞机俯冲时，无法拉升机身。因此，仅从这一点上讲，将它作为一款执行神风特攻任务的自杀式飞机也许更为理想。

英国海军航母舰载机之中，最值得一提的是在战争结束前服役的"萤火虫"式战斗机，该机由费尔雷公司研制生产，同样是一款双座战斗机。人们不禁反思，如果没有那张额外的座椅，将会是一款怎样优异的战斗机。在当时，这是一款性能非同寻常的飞机，有着一个自封式油箱，配置一台 2000 马力的罗尔斯·罗伊斯公司的"格里芬"水冷式发动机，在配置 4 门 20 毫米口径机关炮的基础上，还能够搭载火箭，或者两侧机翼下方分别挂载 1 枚 1000 磅炸弹。后期的版本包括夜间战斗机，雷达操作员坐在后排座舱里。"萤火虫"的性能总体上要比"管鼻藿"胜出许多，但其最高航速只能达到 320 英里 / 小时，比同时代的一些战斗机要慢，毫无疑问，个中原因就在于双乘员造成的额外的重量。不过，到了这个时候，飞机速度尤其是战斗机速度，已经大幅度增加。1944 年，"萤火虫"非常及时地参加了对苏门答腊岛巨港的攻击行动，幸运的是，其战损率非常低。

美国航空母舰

战争虽然结束了，但英国各家飞机公司制造的飞机并没有因此退出战斗行列，而是按照事先计划编入舰队航空兵部队服役。在这些机型中，就有着德维兰德公司"海上大黄蜂"飞机，它实质上是曾经获得高度成功的"蚊子"双发动机战斗机的升级改进版本，曾打算派往太平洋执行远距离航空作战任务。另外一款比较出色的机型是霍克公司生产的"海怒"战斗机，后来参加了朝鲜战争，曾经击落了 1 架米格 –15 喷气式战斗机。

　　不过，就总体战场表现而言，仍然是美制舰载机在航空母舰上进行起降作战的表现最为出色。当第二次世界大战爆发时，并非美国海军使用的所有飞机都很完美无瑕，道格拉斯公司的 SBD "大胆" 俯冲轰炸机和 TBD "破坏者" 鱼雷轰炸机的表现都很一般，尽管后者曾得到美国海军某些人士的赞美，称其为 "服役表现最出色的飞机"。这两种机型均采用单发动机配置，其中，SBD-3 "大胆" 俯冲轰炸机配置一台 "莱特" R-1830 星形发动机，功率 1000 马力，两侧机翼各配置 1 门 0.5 英寸口径机炮，1 副可伸缩式起落架，并装备了自封式油箱和防护装甲，可携带一枚 1000 磅炸弹。"破坏者" 配备 1 台功率 850 马力的普拉特·惠特尼 R-1830 型星形发动机，配置有三乘员座舱，并可挂载 1 枚 1000 磅炸弹。中途岛海战中，"破坏者" 的表现非常糟糕，几乎所有的该型机都被击落，因此于海战后不久就退出了战斗行列。

　　战争初期，在美国海军服役的只有格鲁曼公司出品的 F4F "泼妇" 战斗机，这是一款性能强大的舰载机，英国皇家海军称之为 "无足鸟"。作为一款单座单发双翼战斗机，"泼妇" 有着一个与众不同的设计特征，那就是它的起落架可以收缩进机舱，这是格鲁曼公司早期出品的双翼飞机的一个设计传统。由于配置了 1 台 1200 马力的 R-1830 星形发动机，使得该型机最大时速可达 300 英里。与日本 "零" 式战斗机相比，"泼妇" 战斗机的机动能力仍然低下，即便如此，在对日机的作战中，还是取得了 1 比 7 的辉煌战果，当然，被其击落的敌机中，大多属于行动笨拙的轰炸机。

　　"泼妇" 虽然在速度上无法与同时代的陆基战斗机相媲美，仍然被普遍认为属于一款 "英勇善战且不知疲倦" 的战斗机。在一次战斗中，英国海军少尉埃里克·布朗驾驶 "泼妇" 战斗机从航空母舰上起飞，拼尽所有的力气前去追赶一架德军的 FW200 "秃鹫" 战斗机，双方最后一直缠斗到厚厚的云层之中，一时之间彼此失去了目标。等到布朗再次看到对方时，对方正朝着自己迎面冲来，而这一点正中布朗的下怀，因为他更擅长于利用正面格斗来弥补速度上的不足。布朗冷静沉着，赶在对方攻击之前，果断地按下了射击按钮，将一串炮弹射进了 "秃鹫" 的体内，对方应声而落，一头栽进茫茫大海之中。战后，布朗曾经驾驶一架德维兰德公司的"海上吸血鬼"喷气式战斗机，在英国皇家海军"海洋"号轻型舰队航空母舰上进行了喷气式飞机的首次着舰飞行，取得圆满成功。

"泼妇"的后继者是格鲁曼公司生产的F6F"恶妇"战斗机。如同绝大多数的飞机一样，"恶妇"有着众多的该型机，但早期的型号大多使用的是一款2000马力的普拉特－惠特尼公司R-2800星形发动机，可达到将近400英里的时速。另外，早期型号的"恶妇"战斗机配有6挺0.5英寸口径机枪，后期型号则改为4门20毫米航炮，机翼下面挂载火箭弹，或在机腹下方挂载1枚2000磅炸弹。其中，还有一种夜间战斗机在其中一副机翼下方挂载一个雷达吊舱。

在1944年6月的菲律宾海海战期间，还有两种新型的攻击机也加入到美国海军航空母舰之上，它们分别是柯蒂斯公司生产的SB2C"地狱俯冲者"俯冲轰炸机和格鲁曼公司TBF"复仇者"鱼雷轰炸机，后者也可以用作轰炸机。这样一来，美国海军航空兵部队的手中，又多出了不少可供选择的兵器。其中，双座型的"地狱俯冲者"配备的是"怀特"R-2600-20星形发动机，功率1900马力，最大时速295英里。该型机能够携带2000磅的炸弹载荷，但在1165英里的最大作战半径的条件下，携弹量将减半。配置2门20毫米航炮，坐在后舱的观测员操控1挺0.3英寸口径的双管机枪。

"复仇者"轰炸机配置1台1700马力的"怀特"R-2600型星形发动机，能够携带1枚鱼雷或者至少2000磅的炸弹，机舱内设置3个座位，供领航员或观测员、飞行员和后舱枪手使用。到了战争后期，"复仇者"又被赋予了新的使命，一些机型加装了雷达或者探照灯，以及深水炸弹，用来执行反潜巡逻任务。

下一款美国飞机则是F4U"海盗"飞机，该型机最初因为太重，不适于在航母上进行起降作战，因此被美国海军所拒绝。于是，有一些该型机便被送给了英国皇家海军的手中，因为后者当时继续这种高性能飞机。事实上，人们对于F4U"海盗"这款飞机的看法简直众说纷纭，观点分歧很大。有人认为它是"第二次世界大战期间最出色的美国战斗机"，有人对它则嗤之以鼻。这种单座单翼战斗机，配置的是普拉特－惠特尼公司的R-2800-18W型星形发动机，能够提供2000~2200马力的推力。后期版本的"海盗"飞机，能够搭载3000磅的武器弹药，更多时候甚至达到了 5000 磅，每个机翼下面都有。此外，还配置有 6 挺 0.5 英寸口径机枪。在安全防护方面，不但增加了飞行员和自封式油箱所需的装甲防护板，还采用了水压驱动起落架和尾钩，在受伤后方便操控返回航母。早期版本的海盗最快能够达到 400 英里的时速，后期上升到了 440 英里。一些飞行员之所以不喜欢该型飞机，一个主要原因在于它的螺旋桨距离驾驶舱太远，而飞行员的座位则比较低，这就使得飞机在滑动和降落时非常困难，尤其在航空母舰上着舰时更是如此。

日本飞机

毫无疑问，第二次世界大战期间，日军最著名的飞机当属三菱公司生产的 A6M 战斗机，日本人称其为"零"式飞机，盟军则称之为"齐克"。作为一款单座单发动机航母舰载机，"零"式有着非常出色的性能，配置有 2 门 20 毫米航炮和 2 挺机枪。所需动力由 1 台中岛公司功率达 925 马力的星形发动机提供，可使飞机能够达到最高 300 英里的时速。

当然，"零"式飞机并非完美无瑕，其最致命的弱点在于飞行员和自封式油箱缺乏必要的装甲防护。但是，在那些身材矮小、体重较轻的日本飞行员的熟练操控下，该型机却表现得非常机动灵活。一架典型的"零"式飞机自重 3920 磅，相比之下，与其空中对决的盟军"海火"飞机却重达 6200 磅。后期生产的"零"式飞机拥有更加强劲的发动机，曾有一架该型机坠落在阿留申群岛的一处沼泽里，它的发动机功率已经达到了 1300 马力。

中岛公司研制的 B5N 轰炸机于 1937 年首次问世，是当时最先进的舰载鱼雷轰炸机，盟军称之为"凯蒂"，有着全金属封皮构造的机身、可收缩起落架、可折叠机翼、整体油箱和可调距螺旋桨。所配置的 1000 马力中岛发动机，给其提供了可达 230 英里的最高时速。

在日军偷袭珍珠港的"空中三驾马车"之中，最后一款飞机是俯冲轰炸机，类似于德国容克公司的 Ju87"斯图卡"轰炸机的日本版本。它就是由日本爱知公司出品的 D31A 型轰炸机，盟军称之为"瓦尔"飞机，这种单翼轰炸机虽然飞行速度并不高，机动性却相当出色，能够携带 550 磅炸弹 1 枚，配置 1 台功率 1075 马力的三菱星形发动机。

4

重创美国太平洋舰队
——偷袭珍珠港

多年以来，对于许多日本人来说，与美国人发生战争看起来似乎不可避免。在两次世界大战的间隙，许多参加日本帝国海军的青年军官在选择外语必修课的时候，几乎无一例外地选择了英语。日本人嫉妒美国在太平洋地区的影响力，同样也嫉妒四大欧洲强国（尤其英国、法国和荷兰）创建殖民大帝国的方法和途径。在日本人眼里，英国人和荷兰人是最孬的坏种，因为他们的殖民地拥有着极其丰富的自然资源，例如荷属东印度和缅甸的石油，以及马来亚的橡胶和锡矿。

美国人对于日本人真实意图的警惕心由来已久。他们亲眼目睹了日本占领朝鲜和武力干涉满洲，甚至在此之前对俄国内战的联合干涉中，联军的军事行动一再受到日本人的牵制，后者一贯我行我素，完全按照自己的计划和日程行事。然而，美国人起初并不愿意采取行动，因为有很多人在政治上信奉孤立主义原则。但是，随着日本人野心的日益暴露和清晰，美国公众舆论开始逐渐发生变化。其中，日本在中国犯下的残暴行径无法让美国人熟视无睹，尤其当 1937 年 12 月中国国民政府首都南京沦陷之后，日本人对这座城市所进行的残暴大屠杀，更是令美国人义愤填膺。虽说美国对于那些殖民强国遭到日本进攻无动于衷，却对日本对于军事落后、政治分裂的中国的步步侵略高度关注，尤其是日本人残害和暴虐中国人的消息传来，几乎点燃了美国公众的强烈怒火。同样，美国人还明白，日本已经盯上了印度支那，将其作为下一个进攻目标。然而，随着日本和苏联签署互不侵犯条约，使得美日之间的外交和军事局势更加紧张。1940 年 12 月，美国对日本实施战争物资禁运，其中甚至包括废旧金属。紧接着，在日本侵略法属印度支那之后，美国在 1941 年 7 月冻结了日本在美国的资产，英国和荷属东印度群岛政府紧随其后宣布不再承认日本货币，使其无法购买燃油、原料和日用品。

这样一来，日本仅剩下 18 个月共计 5500 万桶的燃油储备，除非它能通过入侵荷属东印度群岛找到替代能源为止。

问题在于，许多日本人明白，这个国家不可能在对抗美国的战争中取得胜利。在那些反对同美国开战的人中，就有日本联合舰队司令长官山本五十六海军大将。山本五十六自 1926 年起曾任日本驻美国的海军武官，在此之前的 1919 年到 1921 年曾在哈佛大学学习，他甚至在美国海军战争学院待过一段时间。因此，总体而言，山本对于美国还是有着明显好感的，尽管他对和平时期的美国海军颇有微词，认为这个部门只不过是一个桥牌和高尔夫俱乐部。即便如此，在日本，山本比任何人都清楚，自己的国家与美国的差距所在，尤其在工业制造能力方面，简直是天壤之别。他清楚，日本不能够跟美国相提并论，无论是在军事上还是工业上。他认为，日本在战争的头一年能够取得一次重大胜利，但到了第二年，美国人将会逐渐恢复过来并转入反攻。在太平洋，日本帝国海军的总体实力虽然远远超过了部署在此的美国海军的实力，却不能跟美国海军大西洋舰队和太平洋舰队的联合实力相提并论。

策划战争

策划对美战争的工作始于 1940 年，山本五十六和他的参谋班子反复考虑了多种瘫痪美国海军的方法。日本人需要做到的就是趁美国人不备给其致命一击，为自己赢得至少 6 个月甚至更多的时间优势，从而建立起自己的殖民帝国，日本人还为这个帝国起了一个颇具讽刺意味的名字——"大东亚共荣圈"。要想实现这一目标，最迫切的需求就是获取石油和原材料。山本五十六认为，在这样一场进攻战中，航空母舰势必要充当重要角色，并发挥重要作用。与众多海军高官极力追捧战列舰不同，山本五十六特立独行，他不认为只有战列舰才能够击沉战列舰，因此总是拿一句日本谚语来反驳那些热衷于战列舰的海军官员们，"最毒的毒蛇也有可能被一群蚂蚁杀死"。

要想对美国太平洋舰队发动致命攻击，最有效的途径就是通过一次精心策划的协同空中攻击,摧毁其位于夏威夷瓦胡岛的基地珍珠港。此前的战争实践证明,这是一种非常正确的做法。当时,英国地中海舰队利用航母舰载机对位于塔兰托的意大利舰队发动了一次致命攻击,摧毁了意大利6艘战列舰中的3艘,同时还击伤了其他一些舰船。在此情况下,意大利人将剩余舰船向北后撤至那不勒斯,事实上承认了他们已经不再将塔兰托视为一个安全基地。因此,在日本人看来,如果能够摧毁珍珠港基地,击沉美国太平洋舰队主力战舰,美国人必将耗费很长时间恢复元气,重新补充受损舰船。

参与制定攻击计划的主要有两个人,指挥官源田实及其朋友渊田美津雄,前者主张利用鱼雷轰炸机发起空中袭击,后者则是前者的好友,被其选中具体指挥这次空中攻击行动。跟山本五十六一样,渊田美津雄也说着一口流利的英语,但他不像源田实那样热衷于鱼雷攻击,他认为锚地水深仅有40英尺,美国人将会用防鱼雷网保护自己的战舰。同时,还存在着一个问题,如果整个太平洋舰队的舰船恰好都在港口内,许多战舰将会并排进行锚泊,这也将保护战舰免遭鱼雷袭击。与之相反,源田实则准确地指出,如果用炸弹攻击装甲甲板和火炮,只能是徒劳无益。

与英国皇家海军攻击塔兰托港的行动相比,日本帝国海军为了对珍珠港发起致命一击,处心积虑地集结了一支无与伦比的庞大兵力。根据攻击计划,日本将出动6艘航空母舰和423架舰载机,而英国人攻击塔兰托时只出动了1艘航空母舰和21架舰载机。最终,日本人实际起飞了353架舰载机,对珍珠港发起袭击,同时负责提供空中掩护。当时,日本人跟英国人相比,还拥有着更加先进的飞机优势。前面曾经提到,日本三菱公司生产的A6M战斗机(或称为"零"式)是一种单座战斗机,重量轻且机动灵活,即使没有配备观察员,也丝毫不影响其优异的性能。此外,中岛公司生产的B5N鱼雷轰炸机是一种主力打击战斗机,盟军曾经为它取绰号叫"凯特",这是一款单发动机单翼飞机,采用全金属承力表层式结构,配置可折叠机翼和伸缩起落架,最大时速达到230英里,远远超过英国皇家海军在袭击塔兰托时所使用的"旗鱼"飞机,后者时速只有100英里。根据计划,在攻击珍珠港的行动中,日本人将派出40架B5N战机携带鱼雷实施攻击，另外 103 架携带炸弹执行轰炸任务。另外一款战机是一种叫做"爱知"D3A1 型的俯冲轰炸机，盟军称其绰号为"瓦尔"，其性能相当于德国人的 Ju87"斯图卡"俯冲轰炸机。

为了实施攻击，南云忠一海军中将麾下的第一航空战队被划分为 3 个航母分舰队。第 1 分队旗舰"赤城"号由战列巡洋舰改装而来，"加贺"号则由战列舰改装而成。第 2 航母分队的 2 艘航母吨位较小，分别是"飞龙"号和"苍龙"号，除了后者配置一座传统的右舷岛之外，简直可以称作姊妹舰了。最新型的 2 艘航空母舰配备在新组建的第 5 航母分队，分别是吨位较大的"翔鹤"和"瑞鹤"号，其规模简直可以和参加塔兰托袭击战的英国皇家海军的"卓越"级航空母舰相提并论。与"卓越"级航母不同的是，这两艘舰尽管速度高达 35 节，但甲板防护装甲几乎没有。每艘航母配备有 3 台升降机，最多可容纳 70 架飞机。

为这些航母提供护航的是 2 艘战列舰"比睿"号和"雾岛"号、3 艘巡洋舰和 9 艘驱逐舰，相比之下，这支护航力量非常薄弱，一旦遭到美国太平洋舰队战列舰的猛烈炮击或者潜艇攻击，后果不堪设想。

日本人将发起攻击的日子定在 12 月 8 日，但对于美国人而言却是 12 月 7 日，这是由于这两个国家位于国际日期变更线的两侧。在袭击发起之前，山本五十六大将视察了"赤城"号，他在对舰载机飞行员训话时指出，要丢掉幻想，别指望所有事情都会按计划顺利进行。他这样说道："在漫长的历史进程中，日本曾经遇到过许多难以对付的对手，蒙古人、中国人、俄国人，但最值得高度警惕的是美国人。你们必须做好准备，去对付美国人的激烈反抗。美国太平洋舰队司令金梅尔海军上将是一个非常有远见而且富于进取精神的人，你们要想达到目标必须浴血奋战。"

从很多方面讲，对于珍珠港的进攻都可以称为日本人的一次重大胜利。跟不到十年之后的朝鲜一样，日本人选择在星期六清晨发动攻击，从而最大限度地降低遭到抵抗的可能性，因为在这个时候，指挥官们往往都不在岗位，他们的下属也都在休息。事实上，美国陆军和海军的指挥官们当时正在打高尔夫球，没有一个人能够料到山本五十六居然会选择在这个时候发动袭击，在如此恶劣的海况条件下，如果是演习的话，飞行计划早就撤销了！

攻击

退而言之，即便美国人掌握到日本舰队已经在海上活动，也会认为他们正在朝着东南亚某个地方航行，而不是朝着美国太平洋舰队基地珍珠港驶来。在1941 年 3 月举行的一次海军参谋部会议上，就日本人是否会对珍珠港发起攻击的问题，与会的美国海军高级官员几乎没有一个人认为这是一种可能。大家一致认定，"日本人永远不会向我们杀来！"美国海军之所以做出这种判断，是因为他们不止一次地认为，日本人不会利用航母发起舰载机攻击，相反，用一支配备重型火炮的战列舰舰队发起攻击倒是非常有可能。

美国亚洲舰队司令托马斯·哈特和太平洋舰队司令赫斯本德·金梅尔都曾收到过海军作战部长哈罗德·斯塔克的警告，要他们提防日本人可能在 11 月 24 日发起攻击，但又缺乏敌人将于何时何地发起进攻的详细情报。斯塔克无法断定日本究竟是对关岛还是对菲律宾发起攻击。

11 月 26 日，日本驻美国大使向美国发出最后通牒，希望美国人能够承认亚洲政治格局的现状，却遭到美国国务卿科德尔·赫尔的断然拒绝，后者坚持要求日本必须首先从中国和法属印度支那撤军，然后美国才能考虑与其恢复正常经济关系。次日，斯塔克给哈特和金梅尔发来电报：

"你们不妨将这封信视为一种战争警告。目前，我们为寻求太平洋地区和平稳定而与日本人进行的谈判已经终止，日本人有可能在未来几日内发起进攻……请及时采取必要的防御措施。"

金梅尔收到电报之后，虽然及时地将他的航空母舰撤出了珍珠港，却未能将其战列舰兵力疏散到海上，也没能与驻夏威夷的美国陆军进行联络和协调，联手制订一项防御计划，甚至连宣布珍珠港进入警戒状态都没有做到。此外，美国也没有采取任何措施，强化关岛防御或者增强驻菲律宾的亚洲舰队的实力。当时，面对"日益恶化的国际形势"，作为太平洋舰队司令，金梅尔应当从

1904—1905 年的日俄战争中认清日本人善于不宣而战的丑恶嘴脸。

毫无疑问，金梅尔将菲律宾看成是日本人最可能的攻击目标。美国在菲律宾驻军 19000 人，加上本土招募的 16 万军队，很难经得住日本人的进攻。此外，在日本人的猛烈攻击面前，美国亚洲舰队自身能否顶得住也是一个值得怀疑的问题，这是因为这支舰队的实力与太平洋舰队相差悬殊，甚至没有一艘航空母舰或者战列舰。

当然，在日本人这一边，早就预料到美国将会严词拒绝其驻美大使的请求，所以早早就将日本舰队部署到了海上。在此之前，英国皇家海军如何袭击塔兰托基地的战役细节，早就人人皆知，但出动如此大规模的舰载机部队发起攻击，的确是前所未有。与此同时，天气状况居然也特别眷顾日本人，日本舰队在抵达珍珠港以北 275 英里的起飞阵位之前，穿越了一个热带风暴区，因而没有被美军探测到。然而，在珍珠港，美国太平洋舰队的战列舰、巡洋舰均停泊在此，恰好赶上是一个非常宁静的星期天早晨，天气条件非常适合日本人从空中发起攻击。

在美军方面，由于缺乏戒备，使得他们的运气几乎到了糟糕透顶的程度。在航空基地，居然没有一架战斗机执行作战警戒任务，在海上更是没有一艘战舰执行海上监视任务。当时，在瓦胡岛北端的一个雷达站，当雷达观测员报告发现雷达屏幕上出现不明目标时，值勤军官科米特·泰勒中尉满不在乎地答复道："好了，别担心！"客观地讲，他的确误以为那是己方一支 B-17 轰炸机编队。

当然，即使泰勒及时发出了警报，也不可能阻止日本人已经迫在眉睫的攻击，却能使美军部队采取必要的防御措施，让舰上和岸上的美军人员迅速进入各自的战斗岗位，战斗机也能够来得及从地面起飞。起初，日本人还以为自己将付出巨大代价才能够接近攻击目标，但最终的结果却令他们大吃一惊，因为他们不费吹灰之力就抵达了目标上方，期间居然没有遇到任何阻击或抵抗。当时，尽管美日两国关系日益紧张，日本人对于德国和意大利公开表示友好和支持，但停泊在珍珠港的美军舰船居然没有采取任何防护措施，连防鱼雷网都没有部署，而这一点恰恰是日本人最希望的局面。

然而，太平洋战争中的第一场战斗此时已经发生，因为就在这天凌晨，美军一艘驱逐舰已经击沉了一艘日本潜艇。直到 2002 年，这艘潜艇的残骸才被发现并予以确认。不过，即便发生了此次交战事件，驻珍珠港的美军司令部仍然没有采取任何措施，也没有给美国陆军航空队发出任何警报。在更为靠西的地方，就在同一天的凌晨 1 时 15 分，日本军队对马来亚和暹罗发起攻击，这使得美国人对于美日战争会否爆发更加误判。

日本人对珍珠港共发动两个波次的攻击，为了对付可能出现的激烈对抗，还配备战斗机进行护航。凌晨 5 时，就在"赤城"号航空母舰艰难穿过热带风暴区后，舰上执行第一波次攻击任务的舰载机飞行员被唤醒，进行战前准备。就在吃早餐期间，渊田美津雄意识到，这天的天气条件实在太糟糕了，倘若这是一次军事演习的话，肯定会被取消或者推迟进行。尽管渊田美津雄本身就是一名经验丰富的海军飞行员，但这一次，他却乘坐在另外一名上尉飞行员驾驶的飞机上，以便腾出手来集中精力指挥作战。

当渊田美津雄爬上自己的飞机座舱时，那名负责飞机机械维护工作的高级技师向他走过来，献上一条白头巾说道："我们全体机械维护员都渴望能亲自前往珍珠港，但是却不能，我们希望您能够戴上这条头巾，象征我们的心和您永远在一起！"渊田美津雄接过白头巾，按照日本武士道的方式将它系在自己头盔上。

截至 6 时 15 分，第一波次 183 架飞机已经全部升空，以编队形式朝着 275 海里之外的珍珠港扑去。随着目标越来越近，渊田美津雄打开座舱盖，头盔上的白头巾迎风飘荡，他向其他飞行员奋力挥舞双臂，为他们加油助威，而后重新盖上座舱盖。此时，在编队的下方仍然有着厚厚的云层，渊田美津雄担心它们有可能遮蔽目标。随着太阳冉冉升起，他看到了红彤彤的圆环，一下子就想到了日本海军军旗的图案，他觉得这是一个好兆头。很快地，渊田美津雄确信目标区上空将是阳光灿烂的好天气，因为他从夏威夷广播站收听到当地天气预报，他出色的英语水平帮了大忙。

早晨 7 时 30 分，第一波攻击编队在 10000 英尺高度上从瓦胡岛北端飞过。指挥攻击行动的渊田美津雄下令飞机进入攻击阵位。7 时 49 分，攻击行动正式开始，渊田美津雄通过无线电呼叫突袭代码"虎！虎！虎！"这是日本人发起攻击的代码。

就在他们朝着目标越来越逼近的当里，渊田美津雄率先发射一枚火箭弹，通知整个编队准备发起攻击。这时候，只见村田立即率领着鱼雷轰炸机群向着港口内停泊的舰艇扑去。渊田美津雄发射了第二枚火箭弹，提醒战斗机机群加强防范，但这次却被鱼雷轰炸机群领队误以为当心敌军战斗机的攻击，于是，一度造成混乱和误判。即便如此，对于最终的轰炸效果影响并不大。

在机群下方的珍珠港，有人突然间意识到厄运降临，就在7时58分，警报声骤然响起："空中袭击，珍珠港，这不是演习！"尽管有警报固然比没有警报好，此时此刻却没有一个人在战斗岗位上，舰上人员不得不从舱室或餐厅里匆匆忙忙跑出来，寻找舰炮准备战斗。

自始至终，渊田美津雄一直在10000英尺的高度指挥作战，他极度失望地发现，港口里面居然没有一艘航空母舰，不过，所有8艘战列舰均全部在位，其中就包括位于干船坞的"宾夕法尼亚"号。甚至就连日本情报部门判断仍在服役的"犹他"号战列舰，这时候居然也在港内。

毫无疑问，港口内既没有战斗机起飞拦截，也没有防空炮火的激烈射击，这使得日本飞行员大大松了一口气。一时之间，"零"式战斗机竞相向位于艾瓦、卡内奥赫海湾、希卡姆和惠勒的造船厂和飞机场发起俯冲，美军飞机来不及起飞就被击毁，美国陆军航空队和海军至少有200架飞机被摧毁在地面上。

然而，对于大多数信奉"大舰巨炮"海军的日本海军高级官员来说，判断偷袭行动是否成功，取决于美国海军太平洋舰队所损失的舰船规模。日本鱼雷轰炸机飞行员发现，和意大利人在1940年11月的做法一样，停泊在珍珠港里的美国战列舰竟然没有设置防鱼雷网，这使得他们的轰炸行动如鱼得水。日本的高空轰炸机从目标上空飞过时开始投弹，这时候，美国的防空炮火开始射击，飞行员不得不保持较高的飞行高度。俯冲轰炸机对福特岛上的港口设施进行猛烈轰炸，爆炸碎片飞舞，熊熊火光冲天。没过多久，珍珠港上空到处浓烟滚滚，

战斗中，渊田美津雄的座机被炮火击中，差一点坠毁，但飞行员仍然努力使飞机保持平衡。渊田美津雄先后三次从他选定的目标——"亚利桑那"号战列舰

上空掠过，其中，在第二次飞过该舰时，他的飞机被"亚利桑那"号发生爆炸产生的气流冲击得左右摇摆。在此前一年，"亚利桑那"号刚刚进行过现代化改建，加装了雷达和额外的防空火炮。

在将所有的炸弹全部投完后，渊田美津雄并没有立即返回，而是留下来等待第二波次的170架飞机前来攻击。此时此刻，他的主要任务并非指挥编队实施轰炸，而是为南云忠一中将提供轰炸效果的评估报告。除了熊熊燃烧的"亚利桑那"号战列舰外，需要报告的情况太多了。"俄克拉荷马"号和"犹他"号战列舰发生倾覆，"加利福尼亚"号和"西弗吉尼亚"号开始沉入水中，轻巡洋舰"海伦娜"号受到重创。

日军第二波次攻击编队全部由轰炸机组成，这是因为美军防空火炮此时开始发起攻击，再出动鱼雷轰炸机很容易被炮火击中。在第一波攻击结束50分钟后，第二波攻击开始，但截至此时，美军一些战斗机已经升空作战，在被美军击落的29架日军飞机中，大多数是执行第二波次攻击任务的飞机。

在正下方的港口内，"内华达"号战列舰舰长意识到，自己的战舰要想获得安全，最好的做法就是快速运动到海上，因为一艘快速移动的战舰，对于战斗机而言是一个很难捕捉的目标。没想到，他这种做法立即引起了日军飞行员的注意，后者集中大量兵力对付它，希望最好能把该舰击沉在港口出口处，从而使整个基地关闭几个月。然而，虽然遭受了饱和攻击，"内华达"号遭到重创，但舰长还是成功地使该舰幸存下来，并在远离港口的地方搁浅，确保了进出港口航道的畅通。与此同时，第二波次的其他飞机给停泊在干船坞的"宾夕法尼亚"号战列舰和2艘驱逐舰造成重创。

就其规模而言，这次攻击行动远远超过了塔兰托袭击战。二者之间的主要区别在于，有3艘战舰在袭击中发生爆炸，造成了极大的伤亡。据统计，战斗中，共有3581名美国海军人员死亡或重伤，其中，大多数属于发生爆炸的3艘战舰（"亚利桑那"号和2艘驱逐舰）上的人员，而"俄克拉荷马"号则发生倾覆。在攻击中，美国陆军航空队和美国海军总共损失了188架飞机。

后 果

最后，渊田美津雄返回到"赤城"号航空母舰之上，发现整个飞行甲板此时简直成了欢乐的海洋。

此时此刻，源田实正在船上等着欢迎他凯旋，他告诉渊田美津雄己方共损失了 29 架飞机。

其实，就在日本飞机疯狂攻击珍珠港美军舰船的同时，其自身的航空母舰也正处于极度危险的境地。一旦美国海军太平洋舰队的 3 艘航空母舰抵达攻击海区，日本舰队将会毫无还手之力。当时，要想避免这种情况，唯一可行的做法就是保留一到两艘航空母舰担任外围警戒任务，以便随时起飞舰载机对付美国人的空中袭击，从而保护自身几艘航母的安全。然而，在当时，日本人压根就没有考虑到这种防范措施，或者压根就不愿意采取此类措施，他们只想倾注所有兵力对付珍珠港。

渊田美津雄不但没有考虑到这一点，就连他的飞机也差一点被美军击落，机身位置居然被击穿一个大洞，控制线头暴露在机身外面，当他返回航母甲板时，一名机械师发现了这处伤口，倘若这根控制线被风吹断或者丢失，他的飞机很有可能失去控制坠入珍珠港。

回到航空母舰之后，渊田美津雄的第一要务就是向南云忠一报告攻击行动的细节，因为是他亲眼见证了美国人所遭受的惨重损失，但他同样意识到，仍有大量的目标需要进行第三波甚至第四波攻击才能够将其摧毁。燃油罐和其他港口设施仍然完好无损地放在那里，还有许多小型战舰被故意扔在一边不予理睬，因为日本人把优先攻击的目标定为大型战舰。

为了提交一份更全面的报告，渊田美津雄并没有选择立即面见南云忠一，而是与他的飞行指挥官们进行了简短的会商。然而，急不可耐的南云忠一却没有那份耐心等待，他要求立即见到渊田美津雄。接下来，在"赤城"号舰长中井康夫的陪同下，南云忠一见到了渊田美津雄，要求他向自己报告战况。

"4 艘战列舰被击沉，"渊田美津雄回答，"我亲眼所见！"

"4 艘战列舰被击沉。" 南云忠一重复道, "嗯, 不错, 另外 4 艘呢?"

"没来得及精确检验," 渊田美津雄回答, "不过, 看起来, 似乎有 3 艘遭到重创, 另一艘也受了伤, 但伤得不算太重。"

渊田美津雄一一列出了被击沉的美军战列舰名称, 这是根据日本海军情报部门所提供的舰船泊位所确定的。在他汇报完之后, 南云忠一询问美国海军太平洋舰队是否能在 6 个月内离港作战。渊田美津雄确信这些战列舰无法在 6 个月内恢复作战, 但他强调, 还有许多小型船只以及港口设施能够正常使用, 因此敦促南云忠一最好再发起一轮攻击。他指出, 虽然有许多飞机被摧毁在岸上或跑道上, 甚至机库里, 但他怀疑仍有许多飞机具备适航能力。

就在三个人探讨攻击效果的同时, 在航空母舰飞行甲板上和机库里, 士兵们仍在忙着为飞机重新装填弹药和补充燃油, 俯冲轰炸机也挂载上了鱼雷, 因为它们在对付海上舰船时更有效。然而, 在南云忠一看来, 接下来, 残存的美国海军太平洋舰队舰船或者在海上的航空母舰很有可能对日本舰队发起追击和进攻。

渊田美津雄匆忙吃了一点豆酱和米饼, 权且当作午饭, 但就在这段时间, 南云忠一开始担心驻夏威夷的美军飞机有可能对日本编队发起攻击。

日本人没有派出侦察机去实施攻击后的侦察评估, 也没有派出侦察机前去寻找美国航空母舰的位置。这种做法令人不可思议, 人们分析认为, 这可能是因为日本人担心在敌人已经警戒的情况下, 派出侦察机几乎毫无益处, 而且只会暴露己方航母编队的位置。总之, 日本海军的航母编队必须见好就收、打了就跑。在塔兰托袭击战中, 英国人曾经从马耳他岛派出皇家空军侦察机进行战果侦察评估, 但是, 恶劣的天气打消了 "卓越" 号航空母舰在第二天晚上派出飞机发起第二波攻击的念头。

还没等渊田美津雄吃过午饭, 南云忠一司令官就从 "赤城" 号上发出指令, 要求舰队开始向着西北方向返航, 不再发起任何攻击。

得知这道命令, 渊田美津雄表现出了一名日本军官所令人难以置信的举止, 他几乎暴跳如雷, 直接去找南云忠一, 质问他为什么不再发起攻击? 南云忠一没有理睬他, 而是由他的参谋长草鹿龙之介海军少将非常意外地告诉他, 本次攻击行动的目标全部已经实现。

在后方，当山本五十六收到这份决策电报时，当即意识到一个千载难逢的良机已经失去，自己企图在战争第一年取得决定性胜利的希望已经彻底落空。

5
日军向西推进

偷袭珍珠港尽管取得了非常辉煌的成功，但只不过瘫痪了美国海军太平洋舰队而已。就其本身而言，它并非日本人的最终目标，因为夏威夷远离日本本土，其岸基飞机对于日本几乎构不成任何威胁。日本人真正的目标在于荷属东印度群岛、马来亚半岛和缅甸，那里有着日本人发动战争和赢得战争所必需的燃油和原材料。在夺取这些目标之前，日本人首先需要拿下菲律宾，从而彻底粉碎美国人试图阻断日本与其大东亚殖民帝国之间的交通线的用心，同时还可以从这里获取农产品和木材。

日本人一边在夏威夷周边发起攻击，一边向西快速推进，并在马来亚的哥打巴鲁实施登陆。在世界战争史上，这种做法前所未闻、旷古罕见，没有一个国家能够在如此短的时间内、在如此广阔的战场上发起攻击。

入侵马来亚和暹罗

12月7日凌晨1时15分，就在攻击美国珍珠港的同一天，日本"南方远征舰队"在小泽海军中将的指挥下，在马来半岛东海岸登陆，第一批登陆兵力是来自山下奉文中将麾下的第25集团军的35000名士兵。第一处登陆位置在马来亚的哥打巴鲁，日本人此举旨在占领当地的机场。其他兵力第二天沿着道路向前推进，开始进入泰国境内。

从进攻法属印度支那开始，日军地面部队兵力就一直与驻守当地的英国军队兵力相差悬殊，却在空中力量上占据上风。与日军560架飞机相比，当地英军仅有158架飞机，其中的大多数不是严重老旧，就是性能低劣，例如"水牛"战斗机。在此之前，英国人曾经在马来亚修建了大量的机场，随时准备反击任何入侵行动，并部署了大量陆军兵力守卫这些机场。

当时，大英帝国在该地区共部署了88000人的兵力，由帕西瓦尔上将指挥，其中的19000人来自英国本土，15000人来自澳大利亚，17000人来自马来亚，37000人来自印度。与之相比，入侵的日本军队只有35000人，却配备了211辆坦克，而英国军队没有配备任何坦克。

考虑到有可能与日本人开战，英国人制订了一项代号"角斗士作战"的作战计划，主要取决于其对于日本人入侵暹罗和占领宋卡小镇的意图情报的预先搜集程度。但是，英国政府在是否批准这项计划的问题上举棋不定，担心在战争尚未爆发之前进入中立国暹罗，有可能失去美国人的同情和支持。因此，就在这项计划尚未批准之时，日本人抢先占领了宋卡。

12月6日，在柬埔寨角外海，英军发现日本人的运兵船，由于距离太远没法发起攻击，战争就这样爆发了。然而，鉴于日本人的意图并不明显，尽管英国皇家海军自以为能够赶在日军登陆之前击沉其70%的船只，却未能够采取任何措施。在所有的殖民地中，马来亚不但有着丰富的森林、橡胶和锡矿资源，同时还是前往新加坡进而控制东印度群岛的必经之路。新加坡不但是一处坚固的海军基地，而且还称得上是一座岛屿要塞，扼守着马六甲海峡的咽喉，而马六甲海峡则是连接印度洋和南中国海的最短且最直的战略通道。

从战略上分析，日本人进攻马来亚的可能性非常大，而且合乎情理。这片殖民地难以防守，遍布沼泽、山脉和茂密的丛林，地面交通状况非常差。更加糟糕的是，英国人事先还犯下了一些战略性错误，由于未能提前进入相邻的暹罗境内，致使日本人在这里集结起了强大的兵力。

在此地，英国的主要战略是保卫马来半岛上的南北走向的铁路和公路，因此英国军队很少进行丛林和沼泽作战训练。此外，英国人为了保卫马来亚，还建设了许多的飞机场，却没有部署一架飞机。更加糟糕的是，这些飞机场由英国空军建造，在哥打巴鲁就不少于3个，却没有考虑如何防御敌人的地面进攻。

这些机场的守备部队虽然在人数上远远超过了进攻一方，但装备低劣，缺乏坦克装甲车辆。倘若英军事先按照"角斗士作战"计划进行入侵暹罗的作战训练，那么后来的结局也许就会有所改变。

然而，当英国人终于决定向暹罗境内推进时，一切都太晚了。在日军装甲部队和空中力量的联合打击之下，他们又被赶了回来。日本人迅速推进，不到12月10日就穿越了整个马来半岛，并且一直推进到西海岸。就在同一天，英国人试图阻止日军的进一步推进，其战列舰"威尔士亲王"号和老旧的战列巡洋舰"反击"号却被日军轰炸机和鱼雷轰炸机击沉，这些飞机从西贡附件的机场起飞，彻底控制了这一海区。倘若英国人将这些战舰适当编组为一支特混舰队，配备两艘航空母舰，尤其再搭载一些高性能战斗机的话，那么最终的战斗结局将会大不相同。事实上，英国人仅仅配备了一艘航空母舰——"不屈"号，它却发生搁浅并且无法参战。在此情况下，为"威尔士亲王"号等2艘主力战舰护航的，只剩下4艘驱逐舰。当时，英军舰队指挥官汤姆·菲利普斯海军少将认为，可以在关丹外海对日本海军舰队发起攻击，他甚至完全无视来自空中的威胁。结果，在战斗打响后，他甚至下令保持无线电静默，结果导致英国皇家空军与其无法联系，也就无法为其提供空中掩护。

人们通常认为，在马来半岛作战的日本军队都曾进行过丛林作战训练，因此能够迂回到英军守备部队的侧翼。事实上，日军很少有人进行过专门的丛林作战训练，他们仅仅是由于拥有了装甲车辆、火炮、机动防空部队，尤其是优异的反坦克武器，才使得战争结局发生了根本性的改变。同样，日本人在占领暹罗和马来半岛之后，借助缴获的脚踏自行车，临时性地增强了部队机动能力。

战前，曾有人建议在马来半岛构筑起一系列的防线，却遭到英国决策层的否决，因为他们担心此举有可能影响军心士气，使得前线英军士兵乃至当地居民误认为马来亚将会失守。在指挥部里，大量有关如何在缺乏反坦克武器的情况下狙击敌人坦克的小册子被束之高阁，高层甚至禁止军官们将这些必要的资料发给部队的普通士兵。

结果，等到真正的战斗打响后，英军部队为了建立防线，不得不进行了一连串的努力，但均以失败而告终。12月11日，在日得拉，英军设在公路上的第一处路障，被日军坦克部队轻而易举地扫到一边。在此情况下，英军下令开始全面后撤，却导致部队迅速陷入混乱状态，许多人在丛林中迷了路。

接下来，基于同样的原因，英军试图阻击对手向霹雳河推进的努力再次宣告失败。当时，英军守备部队曾打算在金宝小镇建立起一处阻击点，经过浴血奋战，他们终于创立了一处坚固支撑点，没想到日军却利用缴获的小筏子渡河成功，迂回到英军防线的后方，从侧翼包围了英军部队。当时，日军部队双管齐下，同时向东西海岸推进。

12月23日，波纳尔中将赶到，从空军元帅布鲁克－波帕姆手里接过指挥权，担任远东英军总司令。他决定实施一项新的作战计划，此时，位于斯林河上的另外一处支撑点距离吉隆坡以北还有一段距离。这一次，日本人选择了从丛林中穿越，他们发现了一条废弃的丛林小道，于是沿着这条小路前进，成功绕过了英军守备部队层层设防的大路，于1月8日对驻守麻坡河桥的英军部队发起一次出其不意的攻击。

另一次指挥权交接发生在1942年1月10日，韦维尔上将出任英军最高司令官，随即对战略进行了调整。英军部队所采用的边打边撤的战术收效甚微，甚至为此遭受了巨大的伤亡。截至此时，英军从马来亚中部撤出，吉隆坡于1月11日被日军占领。在此情况下，英军在麻坡河上构筑起一道新的防线，并由来自新加坡的英军防守。然而，日本人再次迂回到英军防线后方，在巴株巴辖登陆，切断了驻守防线的澳大利亚和印度军队的退路。英军试图在柔佛拦阻日军的最后一次努力失败。到了1月31日，剩余的大英帝国军队不得不退回新加坡。

新加坡的陷落

随着马来亚战场的溃败，撤退到新加坡的英军部队越来越多，这使得防守新加坡的守军一时之间剧增到了85000人，其中不少于70000人属于作战部队人员。然而，鉴于武器装备过于落后，无论地面部队人数再多，也无法避免一个显而易见的失败结局。当时，英国政府甚至向新加坡派出了增援部队，其中一些人还是敦刻尔克撤退下来的老兵，但这种做法只不过是为了取悦澳大利亚政府，使他们确信英国政府将会履行其在战前所做的承诺，绝不会轻易放弃新加坡。

这时候，驻守新加坡的部队并没有配备任何空中兵力，他们的 15 英寸火炮尽管能够击中日军舰船，但由于炮弹的穿甲能力低下，无法对于日军部队造成严重杀伤。而爆碎弹虽然能够造成一定杀伤，但数量却不多。另外，这些火炮主要用来击败来犯之敌，对战列舰和巡洋舰实施攻击，除此之外，并无任何其他作战预案。

防守新加坡岛的关键在于连接其与马来亚的堤道，日本人先是使用飞机和重型火炮对堤道进行狂轰滥炸，摧毁守备部队的抵抗意志，而后派出 13000 名突击部队沿着 8 英里长的河滩地带发起攻击。

在此情况下，防守堤道的英军部队开始向新加坡城后撤，以防遭到日军的迂回包抄。在此情况下，通往新加坡的主要通道豁然大开，日军登陆部队趁势上岸，很快聚集起 30000 名的兵力。在此情况下，英军不得不放弃此前的防线，丢弃了不计其数的补给物资。如今，形势已经非常明朗，还没等到日本人对新加坡实施围城作战，英国首相温斯顿·丘吉尔就已经认识到守军的处境是多么艰难，他甚至将新加坡称为"赤裸的岛屿"，并向他的战地指挥官帕西瓦尔将军发出了一道相互矛盾的指令，要他不但采取"焦土抵抗"政策，还要严防死守到最后时刻。然而，当帕西瓦尔巧妙地提出，自己要么选择焦土抵抗，要么选择与新加坡共存亡，只能执行其中之一的政策时，丘吉尔收回了成命。

随着形势愈发明朗，新加坡已经无法防守，在此情况下，丘吉尔再次改变了主意，他提议放弃这座岛屿，守军撤退到其他地方继续作战。其实，就连丘吉尔本人也将自己的想法视为一个"丑陋的决定"。

当时，驻伦敦的澳大利亚特使获悉丘吉尔的提议后，随即向堪培拉做了汇报。丘吉尔与澳大利亚总理的关系原本就很紧张，这一次，他接到了来自堪培拉政府的电报，约翰·科廷在电报中将从新加坡撤退的做法斥之为"不可饶恕的背叛"。别无选择，只有继续战斗。

接下来，驻守新加坡的英军部队进行了坚持守城的努力，但没有坚持太久就崩溃了，因为城里水资源短缺。2月15日，帕西瓦尔将军率领130000名英军部队向日军指挥官山下将军投降。截至此时，英国人在新加坡的最终失败已经不可避免，因为无论驻守这座孤城的兵力有多么庞大，但它能否坚持下去，充分的水源和来自马来亚的粮食补给必不可少。当时，在日本人不但控制了海洋，而且控制了天空的情况下，要想对这座城市进行物资再补给，简直难如登天。

在马来亚陷落后，紧接着就是新加坡，日本人以不到10000人的代价，就在整个东南亚地区取得了一个非常牢固的优势地位，并为向新几内亚和缅甸发起进攻铺平了道路。除了澳大利亚，日本人还企图将印度划入其梦想的大帝国版图之中，全然不顾此举将使其军队疲于奔命。

就在新加坡陷落前夕，英国在东方的另外一块殖民地——香港，也于12月25日被日军攻陷，一些英国人幸运地逃入葡萄牙的殖民地澳门，并罕见地躲过了以野蛮和残忍著称的日本军队的魔掌。

菲律宾

一段时期以来，历届美国政府都把日本对于菲律宾的进攻，视为美日之间爆发战争的开端，即便如此，美国在这个岛国的薄弱防御虽然一再被提出来，但很少受到美国国会的高度关注，也从未在加强防御经费上得到过任何的倾斜。当然，之所以出现这种局面，部分原因在于持续了整个20世纪20—30年代的经济萧条，美国人将有限的国防经费优先用在了本土防御上面，很少会拿出钱来加强海外的兵力部署。

作为一个海岸线曲折蜿蜒的岛国，菲律宾虽然要比荷属东印度群岛小出很多，但它的很多海湾很适宜入侵部队进行登陆作战。同时，在菲律宾的内陆地带，道路交通条件比较恶劣，不适于守备部队的机动防御作战。同样，也不能排除，在一些美国国会议员的眼里，这个岛国的得失意义并非特别重大。

凌晨5时30分，在棉兰老岛附近海域坠毁的一架日本水上飞机，也许是日军入侵菲律宾行动中的第一个牺牲品，也算得上是日军将菲律宾列为下一个攻击目标的有力证据。这个貌似非常孤立的事件，类似于日军在对珍珠港发起攻击之前，在夏威夷附近损失的一艘潜艇。

上午 11 时 30 分，日军轰炸机从位于台湾的基地起飞，开始对吕宋岛上的机场进行狂轰滥炸，摧毁了位于克拉克、伊巴、尼古拉斯以及首都马尼拉附近的其他机场上的大量战斗机和轰炸机。在日军攻击行动开始前 45 分钟，美军远东航空队就已经得到了警报，却没有采取任何措施进行防范，甚至没有移动机场上的任何飞机，更没有及时升空作战。不过，当时确实有一些轰炸机已经开始在地面上进行加油作业，却无法解释为什么没有任何战斗机升空巡逻，或者为什么没有将这些轰炸机及时转场到距离马尼拉较远的机场，从而稍稍提升一下安全系数，至少能够赢得数小时的预警时间。

最终，到达马尼拉上空的日本人惊奇地发现，美军飞机大都静静地停放在机场上，而且没有采取任何防空措施。当时，至于日本人为何拖了这么久才对菲律宾发起攻击，而没有选择和攻击珍珠港同步进行，唯一的原因在于台湾上空的大雾天气拖住了困住了日军飞机。

结果，有两个中队的美军 B-17 轰炸机被摧毁在地面上，共有 100 多架飞机被毁，相反，日本人在行动中仅仅损失了 7 架飞机。

眼看着遭受惨重损失的部队，以及听到珍珠港所遭受到的致命袭击，加之日军在马来亚和暹罗的相继登陆成功，麦克阿瑟将军开始怀疑自己能否坚守住菲律宾，并对东印度群岛的美军防御能力也产生了动摇。

尽管驻菲律宾的美国陆军航空队是日军攻击的主要目标，但美国海军亚洲舰队同样未能逃过厄运，除了一些舰船被击沉或严重受损之外，位于马尼拉的造船厂等设施也遭到了日军的严重破坏。

就这样，在短短几小时内，在极具压倒性优势的日军攻击面前，美国军队第二次遭到致命攻击，但这一次，美军并非猝不及防，而是反应迟钝的结果。

12 月 10 日，在高桥海军中将统率的巡洋舰和驱逐舰的掩护下，日军部队开始在菲律宾的北吕宋地区实施登陆。此时，驻菲律宾美军指挥官道格拉斯·麦克阿瑟将军已经将他的部队动员起来，其中包括 19000 名美军部队以及 160000 名菲律宾军队。鉴于亚洲舰队已经遭到重创，麦克阿瑟的海岸防御兵力全部由摩托化鱼雷艇组成。此外，他手中还有着 17 架重型轰炸机和 40 架战斗机，但这些飞机并非都能够升空作战。最终的结果是，这些 B-17 轰炸机在接下来的战斗中，并没有用来对敌军登陆场实施轰炸，而是在 12 月 27 日撤退到了澳大利亚。

12 月 10 日，为配合日军在北吕宋岛的登陆行动，日军第 11 航空舰队对马尼拉进行了猛烈攻击，摧毁了美国海军的鱼雷仓库，极大地限制了美军潜艇部队作战能力的发挥。南吕宋岛在 12 月 12 日遭到入侵。面对两线作战的不利局面，麦克阿瑟一方面将菲律宾军队沿着海岸线进行部署，另一方面将经验丰富、训练有素的美军部队集中部署在马尼拉周边。即便如此，日军登陆行动没有遭遇任何抵抗。

12 月 22 日，马尼拉以北 120 英里处，在近藤信竹海军大将统率的"金刚"号和"榛名"号战列舰的护送下，高桥海军中将指挥日军主力部队第 14 集团军搭乘 76 艘运输舰，在菲律宾西海岸的仁牙因湾登陆，担任空中掩护任务的是日军岸基飞机。

面对强敌压境，麦克阿瑟断定自己已经无法守住马尼拉这座城市，为避免造成不必要的平民伤亡，在 12 月 26 日宣布马尼拉为不设防城市。当时，麦克阿瑟认为入侵菲律宾的日军兵力大概有 10 万人，但事实上，这个数字被过高估计了，进攻马尼拉的日本陆军指挥官本间雅晴的手中仅有 5.7 万人可供调遣。

麦克阿瑟将他的部队撤退到巴丹半岛，在日军的不断进攻下，大约 1.3 万名菲律宾军人脱逃，使得麦克阿瑟手头仅剩下 8 万人左右。日军指挥官本间雅晴未能切断麦克阿瑟的退路，而美国人自身也存在着诸多的问题，有 2.5 万名平民随同部队一起撤退，物资储备也仅够维持一个月时间。由于缺乏蚊帐和奎宁药物，美军官兵普遍患上疟疾，使得四分之三的人员至少在一个月内没法打仗。当然，对于日军部队而言，这同样是个问题，他们中的大多数人也成了疟疾患者。在此基础上，本间手头一个师的精锐部队又被划走了，前去执行进攻爪哇的任务。

等到增援力量补充上来之后，本间雅晴在 1 月 9 日对麦克阿瑟的部队发起了攻击，他确信自己的对手此时仅有 2.5 万人。

日军最初的进攻不但被美军击退，而且损失惨重，直到1月23日才将美军击退，迫使其撤退到预备阵地。尽管美国人奋力反击，但到了2月23日，日军部队最终得以向前推进。3月11日，麦克阿瑟乘船退往棉兰老岛，留下温莱特中将负责指挥作战。

本间雅晴不得不停下来继续等待增援，到了3月底，他手头的3000人的可用部队，又增加了22000人的兵力以及飞机和火炮。4月3日，他再次发起进攻，迫使美国人退却到了半岛的尽头。4月8日，温莱特退却到格律希岛，剩余部队向日本人投降。接下来，从4月14日开始，7万名美军和菲律宾军战俘顶着热带火辣辣的太阳，开始了长达60英里的"巴丹死亡之旅"，最终仅有54000人得以存活下来。

就在美军地面部队向巴丹半岛溃退的同时，美国海军亚洲舰队的残余船只也开始向格律希岛撤退。接下来，美国军方高层做出决定，将它们转移到爪哇。

与珍珠港遭受日军偷袭相比，美军在菲律宾的惨败更是一个沉重打击。无论是哈特还是总司令官麦克阿瑟，都未能采取有效措施防范和反制日本人的入侵。在得知日军轰炸机编队正铺天盖地向菲律宾杀来的时候，美国人未能及时起飞战斗机进行拦截作战，这使得自身的处境更加糟糕，美军无论飞机还是舰船都遭到严重损失。最终，当日军发起登陆行动时，美国亚洲舰队没有能力袭扰日军登陆舰队，美国陆军航空队也没有能力趁着日军入侵部队尚在海滩上时对其发起攻击。

在很多方面，都非常有必要拿马来亚、新加坡和菲律宾进行对比，它们在战前的防御规划时都被忽视，在配备防御资源时都严重匮乏，而这些因素对于战争的胜败结局都至关重要。

荷属东印度群岛

发生在两次世界大战中间的一场规模浩大的和平主义运动，使得荷兰政府在国防开支问题上缩手缩脚，面对可能爆发的欧洲战争，他们希望能够继续像第一次世界大战期间那样保持中立，从而避免战火。相比之下，部署在东印度群岛的荷兰皇家陆军在武器装备上远比本土陆军的武器装备要好出许多，他们甚至还负责为驻扎在此的所有荷兰军队提供空中防护。

不过，随着第二次世界大战的最终爆发，荷兰在德国人的闪电攻击面前迅速沦陷，东印度群岛的殖民地政府跟海牙政府随之失去了联系，只好自行处置各种战争事务。从某种意义上讲，海牙政府的不复存在，对于荷属东印度群岛政府反倒是一件好事，因为他们不必像法属印度支那殖民地政府那样，仍然时时处处地受到法国维希政权的控制。在意识到日本人将不会绕过其领土向前推进后，荷属东印度群岛政府将其全部的兵力交给了盟国一方。

1942 年 1 月，一支由英国、荷兰、美国和澳大利亚战舰组成的盟国联合舰队匆忙集结起来，由荷兰海军少将卡拉尔·冯·杜尔曼指挥。颇具讽刺意味的是，这支舰队碰巧也被称为"联合战队"，与日本帝国海军主力攻击部队的名称不谋而合。根据商定，这支由多国海军兵力组成的司令部称为"美英荷澳联合舰队司令部"，负责指挥该地区所有的盟军力量，其参谋机构由各参与国按照出兵的比例派出人员组成。

事实上，这是一支由分布在菲律宾、马来亚、新加坡和东印度群岛周边地区的散兵游勇组成的乌合之众，他们几乎没有任何时间去进行协同训练和作战演习，甚至来不及创立任何形式的协同和通信关系。不过，相比而下，澳大利亚和英国之间倒是有着较为密切的协同合作，但英澳两国和美国之间却并非如此，尽管他们曾经在第一次世界大战最后阶段并肩作战过。此外，对于荷兰人来说，自从他们在1816年与英国人和美国人组成联合舰队在地中海打击北非伊斯兰海盗以来，就再也没有与上述任何一国进行过协作。当时，冯·杜尔曼之所以出任这种联合舰队的司令官，仅仅是因为他是舰队中军衔最高的人，而并非因为他有着什么样的丰富作战经验。

1942 年 1 月 11 日，日军在西里伯斯岛的万鸦老登陆。紧接着，又于 1 月 23 在俾斯麦群岛之中的拉包尔和卡维恩等地登陆，整个登陆作战行动得到了南云麾下第 1 航空舰队所属的"加贺"号、"赤城"号、"翔鹤"号和"瑞鹤"号航空母舰舰载机的空中掩护，"飞龙"号和"苍龙"号原计划也将参与其中，但由于它们刚刚参加了威克岛登陆作战，不得不进行各种物资补给，舰员也需要进行适当的休整。在当时，日军之所以派出阵容如此强大的航空母舰兵力，是因为澳大利亚皇家空军就驻扎在拉包尔。

在登陆行动开始前，日军首先对澳大利亚皇家空军基地进行了异常猛烈的空袭，旨在削弱盟军的防守能力。这一次，率领日军攻击机群的仍然是渊田美津雄，但这一次的兵力却只有90架战斗机和轰炸机。尽管如此，渊田在事后仍然认为，日本此举无异于牛刀杀鸡，实在是得不偿失，因为澳大利亚空军基地的防御设施简直是个摆设。日本海军航空兵飞机几乎没有遭到任何形式的抵抗，同样也没有发现任何有价值的值得攻击的目标。鉴于这种现实，当时参加空袭行动的很多日军轰炸机飞行员在返航的时候，不得不将他们所携带的炸弹丢弃在原始森林里，从而避免携带实弹在航空母舰上降落。

接下来，渊田终于得以向南云海军中将提出意见建议，认为派出如此大规模的航空兵力对付防御薄弱的敌人，简直就是一种严重的资源浪费。然而，日军联合舰队司令长官山本五十六却全然不顾，依然命令日军航母部队向西面方向的帕劳群岛开进，那里是马里亚纳群岛西南端的一片岛屿。

这样一来，在进攻荷属东印度群岛的战斗中，就剩下山口多闻海军少将麾下的第2航空母舰编队的"苍龙"号和"飞龙"号航空母舰了，由它们起飞舰载机空袭安汶岛，为日军登陆部队提供空中掩护。

当时，面对日军咄咄逼人的步伐，驻东印度群岛地区的盟军部队试图通过发起反击，来达到阻止对方的目的。然而，一个极其不利的问题在于，驻东印度群岛地区的盟军部队不但兵力有限，还缺乏空中掩护，尤其缺乏航母舰载机的空中支援。相比之下，在东印度群岛东北方向的美军部队却士气高涨，这是因为，以"企业"号和"约克城"号为中心的美军两支特混舰队，在5艘巡洋舰和10艘驱逐舰的护卫下，刚刚于1942年2月1日对马绍尔群岛上的日军基地实施了攻击，虽然收获并不算大，但足以警醒日本人，美国海军太平洋舰队的实力犹存，是一支绝对不可掉以轻心的作战力量。

2月4日，在东印度群岛，冯·杜尔曼海军少将指挥盟军联合舰队的4艘巡洋舰和8艘驱逐舰，试图在马六甲海峡对日军一支登陆部队发起攻击，但在日军轰炸机的猛烈攻击面前，不得不迅速撤退，美国海军巡洋舰"马波海德"号遭受重创，另外一艘巡洋舰"休斯敦"号也受轻伤。尽管如此，这些近乎可笑的攻击行动，对于阻击日军的进攻势头毫无作用。相比之下，日军却一路高歌猛进，他们甚至在攻击新加坡的同时，又取得了另外一项重大战果，攻占了苏门答腊岛上的巨港，这里有着丰富的油田和精炼厂。在这次攻击行动中，担任掩护任务的只有"苍龙"号航空母舰及5艘巡洋舰。2月18日，日军在巴厘岛成功登陆。

"澳大利亚的珍珠港"

日本人在向西稳步推进的同时，还时刻不忘在南方发起攻击，他们这次攻击的目标是澳大利亚北部港口城市达尔文。就某种程度而言，日军此举也算作一种佯攻行为，旨在分散盟军的注意力。有人曾经将此次攻击行动称作"澳大利亚的珍珠港"，这在一定程度上夸大了攻击行动的重要性。与珍珠港事件相比，二者唯一的相同之处在于，面对突然袭击的时候，澳大利亚人和美国人一样毫无防备。

1942年2月19日，南云海军中将再次率领航母编队（这一次仅有4艘航母），在"比睿"号和"雾岛"号2艘战列舰、3艘巡洋舰和9艘驱逐舰的支援下，对达尔文港发起攻击。这一次，日军共起飞了180架飞机，仍然由渊田率领发起攻击。当时，港口内停泊着大量的商船和货船，总共有11艘货船（其中一艘运载弹药）和1艘美国海军驱逐舰被击沉。接下来，日军飞机又对达尔文市的城市建筑进行了扫射，迫使大批平民不得不疏散一段时间。附近的机场也遭到了攻击，共有15架美国和澳大利亚军队飞机被摧毁。总体而言，日军这次攻击行动并非物超所值，相反有些得不偿失，然而，当渊田返回旗舰向南云报告战况的时候，却意外发现这位海军中将这次一反常态，非常急切地打算发起第二轮进攻。

不过，在渊田美津雄和源田实看来，空袭达尔文暴露出了日本海军高层在航空兵力使用上的错误认识。二人认为，对付澳大利亚的最好做法在于切断其与美国的联系，占领斐济、萨摩亚群岛和夏威夷，寻求与美国海军太平洋舰队的航母兵力进行对决。至于在拉包尔和达尔文，则是过度使用了有限的空中资源，去赢得一个并不值得的成果。一旦将澳大利亚封锁起来，最值得攻击的目标是悉尼，而非达尔文。一旦将澳大利亚与美国的联系割断，澳大利亚必将无法防守其漫长的海岸线，从而变得不堪一击。接下来，甚至不需要对澳大利亚发起登陆作战，就足以迫使美国不得分散出相当多的兵力，以确保其与澳洲大陆的联系，保证航线畅通。

爪哇海战

从本质上讲，冯·杜尔曼海军少将麾下的"美英荷澳联合舰队"实在是徒有虚名，这支号称"联合打击战队"的舰队，实质上仅由 2 艘重巡洋舰、3 艘轻巡洋舰和 9 艘驱逐舰组成，没有配备一艘航空母舰，甚至连艘战列舰都没有。其中，2 艘重巡洋舰分别是美国海军"休斯敦"号和英国皇家海军"埃克塞特"号，3 艘轻巡洋舰则是杜尔曼的旗舰"德·鲁伊特"号、"爪哇"号和澳大利亚皇家海军的"珀斯"号。当时，杜尔曼德手中甚至连一架侦察飞机都没有，战舰之间的通信联络能力也很低下。更加糟糕的是，这支舰队此前既没有进行过任何的协同演练，也没有进行任何的协同训练。有些战舰急需进行维修，舰员们也迫切需要进行休整，因为他们此前曾经在爪哇和苏门答腊海域耗费了大量的时间，试图对日军护航运输队进行攻击。

1942 年 2 月 27 日 14 时 27 分，就在杜尔曼的战舰正在补充燃料之际，他突然获悉在马六甲海峡出现一支日军部队，为其担任护航的是 2 艘重巡洋舰"那智"号和"羽黑"号、2 艘轻巡洋舰"那珂"号和"神通"号以及 14 艘驱逐舰，担任指挥官的就是高木武雄海军中将。面对来势凶猛的敌人，杜尔曼马上下令准备战斗。

16 时 20 分，双方的重巡洋舰开始进行远距离炮战，杜尔曼站在旗舰"德鲁伊特"号轻巡洋舰上，指挥该舰尽量向敌军靠近，以便能够在近距离上利用火炮攻击敌人。16时30分，德鲁伊特号进入战斗。这时候，日军驱逐舰队在轻巡洋舰"神通"号的率领下，向着盟军舰队快速冲杀过来，它们一边冲锋一边发射鱼雷。17时08分，英国皇家海军重巡洋舰"埃克塞特"号被日军鱼雷击中，伤势严重，不得不退出战斗行列。然而，"爪哇"号、"休斯敦"号和"珀斯"号当时不明就里，竟然稀里糊涂地跟在"埃克塞特"号的后面航行。这样一来，盟军战斗队形陷入混乱，处境更加不利。杜尔曼试图指挥舰队恢复秩序，重新发起反攻，但很快又损失了2艘驱逐舰。在此情况下，杜尔曼命令"埃克塞特"号向泗水返航，并指派一艘驱逐舰为其担任护航，紧接着又命令另外4艘已经将鱼雷打光了的美国驱逐舰返回泗水进行补给。23时许，盟军剩余的几艘巡洋舰遭到了日军两艘重巡洋舰的猛烈炮击，紧接着又是12枚鱼雷的猛烈攻击。23时32分，"爪哇"号被击沉，紧随其后的是"德鲁伊特"号，司令官冯·杜尔曼海军少将和他的旗舰一起沉入海底。澳大利亚皇家海军"珀斯"号和美国海军"休斯敦"号战舰逃往爪哇。

接下来，日军运兵船队几乎毫发无损地到达了爪哇海域，于2月28日发起登陆行动。当时，为56艘运兵船担任护航的是近藤海军上将指挥的强大舰队，其中就有"赤城"号、"翔鹤"号、"瑞凤"号、"飞龙"号和"苍龙"号等5艘航空母舰，外加"比睿"号、"雾岛"号、"金刚"号、"榛名"号等4艘战列舰，以及另外3艘巡洋舰和8艘驱逐舰。盟军"休斯敦"号和"珀斯"号试图冲过巽他海峡，却与日军运兵部队发生遭遇战。他们在击沉了4艘日军运输舰后，被日军巡洋舰"最上"号和"三隈"号击沉，期间，后者还得到了几艘驱逐舰的支援。

3月1日，即第二天，"埃克塞特"号在2艘驱逐舰的护航下，试图向西逃窜，却被4艘日军巡洋舰死死咬住，上述三艘盟军战舰最终被日军"龙骧"号上的舰载机击沉。这一致命打击，彻底终结了盟国在东印度群岛的所有海军力量，这种不利局面一直持续到了战争后期。

3月9日，爪哇岛上的盟军部队全部投降，此举也标志着"美英荷澳联合舰队"的短暂生命的终结。如同欧洲低地国家和法国所遭受的快速覆亡命运一样，盟国再次发现他们在面对敌人进攻时的无能为力，造成这种局面的主要原因在于对未来可能发生战争的前景严重估计不足，他们全然没有想到将先与德国人开战，接下来又跟日本人开战。

第二天，日本军队开始在新几内亚的莱城和萨拉莫亚岛登陆。期间，遭到了美国海军航空母舰"列克星敦"号和"约克城"号上的舰载机攻击，有1艘运输舰被击沉，几艘被击伤。不过，令日军始料未及的是，接下来的新几内亚战场，将会和缅甸一样，很快成为一处双方对峙胶着的战场。

锡兰海战

日本海军决策层内部，除了在战略问题上存在严重分歧、在拉包尔和达尔文过度浪费有限资源之外，在日本海军高强度作战问题上，也产生了诸多对立的观点。在爪哇突击作战期间，"加贺"号航空母舰发生触礁，不得不返回日本进行维修。截至此时，日本同样开始面临从其本土到前线的漫长战线的困扰，这对于任何海军而言都是一个无法回避的沉重负担。当时，从新加坡到日本本土的距离，相当于从南安普顿到纽约那么遥远，这样一来，一些战舰在轮换作战问题上疲惫不堪，无法满足作战需要，也无法保持战斗力。在夺取了荷属东印度群岛上的油田设施后，日本人接下来的目标就是缅甸，这里是其前往印度的必经之路。相比之下，缅甸距离英国皇家海军东方舰队驻地很近，摧毁该舰队就成为日本人进攻缅甸的首要选择。1942年3月26日，日军舰队杀气腾腾地进入印度洋，山本五十六派出5艘航空母舰——赤城号、翔鹤号、"瑞鹤"号、"飞龙"号和"苍龙"号，前去攻击在锡兰的英国皇家海军基地，这里位于南亚次大陆的南端。

英国皇家海军东方舰队此时仍然在海军中将詹姆斯·萨默维尔爵士的指挥下，拥有3艘航空母舰——"可畏"号、"不屈"号和"竞技神"号。其中，前2艘属于比较新型的装甲航空母舰，后者则相对老式，吨位小，航速低，甚至不能跟上舰队中大多数舰船的步伐。"竞技神"号上仅仅搭载了12架"剑鱼"战机，这使得它充其量只能当做一艘护航航空母舰使用，如果用来执行大西洋海域护航作战任务较为适宜。当时，萨默维尔已经集结起来一支比较强大的舰队，兵力构成也较为合理，旗下甚至还有"厌战"号、"决心"号、"复仇"号、"拉米利斯"号和"君权"号等战列舰，不过，它们都属于第一次世界大战期间的老式战舰。4月4日，皇家空军的一架"卡塔丽娜"侦察飞机发现了来势汹汹的日军舰队，在其被日军"零"式飞机击落之前，想方设法向指挥部及时地发回了警报。

第二天，上午8时许，渊田美津雄率领着一支规模庞大的舰载机编队，对锡兰最大的港口城市科伦坡进行猛烈的空袭，希望能够再次创造他在偷袭珍珠港战役中的辉煌战绩。然而，此时的英国东方舰队已经倾巢出动到了海上，港口内除了忙忙碌碌、进进出出的商船和货船之外，没有什么军舰。看到日机来临，英国皇家空军紧急下令其为数不多的几架飞机升空拦截。但是，霍克公司生产的"飓风"战斗机行动笨拙，根本就不是灵活机动的"零"式战斗机的对手，因此很快就被对方全部击落了。日军轰炸机对科伦坡的港口设施造成严重的破坏，在被击中的船只中，甚至有1艘武装商船巡洋舰和1艘驱逐舰。不过，英军部署在科伦坡港口的猛烈的防空炮火也取得了巨大的战绩，使得日本人遭受了自开战以来第一次惨重损失。

得知日军舰队来袭的警报，但又苦于不知道对方将在什么时间和什么地方发起攻击，英国人决定将其所有的舰船疏散到海上，从而确保舰队的安全。于是，皇家海军东方舰队的大部分舰船离开科伦坡和亭可马里港，被迅速转移到了海上，其中，最大的两艘航空母舰前往阿杜环礁，在那里，英国人匆忙建立了一处秘密的燃料补给站。

完成空袭任务返回后，渊田向南云中将提出建议，应当派出侦察机在海上搜索英军舰队的下落。这一次，他的建议竟然意外地被充分采纳了。接下来，渊田仍然待在自己的战舰上，集结起了一支数量众多的舰载机部队，以便随时发起攻击。中午时分，从"苍龙"号上起飞的一支由50多架飞机组成的编队，发现了没有任何空中掩护的英军"康沃尔"号和"多塞特郡"号重巡洋舰，在短短20分钟之内便将他们击沉。

起初，"竞技神"号离开亭可马里向北航行，但于4月6日再次返回港口。

4月8日，在接到亭可马里有可能成为日军的下一个攻击目标的情报后，"竞技神"号再次匆忙转移到海上，不过这一次的航行方向向南。第二天一大早，"竞技神"号被日军飞机发现，在此情况下，它不得不奉命返回亭可马里港口，希望在那里能够得到防空炮火的保护。临近7时30分，渊田率领一支由100架飞机组成的编队飞临亭可马里上空，却再次发现英国东方舰队已经消失得无影无踪。英国皇家空军再次起飞"飓风"战斗机升空拦截，同样不幸的是，11架飞机中有9架被日军击落。为了发泄心头的强烈怒火，日军飞机猛烈轰炸亭可马里的港口设施、机场以及停放在机场上的飞机。不过，与接下来的第二波攻击战果相比，第一波攻击中，仅有1艘商船被击沉。

返回"赤城"号航母后，渊田很快又得到情报，称在海上发现一艘英军航母，于是立即下令攻击机群重新装弹加油，准备将其击毁在海上。在此期间，曾有9架英军"布伦海姆"轰炸机对"赤城"号发起攻击，但均未能够命中目标。为了击沉"竞技神"号，日本人计划使用俯冲轰炸机，由"零"式战斗机护航，专门对付英军航母上的舰载机。同时，又下令水平轰炸机挂载鱼雷做好准备，以便在首轮攻击失败后继续实施攻击。事实上，到了这个时候，日本人完全没有必要考虑这么多的因素，因为此时的"竞技神"号早已经无法起降舰载机作战了，而且凑巧的是，那一天，舰上竟然没有一架飞机。除了舰载防空火炮之外，能够为"竞技神"号提供保护的只有一艘澳大利亚驱逐舰"吸血鬼"号。不过，在这一次的攻击行动中，渊田来不及亲自指挥，而由另外一名叫做Egusa的海军军官指挥。不过，渊田还是非常及时地赶到了战场，亲眼目睹了"竞技神"号被击沉以及"吸血鬼"号因弹药舱爆炸而沉没的场面。

战后，据英国皇家海军青年军官唐纳德·罗伯茨回忆："敌人那些飞机看起来肆无忌惮，他们朝我方战舰直接俯冲下来，几乎贴着舰岛的桅杆飞过去……我甚至看到一枚炸弹就从我的头顶飞了过去，在我前方不远的地方落地，而后直接穿透甲板进入舱内……我从来没有接到上级下达的弃船命令，但的确有人告诉我，这艘舰（"竞技神"号）已被放弃。后来，我从左舷跳入海中……这里距离水面只有10英尺，我在水里奋力游动……"

10时55分，日军第一枚炸弹击中"竞技神"号，在短短不到20分钟之内，该舰就沉没了。幸运的是，日本人未能发现紧急赶到现场救援的澳大利亚医院船"维他"号，后者非常及时地救起了大部分的幸存者。还有少数人拼尽全身力气游到了锡兰海岸。

对于英国人来说，锡兰海战无疑是一次重大的失败，遭受了惨重的损失。然而，对于渊田美津雄而言，这又是一次得不偿失的资源浪费行为，因为在这样的小规模作战中造成的飞机损失，很难得到及时有效的补充，从而面对未来可能跟美国人进行的航空兵大战。与众多的同僚一样，渊田迫切希望能够早日与美国海军进行决战，从而早日实现其击败美国建功立业的"伟大梦想"。

6
发起反击

1941 年 12 月 7 日到 1942 年 4 月 9 日，在短短数个月内，日本人大肆扩张，缔造出了一个东到太平洋，横跨荷属东印度群岛（现印度尼西亚）和马来半岛，西到缅甸、新几内亚的大帝国。当时，他们完全没有料到自己将会在新几内亚和缅甸遇到对手，其最初的完全控制印度和新几内亚的梦想最终破灭。

这个大帝国面积极大，被称作"大东亚共荣圈"。然而它自身固有的弱点，对它来说无疑是一种负担，地域广阔零散难以防御，不利于交通和补给。要想对其实施有效管理和控制，除非有着像美国、英国、加拿大那样保护北大西洋商船队一样的实力。但是，日本人并没有如此丰富的资源，他们在护航作战上总是捉襟见肘。

面对日本人的进攻，英国远东舰队向西撤退到了印度洋，将锡兰（现斯里兰卡）的亭可马里作为最东边的军事基地。美国此时也在重建和强化太平洋舰队。美国海军官员摩拳擦掌，希望能在马绍尔群岛和新几内亚主动出击。但是，美国对日本的第一记重拳却是由美国陆军航空队打出的。

"香格里拉计划"

对美国来说，对日作战最根本的问题就是远距离作战。当时的美军飞机根本没有能力从夏威夷起飞，对日本本土发起攻击。美国人的自信心在珍珠港事件中受到重挫，幸运的是太平洋舰队的航母力量幸免于难，它们的存在对日本海军构成了持续的威胁。对日本来讲，还有一个问题，那就是如果集中兵力用于攻击，将导致防守力量相对薄弱，因此在攻击问题上缩手缩脚，这和他们的国民性格相吻合。一旦美国陆军航空队的重型轰炸机进入可打击日本本土的航程内，将给日本运输船队形成更大的挑战和威胁，导致其战争资源更加匮乏。

太平洋海战从根本上讲是航母战争。没有航母，日本不可能偷袭珍珠港，不可能侵略荷属东印度群岛，盟国也不可能发起随后的反击战。当然，随着美国陆军航空队为其重型轰炸机建立基地，才得以将成千上万吨的炸弹投到日本本土。不过，这时已经到了1944年6月，此时的塞班岛已被美国人所控制。

美国人对于日本人的首次反击发生在2月1号，此时距珍珠港遭袭不到两个月。日本偷袭珍珠港时，美国海军中将威廉·哈尔西正指挥"企业"号航空母舰在海上活动，闻讯带着"企业"号和"约克城"号航母，在5艘巡洋舰、10艘驱逐舰的护航下，袭击了日本在马绍尔群岛和吉尔伯特群岛的军事基地，虽然战果有限，却极大鼓舞了美国海军低落的士气。日军继续向西推进，2月15日占领新加坡，13日在苏门答腊南部巨港登陆，一路由轻型航空母舰"龙骧号"掩护，18日占领巴厘岛。

"约克城"号是3艘"约克城"级航母的首舰，另外2艘分别是"企业"号和"大黄蜂"号，前两艘是在《国家经济复兴法案》指导下建造，旨在通过刺激就业将美国从经济"大萧条"中解救出来。从这一点也可看出，美国海军越来越意识到他们建造的第一艘航母"突击队员"号吨位太小，只有14000吨，且航速太低。他们打算建造20000吨的航母，最终建成的却是19872吨，航速达32.5节。

不同的是，这些航母的舰首和舰尾都装有降落拦阻索，飞行甲板前端装有两台弹射器或加速器。在英国人看来，美国航母6英尺厚的木质甲板存在弱点，容易引起火灾。每艘航母都有3台升降机，虽然早期曾设想建4台。建造航母时，原本打算运载96架飞机，但随着飞机尺寸越来越大，载机数量相应减少。"约克城"号于1937年9月底加入舰队服役，"企业"号随后于1938年5月加入，"大黄蜂"号于1941年10月也编入舰队。前两艘是按照《华盛顿海军条约》规定建造的，据此条约只能建造此类及规格更小的主力舰。"大黄蜂"号航空母舰是1939年9月《华盛顿条约》失效后，美国海军为增加航母实力建造的。

2月20日，搭载着舰载机群的"列克星敦"号航空母舰准备偷袭拉包尔，但由于被日军侦察机提前发现，加之此时正值太平洋战争初期阶段，美国海军也应节省资源，于是放弃了此次偷袭。4天后，哈尔西袭击了威克岛。4月4日，"企业"号航母舰载机轰炸了马尔库斯岛。4月10日，海军中将威尔逊·布朗指挥"列克星敦"号和"约克城"号航母上的舰载机袭击了新几内亚港口城市萨拉马瓦和莱城。

在当时，美国陆军航空队上校詹姆斯·杜立特主张，美军轰炸机群应从航母上起飞对日本实施打击，这样既可以提振盟军士气，又可以迫使日军分散兵力保卫本土。起初，该方案遭到普遍反对，大家认为其可行性微乎其微，因为大型双发动机 B-25 型轰炸机从甲板上起飞的难度很大，载机数量极为有限。与此同时，中华民国政府领导人蒋介石也反对该项计划，担心美军飞行员完成任务后降落中国境内，有可能导致日军对中国人实施猛烈报复。不过，该计划最终得以通过，因为向敌人发动反攻的呼声更高。总体而言，杜立特是一个富于进攻精神的人，他在 20 世纪 30 年代离开美国陆军航空司令部，后来，预料到美国将会卷入欧洲的战争，便于 1940 年重新返回陆军服役。

美国海军派出 2 艘航母作战，由第 16 特混编队护航。"大黄蜂"号负责运送轰炸机，姊妹舰"企业"号提供战斗机掩护和反潜保护。"大黄蜂"号的自卫能力很弱，因为轰炸机一旦起飞将不能再次返回机库，且甲板上的轰炸机非常密集。按照计划，美军轰炸机在完成突袭任务后将不能返回原航母上，而是继续飞往中国大陆降落。此次作战计划被称作"香格里拉计划"，因其和香格里拉这个天外梦幻般的城市有着异曲同工之妙。计划十分保密，直至实施前一天，才有 7 个人知道作战意图，就连美国总统富兰克林·罗斯福本人，也是在计划启动前才从海军上将欧内斯特·金那里了解全部的。

"大黄蜂"号满载着 16 架 B-25 轰炸机离开珍珠港，当时，几乎所有人都认为它仅仅是用来运输飞机的，谁也没料到这是一次作战飞行。这些双发动机轰炸机体型太大，不能停在下面机库内，只好停放在甲板上方。日军无线电侦察部门 4 月 10 日探测到 2 艘美军航母正准备会合的信号，但没引起足够重视。不过，别说是 2 艘美军航母，即便是 3 艘，日军在海岸上也应付得了。他们早在距离日本本土 700 英里以外安排了警戒哨舰，美国海军舰载机若要发起进攻，航母必须进抵 300 英里以内海域。一旦美舰越过警戒线，就会遭到日军第 26 航空游击编队的 69 架轰炸机的猛烈攻击。

日军过于自负，他们的航母主力完成袭击锡兰后正在回程途中，4 月 19 日才能到达本土海域。另外 3 艘正在攻击摩尔斯贝港，留在本土海域只有"加贺"号航母，但该舰当时尚未形成战斗力。如果日本人能够更加有效地使用好航母，那么，渊田美津雄试图进行一次舰队航空作战的抱负也许就能早点实现，这是因为，当时美军的"大黄蜂"号毫无还手之力。

4 月 10 日以后，这支美军舰队屏蔽了所有的无线电信号，从而使得日军无法掌握其确切位置。美军指挥官威廉·哈尔西海军上将明白，一旦越过日军警戒线就会暴露自己，因此做出决策：4 月 18 日上午，战舰一穿过警戒线必须立即行动，否则，美军航母的处境将极其危险。于是，在距离东京 550 英里的海域，美军轰炸机编队从海上起飞，航母开始迅速回撤。哈尔西的决定非常明智，实际上日本人根本没发现美军舰队已经穿越警戒线。当日军侦察机报告说空中出现 16 架轰炸机时，居然没有人相信，他们一贯认为美军航母上没有搭载双发动机飞机。日本人所犯的这个错误，酷似美军夏威夷雷达站在珍珠港事件中所犯下的错误。

在杜立特的率领下，美军 16 架 B–25 轰炸机轻而易举就突破了日军防线，飞行高度仅为 150 英尺，成功躲过了 10000 英尺上空飞行的日军战斗机的监视。当然，日军飞行员绝对没有想到，美军居然能对日本本土发动袭击，自始至终，没有一架美机被击落。

美军轰炸的目标包括东京、横须贺和名古屋，造成了一定程度的恐慌，他们空投炸弹，用机枪扫射，死者之中还包括 2 名学生。美军轰炸机完成任务后飞往中国境内降落，但由于降落场条件不理想，所有飞机均在紧急降落中严重受损甚至毁坏。总体而言，轰炸机的降落地点极为零散，曾有一架没能降落中国境内，而是"友邦"苏联境内，全体机组人员被苏军逮捕。更不幸的是，另有 2 架轰炸机降落在被日军占领的汉口附近，机上全体人员被俘，驻上海的日军司令官向东京汇报情况后，东京方面命令将俘虏押回日本处死，替死去的两名学生复仇。由于抓到了几名美军战俘，日本政府便自吹自擂说成功击落了 9 架轰炸机。

不过，这次袭击在战争初期却极大地鼓舞了美国人的士气，如果再来一场更大的战役胜利，美国人就会重新找回自信。当然，也有一些美国人批评这次袭击纯属有勇无谋，白白浪费几架轰炸机不说，还搭上了几位富有经验的飞行员的性命。同时，这次袭击行动，还证明了中华民国总统蒋介石的预见，日军在浙江和江西两省展开疯狂报复，血腥屠杀了 25 万人之多。

此次行动，唯一美中不足的地方在于，美军没能集中力量轰炸目标，加之轰炸机数量有限，每架轰炸机只带 4000 磅的炸弹，所以打击效果也极其有限。但是，这次袭击却迫使日军增强本土防守力量，并使其海军战略有所收敛，以免本土及整个帝国再次被袭。不过，倘若此次集中轰炸东京，特别是天皇皇宫的话，势必给日本人的心理造成更深刻影响。接下来，形势的发展果然不出美国人所料，山本五十六排除了更加冒险的作战路线，不再以夺取斐济、萨摩亚群岛而后夏威夷为路线，达到阻挠美军步伐、隔绝澳大利亚与美国的联系的目的，从而切实减轻了美国人的压力。不管怎么样，轰炸行动极大地鼓舞了美国人的士气，说明不管日本距离美国有多远，也不会在美国的猛烈轰炸中安然无恙。

珊瑚海战役

日本人扩张的脚步，最终在缅甸和新几内亚境内停止。但是，日军随后还有数个登陆作战计划，其中包括向北占领阿留申群岛。日军计划在所罗门群岛和中途岛建立新基地，这里被认为是构筑起外围防线的关键基地。根据现在的标准，当时的舰载机无论在航程还是作战能力方面都很有限，日军的战略优势是其海军力量灵活，但这一优势美国海军同样具备。

从锡兰作战回来，南云奉命派遣第 5 航空战队前往特鲁克群岛，接受海军中将高木武雄的指挥，由后者率领"瑞鹤"号和"翔鹤"航母，载着 125 架飞机前往莫尔斯比港，支援协同"翔凤"号航母编队作战。与此同时，美国海军太平洋舰队司令尼米兹海军上将命令海军少将杰克·弗莱彻率领第 17 特混舰队（包括"约克城"号和"列克星敦"号航母及其搭载的 141 架飞机）前往珊瑚海。当时，交战双方的航空母舰均都配有护航战舰，其中，日军出动 2 艘重巡洋舰和 6 艘驱逐舰，美军投入 5 艘巡洋舰和 9 艘驱逐舰，英国皇家海军派出 3 艘巡洋舰和 2 艘驱逐舰。

5 月 3 日，日军占领图拉吉和所罗门群岛东部的瓜达尔卡纳尔岛。5 月 4 日，"约克城"号航母出动舰载机袭击了停泊在图拉吉附近的日军舰队，击沉 1 艘驱逐舰、3 艘扫雷舰和几架水上飞机。接下来，美军第 17 特混舰队开始全力对付莫尔斯比港的日军突击队。第二天，包括 2 艘航空母舰在内的日军舰队主力也进入了珊瑚海。

5 月 6 日，双方舰队均在填补燃料，当时，彼此间相距只有 70 英里。虽然双方侦察机都在搜索对方，但多云天气阻碍了彼此。晚上时分，美国陆军航空队首先发现了莫尔斯比港的日军突击队，随即报告弗莱彻。次日，美国 2 艘航母出动舰载机飞抵莫尔斯比港上空，集中火力攻击日军航母，短短 3 分钟之内将其击沉，美军只损失了 3 架飞机。在此同时，日军侦察机发现美军一艘油船和驱逐舰，误以为是一艘航母和巡洋舰，高木武雄随即派出 60 多架轰炸机进行攻击，那艘油船和驱逐舰瞬间被击沉。

此时，双方舰队指挥官均了解到对方舰队中有航母，但确切位置不得而知。当时，双方之间的实际距离并不远，有 6 架日军飞机在苍茫夜色中差点降落在"约克城"号航母上。5 月 8 日，双方侦察机几乎同时发现对方就在 200 英里开外。两军指挥官仓促发动空袭，日军派出 90 架飞机，美国派出 78 架飞机。"瑞鹤"号航母成功躲过侦察，"翔鹤"号却被 3 枚炸弹击中，不得不返回特鲁克群岛。"列克星敦"号上的鱼雷轰炸机速度较慢，攻击精度不够，未能击中"翔鹤"号航母。预料到日军将会继续发动进攻，弗莱彻命令战斗机掩护舰队，侦察机侦探敌情。不久后，消息传来，日军飞机正从 60 英里外以惊人的速度驶向这里扑来，在 17000 英尺处编成 4 支攻击编队，每队 9 架飞机。在这些飞机中，包括俯冲轰炸机和"零"式战斗机。

此时，无论是"列克星敦"号还是"企业"号航母，均有 1 艘巡洋舰和 1 艘驱逐舰护航。日军鱼雷轰炸机分成 3 个攻击编队发动进攻，每队 6 架飞机。其中，

2个编队左右夹击"列克星敦"号，另一个编队猛烈攻击"约克城"号。当时，"列克星敦"号舰长谢尔曼上校一面指挥该舰竭力躲避鱼雷攻击，一面下令高射炮猛烈开火，建立起牢固的空中防线，甚至击中了一架 B5N "凯特"鱼雷轰炸机。日军共投下 11 枚鱼雷，只有 2 枚击中"列克星敦"号，这一结果充分显示出美军指挥官的航母指挥艺术。第一枚鱼雷 11 时 20 分落在左舷舰首，第二枚落在左舷，很快波及到舰身。

"我跑到主甲板上（飞行甲板下面第一层），只见滚滚浓烟从过道后面涌过来。"《芝加哥论坛报》记者斯坦利·约翰逊这样描述，"在中间过道上，我发现 4 个几乎赤裸的士兵被严重烧伤。一位菲律宾厨师帮忙把他们抬到吊铺上，拔掉他们身上的衣服，又给倒了杯水，注射了吗啡。一名医护人员在他们的伤口上抹了鞣酸软膏。不断有伤员从炮位上撤下来，有的自行撤下来，有的由战友搀扶着。吊铺上躺着 12 个伤员，趁喘气的工夫，我到炮位上看了看，那里有几具尸体，被烧得惨不忍睹。"

他们正在浴血奋战，竭力避免航母沉没，最初还有点效果："鱼雷造成的损失暂时得到控制，"波普·希利——损害管制勤务长向指挥官报告，"大火已被扑灭，军舰很快就会平稳下来。"

这很可能是他的临终遗言，因为他刚报完情况，就有一颗更大的不知是炸弹还是鱼雷的东西飞过船身，落在了损管控制舱的中央，这也是海军中校希利办公的地方。他和很多身边的值更战友遇难身亡。紧接着，飞机汽油蒸汽爆炸起火，火舌窜过过道，一直烧到防水密隔舱，水密门也烧掉了，水线以下的几层甲板被全部打穿，每个舱室的钢门也都被爆炸气浪冲毁。损管中心已无力挽回损失。大概 20 分钟后，发生了第二次爆炸，损失进一步加剧，伤亡更加惨重，总水管系统爆裂，火势完全失控，紧接着断电，舰上漆黑一片。指挥军舰的唯一办法就是从舰桥到舵室之间进行口头传递舵令，中间隔着 4 层甲板，足有 500 英尺长。

最初，"列克星敦"号遭受打击，并没有影响到返航的飞机。但是，到了 13 时 45 分，飞行甲板上的浓浓烟雾迫使一切救援工作停止下来。"约克城"号被迫开始回收"列克星敦"号上的飞机。最后，为了拯救更多的舰员，14 点 30 分，所有损管员和消防员都从最严重的灾害现场撤出,任由熊熊大火燃烧。14点45分,又发生一次猛烈爆炸,炸坏了锅炉舱和机舱的通风系统。随着温度迅速升高,人员不得不撤离出来。由于受到严重破坏,"列克星敦"号的速度已经大大降低,到现在几乎无力前行。直到15时左右,才有舰船接到命令,紧急赶来营救,其中就有"莫里斯"号驱逐舰。然而,这艘驱逐舰也无力扑灭熊熊大火,因为航母上到处都是燃料,火势已经完全失控,唯一的选择只能是弃舰。晚上8时,驱逐舰"菲尔普斯"号用鱼雷击沉了"列克星敦"号航母,2700多人幸存下来,216人在大火中丧生。

一颗炸弹在"约克城"号航空母舰的舰岛附近爆炸,但没有影响它的航行能力。

从表面上看,美军在这次海战中损失惨重,失去了世界上两艘最大航母中的一艘,但日军"祥凤"号航母同样遭到严重破坏,不能参加原定的入侵中途岛的战斗,要知道,中途岛绝不仅仅只是一个珊瑚岛,发生在这里的海战将具有划时代意义。更重要的是,此战之后,日军停止了太平洋战争打响五个月以来的迅猛攻势,被迫放弃了突袭莫尔斯比港的计划,企图切断澳大利亚和美国联系的野心也就无从实现。

珊瑚海海战的重大意义在于它是敌我舰队火炮射程之外的第一次重要海上交战,战列舰主宰海战的时代到此结束。在此后的战争中,除了一两场战役(例如北角海战)外,战列舰被广泛应用于对岸炮击以及组织防空火力协助航母编队作战,坚船巨炮的时代已经终结。

战斗结束后不久,美国海军上将欧内斯特·金在写给英国皇家海军上将达德利·庞德的信中这样说道:

"珊瑚海海战仅仅只是第一个回合,交战还会继续下去。敌人的力量会更加强大,更加难以对付……总体来说,情况比较乐观,我们似乎成功阻止了敌人进攻莫尔斯比港的企图。"

事后看来,金的评价过于谨慎,甚至有点悲观,这是因为对于敌人实力,尤其未来力量发展的判断总是非常困难。事实上,距离太平洋战争爆发不到5个月,日军海军就已经损失了四分之一的战机,大量优秀的飞行员丧生,又缺乏行之有效的人员培训补充机制。

究其原因，是受其在中国空战经验的误导。在中国，日军根本不需要能够快速提供飞行员和维修员的后勤机制，就可以开展非常有效的空战。此外，日本的战争资源难以和美国匹敌，随着战争的继续，日本人根本无力支撑。

当然，金的悲观还有另外一层原因：在这一阶段，美军航母舰载机作战以及航母间协同作战的技战术还不成熟。不过，这一技战术瓶颈很快就被美国人打破，并传授给了前来东方战区参战的英国皇家海军。

简而言之，6个月内未能摧毁美军在太平洋的前进基地，大日本帝国海军最终意识到大势已去。战争不仅仅靠运气，更依赖正确的判断。南云忠一在偷袭珍珠港时判断失误，没有发起第三轮甚至第四轮的攻击，意味着最重要的作战目的没有达到。渊田美津雄是太倒霉了，在日军准备进攻中途岛之际患了急性阑尾炎，没能指挥部队作战，尤其未能负责侦察监视的组织工作。要知道，这时的渊田美津雄几乎已是全世界最有经验、最成功的航母空战指挥家。

日本的战略分歧

在东京的日本帝国大本营，决策层对下一步的作战计划各持己见。有很多人仍想按照原计划隔断澳大利亚和美国的联系，从而将太平洋战场一分为二。也有人反对，认为当务之急是要建立防线，这种观点在杜立特空袭东京之后得到了更多的支持。占领中途岛就属于这种谨慎作战行动，日本人企图诱使美国海军太平洋舰队出动，然后予以歼灭。在中途岛战役中，日军"瑞凤"号航母负责近距离空中支援，"凤翔"号航母负责为山本五十六亲自指挥的主力舰队护航。当时，山本本人乘坐旗舰"大和"号战列舰，配备9门18英寸口径火炮，火力非常强大。南云忠一指挥的第1航空舰队为登陆行动实施远距离策应，准备随时攻击进入该海区的美军太平洋舰队。山本五十六的主力舰队在300英里之外，负责歼灭未被南云舰队干掉的美军舰机。为了分散美军注意力，日军派出"龙骧"号和"隼鹰"号航母组成的突击队，袭击驻阿拉斯加附近阿留申群岛的美军部队。

令人感到不可思议的是，南云虽然有着指挥航母作战的丰富经验，却不能参加讨论作战计划的会议，而只是执行上司的命令。甚至早在珊瑚海海战之前，有关作战计划就曾引起过巨大争议，南云的参谋长草鹿龙之介认为，鉴于整个舰队刚刚袭击了珍珠港，远未做好下一轮进攻准备。日本舰队的船只需要维修，而非简简单单地添加燃料、装满物资。损失的飞行员需要更优秀的人选填补，新兵员需要训练才能投入战斗，老兵在连续作战后急需休息。渊田美津雄也赞成草鹿龙之介的看法，他认为眼下经验丰富的飞行员实在太少，尤其是从锡兰战场回来的飞行员大都被派到其他战场。此外，袭击阿留申群岛美军的做法，也在一定程度上分散了舰队力量。渊田美津雄甚至认为，日军占领中途岛其实毫无意义。日本第2航空战队司令官山口多闻也支持渊田美津雄等人的观点，但反对派的声音却更高。渊田美津雄甚至试图通过参谋佐佐木取得和山本五十六的联系，却未能实现。当时，没有人想到要向富有航空作战经验的指挥官请教，渊田美津雄有关日军主力舰队距离战场太远的担心，被比他军阶更高的军官给轻而易举地排除了，后者认为美国海军太平洋舰队此时已经不堪一击，他们根本不把配备有高射炮的美军重型战舰放在眼里。

日军过于自信，低估了美军实力，酿成了更大的损失。此时，美军已经破译了日军情报，对其动向了如指掌，而日本人还蒙在鼓里。在对情报进行认真分析之后，美军太平洋舰队尼米兹确信中途岛就是日军下一个进攻目标，他和远在华盛顿的金上将交换了想法，两人一致认为占领中途岛后，日军下个目标就是夏威夷。他们开始考虑究竟是把航母推进到太平洋深处，将日军阻止在中途岛，还是集中主力保护夏威夷。夏威夷不仅地理位置优越，还是重要的战略基地，此外，岛上还有着大量的美国居民。第三个办法就是把现有兵力一分为二。金认为，应该集中兵力保卫中途岛，如有需要再撤回夏威夷。

1942 年 4 月 28—29 日，日本人在"大和"号战列舰上召开一次重要会议，讨论下一步作战计划，这是渊田美津雄和源田实表达自己想法的最后一次机会。会上，那些高官们认为渊田美津雄、源田实以及其他一些反对者的意见稀奇古怪，他们甚至重温了南云舰队的作战经验，看看能不能从中学点什么。渊田美津雄再次提议应当成立一支独立舰队，与山本五十六的第 1 舰队一起，协同 6 艘航空母舰、"大和"号战列舰和几艘巡洋舰实施作战。然而，渊田美津雄的见解再次被置之不理，纵然在距离"翔鹤"号航母在珊瑚海海战中受到重创不到一星期的情况下，长官们仍然充耳不闻。在珊瑚海战役中，他们就应当意识到美军远非想象的那样不堪一击，恰恰却是势如破竹。日军的失败是因为判断失误，尤其是山本五十六没能料到美国海军正日益恢复和壮大起来，美国的工业优势日益凸显出来。日本海军情报系统似乎也出了严重纰漏，再加上计划不周、忽视对手的真正实力，以及轻视中级军官例如渊田美津雄和源田实等人的经验，使得情况进一步恶化。很明显，美国海军航空兵经过战争洗礼，正变得越来越有信心，越来越有实力。

日本人认为美军在太平洋战场上只有 2 艘航母，事实上却是 3 艘，分别是斯普鲁恩斯海军上将麾下第 16 特混舰队的"企业"号和"大黄蜂"号，弗莱彻海军上将麾下第 17 特混舰队的"约克城"号。

甚至在规划诸如突袭中途岛这样的大型作战行动时，日本帝国海军仍然忘不了分散部分兵力实施佯攻。5 月 30 日，为了攻打马达加斯加的迪耶果 – 苏瓦雷斯港（今安齐拉纳纳），日军动用了袖珍潜艇。这个港口此前被英军部队占领，这是英国人独自进行的最后一次大规模作战行动。当时，英军无法穿越地中海前往埃及，要想保卫苏伊士运河，就只能绕道南非好望角，这是唯一一条线路。轴心国军队一旦占领马达加斯加，就可以在此拦截美英盟军的护航运输队。因此，英国海军少将赛弗雷特率领一支小型舰队（包括航空母舰"光辉"号和"不屈"号、"拉米利斯"号战列舰、2 艘巡洋舰和 11 艘驱逐舰）进攻苏瓦雷斯港。

5 月 30 日，日军袖珍潜艇击中了"拉米利斯"号战列舰，却未能将其击沉，这艘老式战列舰不得不维修了 12 个月。第二天，日军袖珍潜艇在悉尼发动了类似的攻击，但一无所获。

倘若这些日军袖珍潜艇对美国海军舰队的某个主要锚地、港口或者巴拿马运河实施攻击，效果也许会好出许多。上述作战行动的唯一作用，就是证明了日本帝国海军在第二次世界大战期间曾经到达的最西和最南战场。

中途岛海战

对于这场战役，有人叫做"中途岛战役"，有人称为"中途岛海战"，其实这些叫法都对。中途岛海战是太平洋战争的转折点，此时距离日本偷袭珍珠港仅仅6个月。自此之后，日军再未获胜，再也乐观不起来。

由于破译了日军情报，美军早在1942年6月就掌握了日军的目标和行动大概日期。这样的信息对于美国太平洋舰队司令尼米兹而言，就意味着他不必分散军力，只用将兵力集中用于防卫中途岛即可。同样，日军至少也预料到美军将会严防死守，所以除了阿留申群岛的突击部队外，日军集中了剩下所有可以利用的海军兵力，和美军打一场期待已久的决定胜负的战争。洞悉日军的意图，6月3日，当"隼鹰"号和"龙骧"号航母舰载机袭击荷兰港时，美军并没有在阿留申群岛浪费过多兵力，而是全力投入中途岛。要知道，在中途岛战役正式开始两天前，美军暂时未能侦察到日军舰队。

6月3日，美军发起攻击行动，中午时分，美国陆军航空队出动波音B-17"堡垒"轰炸机前往轰炸试图登陆中途岛的日军。但是，重型轰炸机对海上航渡舰船实施轰炸的难度很大，这是因为舰船可以在海上进行机动规避，在风速、风力未知的情况下，要想准确无误击中一艘军舰太难了。

渊田美津雄由于患上盲肠炎不得不做手术，这种手术有一定风险，实施起来比较困难。当时，渊田美津雄在"赤城"号航母上作战，一艘驱逐舰前来接他去医院治疗，被他谢绝了。在此情况下，只好由随舰医生为他动刀，方便他随时为上司提供作战建议。6月4日，也就是开战当天，渊田美津雄还住在航母水线下的病房里。前一天刚拆了线，身体还很虚弱，渊田美津雄就着急前去探望即将起飞的飞行员。

虽然身体很虚弱，但在飞机起飞前，渊田美津雄仍然坚持前往航母控制中心。他发现，友永丈市上尉接替自己指挥此次空战。他担心的是，由于侦察方式存在问题，大面积海域未能覆盖。虽然事先预料到美军防守兵力可能很强，却低估了美军太平洋舰队的航母数量。

破晓时分，日军第一波 100 多架飞机从航母上起飞，前往中途岛攻击美军。但是，就在此期间，美国陆军航空队和海军的飞机也从中途岛上起飞，攻击他们所发现的日军航母编队，他们不但打乱了日军舰队队形，还炸死了甲板上许多人员。日军高射炮猛烈开火，几架"零"式战斗机仓促起飞应战，仅仅击落了 17 架美军飞机。

"太好了"，渊田美津雄大声喊道。美军一架 B-26 "劫掠者"轰炸机从"赤城"号舰桥上空大约 30 英尺高度擦过，向"飞龙"号航母俯冲过去，却一头扎进海里，机毁人亡。

日军飞机虽给中途岛上的美军设施造成较大破坏，却未能使美军机场瘫痪，也未能摧毁防空火力。于是，南云忠一决定发起第二波进攻，希望彻底击溃美军。然而，第二波进攻并没能立即执行，这是因为在此之前，所有飞机都装上了鱼雷准备攻击美舰。如今，为了攻击岸上基地，必须将鱼雷卸掉换成炸弹。

然而，等这一切完成后，日军侦察机发回电报，称发现了 10 艘美舰。南云慌忙改变主意，再次命令将将飞机上的炸弹换成鱼雷。这时候，日军还不知道这支美军舰队之中有航空母舰，由于美军轰炸机在此前进攻中并没有战斗机护航，日军误认为美军并没有航母。更加糟糕的是，南云甚至决定等第一波飞机安全降落后，再发起第二波进攻。此时，机库甲板上的军械师们忙成一团，一会儿装炸弹，一会儿卸炸弹，来不及把卸在甲板上的炸弹送进弹药库。

就在日本人等待第一波飞机降落的时候，9 时正，日军侦察机报告称发现一艘美军航母，判断可能是"约克城"号。

第一波飞机终于降落了，并返回机库。紧接着，日军第二攻击波飞机离开机库，排列在飞行甲板上，随时准备起飞。就在这时，美军指挥官斯普鲁恩斯出动了"企业"号和"大黄蜂"号航母上的所有舰载机，弗莱彻也派出"约克城"号上的一半飞机，共计 156 架飞机。

美军第一轮进攻主力是 41 架"破坏者"鱼雷轰炸机。当时，鱼雷轰炸机是海战中对付军舰的最佳武器，正如美国海军一位上将所分析那样："从水下攻击军舰要比从上面容易得多，可使得海水迅速灌入船舱，进而发生倾覆。"不过，当美军"破坏者"鱼雷轰炸机朝日军战舰低空逼近时，至少有 35 架被敌人击落，机组人员来不及逃生，飞机就已经坠入大海。损失最惨重的是"约克城"号上的第 3 鱼雷攻击机中队，仅有 1 架飞机幸免。此前，日本海军曾担心将重蹈珊瑚海海战的覆辙，在重新找回自信后，他们又开始狂妄起来，料想这次一定会打大胜仗。的确，日本人仅仅一早上就击落了 50 多架美机。同时，日本人丝毫没有怀疑美军仅有 1 艘航母。

日军雷达很早就探测到第二波美机正从高空接近，但还是漏掉了 19000 英尺高度的"无畏者"俯冲轰炸机。此时，日军注意力仍在低空轰炸机上。10 时 22 分，美军第一架俯冲轰炸机脱离编队朝"加贺"号冲来，射出 12 条 1000 磅的鱼雷，有 4 条击中目标。

渊田美津雄最早发现美军来袭，当时他正在"赤城"号航母上埋头记录战况。发现情况不对时，他立即大声呼叫控制中心。短短数秒内，日军航母上的高射炮猛烈开火。由于所处位置较为有利，他看到第一枚炸弹落空，猜测第二架美机上的飞行员看到这一情况后将相应调整。他没有猜错，第一枚炸弹错过目标 30 英尺，在海里发生爆炸，溅起的海水打在舰桥上，落到了一些日本士兵的脸上。

渊田美津雄判断第二枚炸弹将会击中航母，果不其然，一枚炸弹穿过舰体中央的升降机，落在机库里。紧接着，第三枚炸弹冲过飞行甲板撞到左舷上，也落到机库里。两枚炸弹都在下面爆炸，一波接着一波，每枚炸弹大约 1750 磅。原先摆在甲板上的鱼雷一个接一个爆炸，甲板上刚加满油的舰载机也爆炸了，冒出浓浓黑烟。甲板下方，一架飞机爆炸起火，两边的也无一幸免。甲板上烈火熊熊，甲板下也成了火海。

渊田美津雄向会议室跑去，他被眼前的场景惊呆了，士兵们抬着一个个伤员进入会议室，而没有送到病房。他前去询问，得知根本送不过去。

"整个航母都着火了，根本过不去，"一位医护兵说道。

这个消息简直晴天霹雳。几小时前，他离开同病房的 31 个病员，独自一人登上甲板。他本想回去拿点随身物品，却被大火阻断回不去。

一眼望去，渊田美津雄看到"加贺"号和"苍龙"号的都燃起了熊熊大火，处境危急。只有"飞龙"号安然无恙，在其他3艘航母前面开路。4枚1000磅的炸弹击中"加贺"号后，它已经在劫难逃。"约克城"号的飞机投下3枚1000磅炸弹击中"苍龙"号，不偏不倚地穿过飞行甲板进入机库。紧接着，日军飞机一架接一架起火燃烧，拆卸下来的炸弹也一个接一个爆炸。整个过程只持续了短短4分钟。

在混乱之中，乔治·格雷目睹了整个过程，他是"大黄蜂"号航母上的第8"破坏者"舰载机中队中的唯一幸存者。30小时后，他才被中途岛基地的飞机救上岸。他后来描述日军航母"烧得像喷灯一样"。

在此形势下，南云不得不下令放弃"赤城"号航母，他本想与自己的旗舰一同沉入海底，却被身边人劝阻，提醒他现在的真正任务是继续指挥战斗。于是，南云把旗舰转移到轻型巡洋舰"长良"号上。但是，当渊田美津雄从航母上往该艘轻巡洋舰上跳时摔断了双腿，不得不在该舰的病房里养伤。

日本舰队遭受的损失简直超乎日本人的想象，但他们依旧自信能够拿下中途岛，就连反对此次行动的渊田美津雄也从未怀疑过，他深信只要找到美国太平洋舰队，就能将其一举歼灭。

海军少将山口多闻下令立刻向"约克城"号发起攻击，日军飞机在11时从"飞龙"号航母上起飞。只有8架"九九"式舰载轰炸机成功突破"约克城"号的护航战斗机群，穿过密集的高射炮火，向"约克城"号掷下3枚500磅的炸弹。其中，第一枚在停满飞机的飞行甲板上爆炸，顿时陷入火海；第二枚击中烟囱，扑灭了5台锅炉中的煤火，只剩下一台锅炉没有熄火；第三枚径直穿过飞行甲板以及另外三道甲板，击中飞机燃油罐。不过，在美军消防人员的努力下，火势及时得到控制，燃油罐被干粉扑灭，弹药库也加强了防范。看起来，"约克城"号暂时幸存下来。

午饭后，山口多闻命令剩余飞机对"约克城"号发动第二波攻击，并派友永丈市带上10架"九七"式攻击机和6架"零"式战斗机加入行动。友永上尉曾经指挥第一次中途岛空袭行动，在第一次攻击"约克城"号后只有少数飞行员返回"飞龙"号，他就是其中之一。这一次，"约克城"号又将面临战斗。不过，在发现日机后，由于美舰的燃油即将耗尽，只有 9 架 F4F"泼妇"战斗机可以升空作战，而且燃料随时可能用完。

"每架飞机只剩下 40 加仑的燃油"，海军上尉亚当斯（后来晋升上校）在英国广播公司拍的记录片《海上飞行员》中回忆，"我、约翰·萨奇海军上尉（之后晋升为将军）以及另外 4 个人开着飞机……舰上所有火炮全部开火。我清楚地记得飞机起飞后，我开始装上弹药，瞄准敌人的鱼雷轰炸机开炮，确实打中了一架，也可能是两架。"

总共打下来 5 架鱼雷轰炸机，但其中 4 架落在了负伤的"约克城"号之上。在激烈的战斗中，"约克城"号先是躲过了 2 条鱼雷，却被另外两条击中左舷，紧接着又被 3 枚炸弹击中。亚当斯见此状况知道不能再降回"约克城"号上，于是选择在 40 英里开外的"企业"号航母上降落，这时候，机上的燃料已所剩无几。随后，"约克城"号的舰长下达了弃舰命令。当友永丈市向山口多闻汇报已击沉"约克城"号时，山口臆测美军另一艘航母肯定也被击中，太平洋上已经没有美军航母了。

"飞龙"号航母准备再次向美军发动攻击，其舰载飞机还没有起飞，就被"企业"号和"大黄蜂"号航母上的"无畏"俯冲轰炸机找到，在它试图逃跑时被至少 4 枚炸弹命中，还有 4 枚擦肩而过。日军飞机再次着火，烈火淹没了整个飞行甲板，一至烧到机库。

黄昏时分，"苍龙"号航母也被击中，随后失火爆炸。15 分钟后，"加贺"号航母的弹药库失火，随即发生爆炸。当晚，只有"赤城"号幸存下来，破晓时分却被己方驱逐舰的鱼雷击沉。但是，像"飞龙"号经过一番抢救后，仍然浮在水面上，最终被 B-17"堡垒"轰炸机击中，上午 9 时许沉没，该舰舰长和山口多闻当时就在这艘航母上。

得知损失 4 艘航母后，山本五十六放弃了登陆中途岛的打算，下令日军舰队向西撤退。斯普鲁恩斯下令"企业"号和"大黄蜂"号航母追击日军，希望能够击沉日军剩余的 7 艘战舰。6 月 6 日，"三隈"号和"最上"号重巡洋舰相撞，受伤严重并掉了队。中途岛上的美国陆空军飞机袭击了这两艘巡洋舰，但效果不佳。随后，美军出动舰载机又对上述两艘巡洋舰发起攻击，击沉了"三隈"号，重挫了"最上"号以及两艘驱逐舰。

与此同时，美军也在极力挽救"约克城"号，并派出一艘驱逐舰护航。但是，到了6月7日，"约克城"号被日军潜艇I-168号发现，该艘航母遭到鱼雷致命攻击，护航的驱逐舰也被击沉。

对于美国人而言，此前的珊瑚海海战只是一次险胜，日军取得了战术胜利，美军赢得了战略胜利。毫无疑问，如今的中途岛海战对美国海军则是全面胜利，他们仅仅损失了1艘航母，日军却损失了4艘航母、1艘巡洋舰和250架飞机，更重要的是还葬送了大约3500名军人，其中大多数都是经验丰富的飞行员和老兵。在如此艰苦的条件下，新训练的兵员根本无法替代老兵们的位置。

在中途岛战役中，也许美国人并没有打赢这场仗，但日本人却再也没有机会打赢任何一场仗，因为局势已变。日军已经失去了先前的先发制人优势，也失去了军力优势。日军在开战之初的一二十天里迅速向太平洋扩张、向西挺进东南亚的神话已经成为历史。日军由攻势转入守势用了6个月的时间。

金后来写道：

"中途岛海战是350年来日本海军的第一次惨败。更重要的是，它结束了日本长期以来的侵略行为，使太平洋上的海军力量重新恢复平衡。夏威夷和太平洋西海岸的威胁随之解除。除了阿留申群岛的吉斯卡岛和阿图岛上有日军外，敌军势力已被限制在南太平洋地区。但接下来，我们也将给予这一地区强有力的打击。"

中途岛战役胜利后的第一天，即6月7日，日军在西伯利亚和阿拉斯加中间的阿留申群岛登陆。正如金上将推测的那样，这不过是场花拳绣腿，改变不了太平洋战争的局势，只会白白浪费人力和物力。如果日本人真想占领阿拉斯加，这一行动还有意义，但是他们根本没有这一打算。

有了中途岛海战的经验，美军参战和没有参战的指挥官们都意识到日军很可能吃最终惨败。美国人在珍珠港事件中所受的巨大创伤正在愈合，日本人受到了应得的惩罚。不过，这一切仅仅只是开始。

7
跨越太平洋

　　1942 年 6 月，日本人的如意盘算全部落空。他们企图在第一年取得全胜，但这个梦想在偷袭珍珠港后破灭。他们认为美国人全面投入战争起码是在半年或一年后，但这个时间却大幅缩短。如今，整个战局发展的节奏全部掌握在美国海军手中。美国人希望拥有几条安全的海上交通线，他们注意到日本人企图切断澳大利亚前往美国的海上航线，于是决心打破敌人的计划。

　　珍珠港事件后，美国卷入战争。不管在国内还是军队里，美国人呼吁继续对日作战。然而，欧内斯特·金和乔治·马歇尔在内的一些人认识到，必须重点对付德国，一是因为可以直接依托英国的军事基地攻打德国，二是只有打败德国，才能调动足够兵力结束太平洋战争。然而，人们一直认为金试图首先攻打日本，这是因为日军先是对夏威夷构成威胁，接着又威胁到美国与澳大利亚之间的航道，以及美国西海岸的港口城市，但实际情况并非如此，因为金同样深知要想解除威胁，首先要打败德国。

　　日本人拿下中途岛的希望已经破灭，在其他岛屿上建立稳固基地的努力也付之一炬。为了阻止日军在所罗门群岛中的瓜达尔卡纳尔岛上建立空中基地和海军基地，解除其对美国与澳大利亚之间航线的威胁，美军率先发起了进攻，由此拉开了在各岛屿之间"蛙跳"作战的序幕。

　　新上任的美国海军作战部部长欧内斯特·金上将指出，这一时期的战争处于"攻防"阶段，此前则是"防攻"阶段，这是一种比较准确的评估。中途岛海战结束后，盟军的首要目标是阻止日本扩张，在力所能及的范围内对敌实施打击。一开始，中途岛海战也像此前的珊瑚海海战一样是一种防卫作战。现在，盟军在做好防御的同时，主动进攻的优势开始凸显出来。然而，真正意义上的"攻防"

作战始于 1942 年 8 月 7 日，海军上将金和陆军上将乔治·马歇尔在所罗门群岛登陆。金的策略很清晰，首先控制夏威夷，保护美国和澳大利亚之间的航线安全，这是因为，当时日本很多军事家都在想方设法阻断这条航线。倘若保住这条航线，金准备逐步挺进新赫布里底群岛、所罗门群岛和俾斯麦群岛。这两方面相互依存，因为日军会放弃澳大利亚，阻止美军前进。美军稳扎稳打、步步为营，建立了一个又一个的据点。

金的作战计划严谨，充分考虑到了敌军的实力，这在他奉西南太平洋战区最高指挥官麦克阿瑟陆军上将之命，协助占领拉包尔期间得到了很好的展现。为了占领拉包尔，麦克阿瑟要求得到一支海军特混舰队的支援，其中包括 2 艘航母和一批岸基重型轰炸机。金和马歇尔都不赞成此计划，这是因为此时美日双方势均力敌，如果敌人进行强力反击，就会暴露拉包尔基地，到时候，拉包尔将不再是财富而是负担，所以，这部分军力还不如用在别处。另外，还有一个问题，美军因参战不久，运兵的船只还远远没有到位。

美军决定先派海军上将尼米兹率领一支特混舰队占领所罗门群岛的圣克鲁斯群岛和图拉吉岛，再由麦克阿瑟率军队占领新几内亚的莱城、萨拉马瓦和东北沿海城市，这时才能占领拉包尔及新几内亚其他地方。这就意味着一旦占领拉包尔，必须确保防守拉包尔不会牵制大量不必要的军力，这一点恰好和日军形成了鲜明的对比。美军将领们非常清楚每一步作战目标，绝不在没有战略意义的行动上浪费兵力。这是个很好的开端，之后发生的一切，充分证明了美国人确实技高一筹。

战争初期，美国海军行动迟缓，缺乏海陆空协同作战能力，因此在 1943 年 9 月进行了大幅调整。战争期间，美国太平洋舰队既是第 3 舰队又是第 5 舰队，这完全取决于由谁来指挥的问题——在海军中将斯普鲁恩斯指挥时是第 5 舰队，海军中将"公牛"哈尔西领导时则是第 3 舰队。这支舰队的番号随着指挥官的变更而随时更改，如果哈尔西率领这支舰队在海上作战时，斯普鲁恩斯就率领着自己的参谋班子在岸上规划下一步行动，反之亦然。相应地，随着舰队番号的变化，其所属的特混舰队也会改变称号，例如哈尔西指挥下的第 38 特混舰队，在斯普鲁恩斯领导时被称为第 58 特混舰队。

所罗门群岛登陆

美军进军太平洋的行动被称作"瞭望塔行动"。美国海军和空军在由谁主导太平洋战争的问题上曾经产生巨大分歧，但最终达成了妥协，陆军上将麦克阿瑟指挥陆军部队向西南太平洋推进，美国海军及海军陆战队则向日本本土逐步挺进。不过，二者之间的责任划分并不严格，也不清晰，美国陆军能够而且的确参与了海军的作战行动，当然，美国陆军也需要海军提供支持。美国陆军希望能够主导太平洋战场，但这个想法不太现实，因为这场战争本身就是一场海上机动作战，美军通过"蛙跳"作战，在浩瀚的太平洋上进行逐岛争夺，一步一个脚印地向日本本土推进。当时，美军进攻分成三个步骤：第一步，美国海军负责进攻所罗门群岛东部岛屿，依次为瓜达尔卡纳尔岛、图拉吉岛和圣克鲁斯岛；第二阶段，麦克阿瑟率军登陆新几内亚，占领所罗门群岛；第三阶段，麦克阿瑟率军攻占拉包尔。

美军战略转守为攻，意味着要进行许多以前未曾尝试过的海陆空协同作战，他们不仅没有现成的经验可以学习，也需要大量时间进行物资准备。这一问题在所罗门群岛登陆作战期间表现最为明显。所罗门群岛海战是首战，准备工作十分仓促，美军别无选择，只能硬着头皮前进。如果日本人在瓜达尔卡纳尔岛上站稳脚跟，必将对美国与澳大利亚之间的海上通道构成威胁。而且，一旦等他们把岛上的机场和海军基地全部建成，将更加难以对付。因此，美军必须赶在施工阶段将其炸毁。

1942 年 8 月 7 日，在海军中将罗伯特·李·戈姆利的统一指挥下，美军发起了瓜达尔卡纳尔岛和图拉吉岛登陆作战行动。海军少将特纳指挥一支由 19 艘运输舰组成的突击编队，上载着范德格里夫特少将麾下的海军陆战队第 1 师共计19000 人，向瓜达尔卡纳尔岛进发。担任海空支援任务的是弗莱彻海军中将的第61 特混舰队，其中有 3 艘航母，分别是"企业"号、"萨拉托加"号和"大黄蜂"号，以及"北卡罗来纳"号战列舰、6 艘巡洋舰和 16 艘驱逐舰。同时，英国皇家海军少将克拉奇利麾下的 8 艘巡洋舰和 16 艘驱逐舰也参与其中。因在此前的中途岛海战中表现欠佳，美国海军迅速撤换了"破坏者"鱼雷轰炸机（道格拉斯公司生产），在接下来的战斗中，"无畏"俯冲轰炸机将大显身手。

8月7日上午9时，美军对瓜达尔卡纳尔岛进行了猛烈炮击，由此拉开了登陆作战行动的序幕。截至傍晚时分，已有11000名美军士兵安全上岸，期间他们几乎没遇到任何抵抗。这是因为日军根本没有料到美国人会突然发起进攻，加之当时岛上的大多数人都是建筑工人，他们在美军第一波炸弹落下来时，纷纷躲进了丛林之中。眼看着机场就要建成，却在第二天被美军攻占，并更名为亨德森基地。不过，美军接下来却遭到了岛上日军的猛烈还击，范德格里夫特的部队供应短缺，只能停止进攻。加之岛上气候炎热潮湿，亨德森基地的工程更难完成。

8月8日夜到9日凌晨，日本海军开始还击。午夜时分，日本海军中将三川军一指挥日舰在萨沃岛附近袭击了盟军5艘巡洋舰，其中包括美舰"阿斯托利亚"号、"芝加哥"号、"昆西"号、"文森斯"号和澳大利亚海军战舰"堪培拉"号，以及停靠在瓜达尔卡纳尔岛以西、萨沃岛附近保护登陆舰队的6艘驱逐舰。三川集中了7艘巡洋舰和1艘驱逐舰，直接从拉包尔方向杀来，打了美军一个措手不及。交战双方很快短兵相接，盟军5艘巡洋舰全部受到重创，其中2艘于次日清晨沉没，2艘发生倾覆，日军只有三川的旗舰"鸟海"号重巡洋舰被击中。三川明显处于上风，但不知何故未能继续将这种优势发挥到底，他放弃攻击正在登陆之中的美军部队，选择了迅速撤退。期间，日军"加古"号巡洋舰被美军潜艇击沉。

令人不解的是，在第二次世界大战期间，半途而废成了日军海上作战的一大特点，这种情况屡屡出现。相比较而言，日本人很少在运输舰或登陆舰队上岸之前，对其主动发动进攻。

与此同时，在图拉吉岛战场，却是另外一番景象。6000名盟军士兵刚一登岛就遭到日军的顽强抵抗，经过两天激战，才将岛上的1500名日军彻底击败。不过，在萨沃岛海战之后，驻图拉吉岛上的盟军部队供给却被切断了，直到8月17日，才从亨德森基地飞来几架战机，空投了相关的物资补给。不过，瓜达尔卡纳尔岛和图拉吉岛上的美国海军陆战队也时常遭到日本海军和空军的轰炸。

美军攻占了瓜达尔卡纳尔岛和图拉吉岛之后，开始集中力量进行坚守。日军在8月18日对瓜达尔卡纳尔岛展开了新一轮攻击，亨德森机场变成了争夺激烈的战场。第一波登陆的日军兵力仅有915人，这表明日军严重低估了美军的实力，这些人在8月21日的交战中被全歼。从此，日军开始了在瓜达尔卡纳尔岛上的旷日持久的消耗战，他们借着夜色往瓜达尔卡纳尔岛增派兵力，这一系列的作战行动被美国人称为"东京快车"。8月底，日军决心继续加强进攻瓜达尔卡纳尔岛的兵力，增派了4艘老式驱逐舰以及1500名士兵。即便如此，他们还是低估了美军的实力。事实上，日军许多运输舰因为远离此地，无法派上用场。

随后，日军出动一支强大的特混舰队攻击所罗门群岛上的美军部队，希望重新夺回制海权，再次占领瓜达尔卡纳尔岛和图拉吉岛。此次战役被美国人称为东所罗门群岛战役，从8月23日开始，25日结束。日军发现了弗莱彻海军中将的第61特混舰队及其所属的"企业"号和"萨拉托加"号航母，还有176架舰载机，而"大黄蜂"号因补充燃料未列其中。日本方面指挥作战的是海军中将南云忠一，他在中途岛海战失败后，继续指挥作战。此次行动中，南云主要负责将登陆部队安全运送到瓜达尔卡纳尔岛。他手下有3艘航母，"瑞鹤"号和"翔鹤"号共搭载131架飞机，小型航母"龙骧"号由1艘巡洋舰和2艘驱逐舰护航，搭载了31架飞机，主要用于牵制美军。尽管日军运输舰的吨位小，数量有限，搭载的兵力仅有1500人，南云还是派出了大量水面战舰对它们进行保护。在护航战舰之中，有"比睿"号、"雾岛"号和"陆奥"号3艘战列舰，10艘巡洋舰和21艘驱逐舰，以及"龙骧"号航母。相比之下，弗莱彻手中仅有1艘战列舰（"北卡罗来纳"号）、4艘巡洋舰和11艘驱逐舰。

美国人发现"龙骧"号航母后对其进行跟踪，在8月21日却把目标给跟丢了。8月23日，美军侦察机再次发现日本运输舰队，美军航母起飞舰载机对其进行攻击，却再次失去目标。次日上午10时，"萨拉托加"号的舰载机发现"龙骧"号就在第61特混编队以北300英里以外活动，这一次，它们迅速发起攻击，用鱼雷和炸弹将其击沉。同时，日军"翔鹤"号和"瑞鹤"号的舰载机也发现了美军"企业"号航母，随即发起攻击。"企业"号上的战斗机和防空火炮击退了日军鱼雷轰炸机的攻击，在第二轮攻击中，却被日军俯冲轰炸机3次击中，起火燃烧。虽然大火最终被扑灭，却丧失了部分作战能力。

8月25日，在瓜达尔卡纳尔岛和埃斯皮里图桑托岛上的美国海军陆战队出动飞机对日军运输舰队发起攻击，击沉1艘吨位最大的运输舰和1艘护航驱逐舰，重创1艘巡洋舰。此时，日本人在军舰受损的同时，还损失了90架飞机，美军仅损失了20架飞机。鉴于这种形势，南云准备撤军。

美军在太平洋上又打了一次胜仗——东所罗门群岛海战。很难理解，日军投入了如此庞大的兵力，仅仅是为了保护一支小规模的增援部队，也许日军的策略在于牵制美军，而南云的上司——近藤信竹海军大将的首要目的无疑是歼灭这一地区的美军海上兵力。虽然战役惨败，但日军并没有打算降低损失，放弃所罗门群岛，而是继续执行其"东京快车"计划，就连驱逐舰也都加入了轰炸亨德森基地的行动中。如果美军此时有机载雷达的话，也许就能够打退日军驱逐舰的夜间攻击。

8月31日，日本往瓜达尔卡纳尔岛增派了3500人；9月初的时候，岛上日军数量已经达到6000人，而美军有19000人。在9月13日和14日的夜战中，日军遭到惨败。紧接着，美军方面也对范德格里夫特将军的兵力进行了加强，到9月18日，美军已达到23000人。不过，就在这时，日本大本营下达死命令，要求务必夺回瓜达尔卡纳尔岛。10月11日，日军增援部队在山本五十六及其联合舰队的护航下从拉包尔方向赶来，当晚发生了埃斯帕恩斯角战役。当时，日军护航舰队具体由五藤存知少将指挥，他下令3艘巡洋舰和2艘驱逐舰炮击亨德森基地。美国海军少将斯科特用雷达发现日军舰队后，立即派4艘巡洋舰和5艘驱逐舰在埃斯帕恩斯角伏击日军。由于毫无防备，日舰队遭到重创，指挥官五藤存知中弹身亡，旗舰"青叶"号巡洋舰被毁，"古鹰"号巡洋舰和一艘护航驱逐舰被击沉。日军不肯罢休，继续往瓜达尔卡纳尔岛上增兵，此时岛上日军足有20000人，亨德森基地再次遭到密集轰炸。由于没能成功阻止日军，戈姆利被撤换，由精力旺盛、冲劲十足的哈尔西接替。

在此期间，美国海军也惨遭一连串的损失。9月15日，日军伊–19号潜艇击沉了"大黄蜂"号航母，还在瓜达尔卡纳尔岛东南部击沉了"北卡罗来纳"号战列舰和1艘驱逐舰。"大黄蜂"号的损失极大影响了美军的士气，此前，它曾两次在大西洋舰队服役，为驻守马耳他岛的英国皇家海军输送过 100 架战斗机。"大黄蜂"号被 3 枚鱼雷命中，引爆了燃油舱，舰体随即起火，舰长只好下令弃舰。最终，"大黄蜂"号被"兰斯唐"号驱逐舰用鱼雷击沉。

"大黄蜂"号的诞生有着非常复杂的政治背景。第一次世界大战结束后，根据《华盛顿海军条约》的相关规定，美国海军在完成一系列航母战舰的建造后，只剩下 15000 吨的造船吨位，只能选择建造一艘"约克城"级小型航母，又要使其性能与大型航母相仿，同时还要搭载尽可能多的舰载机。鉴于上述因素，这艘新建成的航母存在着巨大的安全隐患，它就是"大黄蜂"号。当然，"大黄蜂"号航母名声显赫还有一个原因，它是第一艘在甲板边缘安装升降机的航母，自此之后成为美国航母设计的一大特点。

在瓜达尔卡纳尔岛海战中，美军出动海军陆战队飞机执行空袭任务的做法，在当时那个时代绝对称得上独一无二，海军陆战队飞机甚至占到了美军对地攻击飞机总数的三分之一。与此同时，美国海军陆战队飞机执行的使命任务也在悄然发生变化，它们不再局限于为岸上的美军部队提供空中观察支援，而美国陆军航空队飞机早在数年之前就有此种趋势。在所罗门群岛海战中，海军陆战队从陆军那里索取到了 24 架派珀公司的 O-1 型"幼兽"单翼飞机实施空中侦察，执行任务的飞行员和维修员并非来自于海军陆战队的现役飞行员，而是那些和平年代有着飞机驾驶经验的陆战队员。这样做不仅没有减少陆战队中有经验的兵员，还可以从有炮兵作战经验的士兵中挑选优秀人员执行空中侦察和炮火引导任务。

经过两次大型海战和一连串的陆地战之后，日军最终决定放弃瓜达尔卡纳尔岛。1943 年 2 月 1 日到 7 日，日军在夜间成功撤离了岛上剩余的 12000 名军人，他们用驱逐舰运送人员，并放弃了所有的重型装备。在 6 个月里，日军损失了 25000 人，超过三分之一的人员死于疾病和饥饿，与之相比，美军损失了 1592 人。

圣克鲁斯岛战役

　　太平洋战争期间,不论在宏观层面上,还是在微观层面上,日军情报总是出错。在微观层面上,日军经常会把油船误认为是航母;宏观层面上,它要么低估美军实力,要么就夸大日军的胜利,偷袭珍珠港就是一个很好的例子。1942 年 10 月,日本海军收到情报说亨德森基地已经夺回,美军失去了东所罗门群岛的空中优势,这个虚假情报一下子助长了日军的嚣张气焰。然而,他们并不知道这一情报并不准确。当时,海军大将山本五十六派出日军联合舰队前去夺回瓜达尔卡纳尔岛,从某种意义上来讲,在当时,日军实力确实更强,毕竟损失了"大黄蜂"号航母后,海军上将哈尔西只剩下两艘航母。

　　这两艘航母分别是刚刚维修好的"企业"号和"黄蜂"号。其中,前者搭载了 84 架飞机,属于海军少将(后晋升为中将)金凯德指挥的第 16 特混编队;后者搭载了 87 架飞机,属于海军中将默里指挥的第 17 特混编队。亨德森基地还有60 架飞机,主要属于美国海军陆战队。美军舰队包括"南达科他"号战列舰、6艘巡洋舰和 14 艘驱逐舰,大多用于阻止日军的"东京快车"行动。随后,第二艘战列舰"印第安纳"号也被派到太平洋战场,用来增强哈尔西的兵力。

　　日军航母不少于4艘,共有212架飞机。海军大将近藤信竹担任前锋,下属"隼鹰"号航空母舰,上面搭载 55 架飞机,"榛名"号和"金刚"号战列舰为其护航,此外还有 5 艘巡洋舰和 14 艘驱逐舰。主力舰队由海军中将南云忠一指挥,麾下有"翔鹤"号、"瑞鹤"号和"瑞凤"号 3 艘航母,搭载着 157 架飞机,担任护航的有"比睿"号和"雾岛"号两艘战列舰、5 艘巡洋舰和 15 艘驱逐舰。

　　发现日舰后,美军于 10 月 25 日开始发起攻击,但没有击中目标。第二天一大早,美军侦察机发现"瑞凤"号航母,圣克鲁斯海战正式打响。7 时 30 分,美军鱼雷轰炸机和俯冲轰炸机在"泼妇"战斗机的护航下,从"大黄蜂"号航母上起飞,向日军航母扑去。但就在稍早时候,大约就在 7 时 10 分,南云忠一预料到了美军的动向,他提前派出第一波飞机准备攻击"大黄蜂"号,这批飞机刚过 9 时就抵达了美军航母的上空。当时,共有 15 架俯冲轰炸机和 12 架鱼雷轰炸机朝着"大黄蜂"号发起猛烈攻击,一枚炸弹在木质飞行甲板上爆炸,紧接着,一架日军轰炸机直接撞到"大黄蜂"号的舰岛之上,不知是因为飞行员俯冲速度太快导致飞机失控,还是故意选择自杀式攻击。紧接着,又有2枚鱼雷击中航母的右舷,紧接着三枚500磅炸弹滑过甲板钻进机库中。不到10分钟,航母就燃起了熊熊大火,开始向右舷倾斜,发动机也熄火了,所有通信系统中断。

几乎就在同时,美军飞机也在猛烈攻击日军航母。一枚炸弹击中"瑞凤"号航母。9时30分,"翔鹤"号航母被5枚炸弹击中,导致其严重受损,虽然没被击沉,却使其退出战场达9个月之久。美日舰队之间的激战在航母舰载机之间紧张进行。紧接着,日军舰载机发起了第二波攻击,它们发现了"企业"号航母,虽然击中其3枚炸弹,但仍然未能使其丧失战斗能力。除了升空舰载机进行激烈空战外,美军还开展了卓有成效的防空炮火攻击,导致日军损失惨重,据统计,仅"南达科他"号战列舰就击落了26架日军飞机。

当天下午,日军出动第三波飞机袭击"大黄蜂"号航母,先后用1枚鱼雷和2枚炸弹击中该舰。6小时后,美军最终决定放弃"大黄蜂"号,派出驱逐舰用鱼雷将其击沉,但此时美军很多鱼雷偏离轨道,有9枚击中航母,却没有爆炸。最终,还是日军驱逐舰发射鱼雷将其击沉。美军和日军共发射4枚炸弹和16枚鱼雷,才最终击沉"大黄蜂"号,该舰仅服役了一年零七天。

与此同时,日本人吃惊地发现在圣克鲁斯岛海域居然还有两艘美军航母在活动,他们原以为"企业"号航母已被击沉,于是匆忙决定全力攻击"企业"号,他们虽然接二连三地用炸弹击中该航母,但也遭到了航母上的舰载新型防空武器以及附近的美军巡洋舰的拦截。"企业"号虽然接连受伤,但毫无大碍,继续起飞舰载机攻击日军舰队,同时还回收了"大黄蜂"号上的部分飞机。

这时候,日本人很清楚已经无法夺回亨德森基地,在损失了众多飞机之后,他们不得不撤离战场。"大黄蜂"号的沉没对于美军而言是一个不小的打击,但在激烈的海战中,他们仅仅损失了70架飞机,日军则损失了100架。

11月初,哈尔西和山本五十六均下定决心,要打破瓜达尔卡纳尔岛争夺战的僵局,因此,一场决定性的海战将决定最终的战局。哈尔西打算增强岛上的防备力量，摧毁日军的最后抵抗。日军方面则企图继续增加登陆兵力，全力以赴夺回亨德森基地。在此背景下，美日双方爆发了两场海战，均发生在夜间，且都在瓜达尔卡纳尔岛附近海域进行。

日军在11月份试图向瓜达尔卡纳尔岛增兵的做法，引发了第一场海战。当时，日本海军中将阿部弘毅率领"比睿"号和"雾岛"号战列舰、2艘巡洋舰和14艘驱逐舰抵达瓜达尔卡纳尔岛附近海域，一来掩护日军部队登陆，二来轰炸亨德森基地。这是发生在瓜达尔卡纳尔岛海域的第一场夜战，也是太平洋战场上为数极少的没有航母参战的战役。

11月12日，美国海军少将卡拉汉在得知日军动向后，立即带领"旧金山"号和"波特兰"号重巡洋舰、3艘轻巡洋舰和8艘驱逐舰前来迎战。和对手相比，卡拉汉的优势在于拥有雷达设备，但美中不足的是，这些雷达设备并不在他的旗舰"旧金山"号上。由于这支美军舰队事先并没有进行过部队合成演练，在战斗队形的部署和相互协同作战上严重缺乏经验。13日凌晨1时40分，就在日军轰炸亨德森机场后，美军舰队匆匆赶到，"库欣"号驱逐舰差点和日军驱逐舰"村雨"号和"骤雨"号相撞。夜色朦胧之中，敌我双方难辨，都不敢贸然行动。1时45分，日军击沉了"亚特兰大"号轻巡洋舰，海军少将斯科特阵亡。日军旗舰"比睿"号击沉了2艘美军驱逐舰，其中就有"库欣"号，击伤另外一艘。美军两艘重巡洋舰在攻击"比睿"号时，也击伤了日军2艘驱逐舰。

1时55分，卡拉汉下令停止射击，日军"雾岛"号战列舰趁机击中"旧金山"号，卡拉汉阵亡。总之，在战役第一阶段，日军"吹雪"号驱逐舰被击沉，"骤雨"号身负重伤。美军损失两艘轻巡洋舰，分别是"朱诺"号和"亚特兰大"号。"朱诺"号在战斗中受损，后来被日军伊-26号潜艇击沉。11月13日，来自亨德森机场和"企业"号航母上的美军飞机发现了"比睿"号战列舰，一举将其击沉。

从这次战役的表现来看，即使卡拉汉的军队事先演习过，并且经过了整合训练，也依旧逊色于日军。一支从没操练过的军队，甚至连海上战列线都不能维持的军队参战，后果可想而知，这也就是为什么日军可以成功偷袭珍珠港的原因所在。在当时，美军部队根本没有接受过必要的训练，各级指挥官严重缺乏经验，再加上战事不断，根本没时间练兵，也许一开始战列舰就应该进行实战演习。不过，随着战争的继续，这一切都变得无关紧要，因为战争越来越依赖于航母舰载机和潜艇。

11月13日到14日夜间，日军再次调头轰炸亨德森机场，炸毁了20架美军飞机，但没有引发海战。破晓时分，"企业"号航母上的飞机发现了日军"衣笠"号巡洋舰，遂将其击沉。在此之前，"衣笠"号和"五十铃"号巡洋舰就曾遭到来自亨德森基地的美军飞机轰炸而受创。当时，海军少将田中赖三正指挥11艘军舰前往瓜达尔卡纳尔，其中7艘遭到来自亨德森机场的飞机轰炸，幸存军舰继续前进，盼望着掩护部队早日赶来。

海军少将威利斯·李带领"华盛顿"号、"南达科他"号战列舰以及4艘驱逐舰火速赶往瓜达尔卡纳尔岛海域，途中收到"鳟鱼"号潜艇探测到的日军战列舰的位置。近藤信竹乘坐"雾岛"号战列舰，带领麾下的3艘重巡洋舰、1艘轻巡洋舰和9艘驱逐舰对亨德森机场进行了第二次夜间轰炸，美军赶到后，瓜达尔卡纳尔岛海域第二场夜战打响，这一天是11月14日到15日夜间。在起初的炮战中，美军2艘驱逐舰轻度受伤，随后被击沉，一艘驱逐舰受到重创后也沉没。"南达科他"号战列舰由于发生电路故障而不能实施攻击，但在日军的鱼雷轰炸之中幸运逃脱。没等日军发现，美军另一艘战列舰"华盛顿"号就用雷达探测到了敌舰位置。在这场突如其来的轰炸中，"雾岛"号战列舰受重创，随后沉没，日军一艘驱逐舰也被击沉。11月15日凌晨30分，近藤信竹带领军队撤退，田中赖三则继续前进，向岸上送去2000名士兵、250箱炸药和1500袋大米。美军飞机炸毁了日军的运输船队，但为时已晚，日军的补给已经到位。增援部队和粮食供给一下子缓解了日军的燃眉之急，战争又持续了几个月。

尽管运输船队遭到攻击，但在11月30日到12月1日夜里，海军少将田中赖三仍然试图再次增加向瓜达尔卡纳尔岛输送兵力和粮食供给。但这一次，他们只能使用驱逐舰。美国海军少将卡尔顿·赖特率领5艘巡洋舰和6艘驱逐舰埋伏在途中，等待拦截日军的8艘军舰。美军动用雷达系统，发动了隆加角夜战。日军不遗余力地反抗，用鱼雷攻击来袭的美军，击中了美军4艘巡洋舰，分别是"新奥尔良"号、"诺思安普敦"号、"明尼阿波利斯"号和"彭萨科拉"号,但无一退出战斗。

此次战役中,日军再一次付出沉重的代价,损失了大量的人力和物力。美军只要发动几场海战,即使只有巡洋舰和驱逐舰参战,也会在海陆两方面对日本构成威胁。1943 年 1 月 29 日,在拉塞尔岛海战中,日军鱼雷轰炸机击沉了美军"芝加哥"号巡洋舰。这是日军从瓜达尔卡纳尔岛上撤退前,在所罗门群岛上打的最后一场胜仗。

在撤离瓜达尔卡纳尔岛前,田中赖三还要带领他的部队完成最后一项任务。1943 年 2 月初,他带领麾下的驱逐舰发动了几场海战,成功掩护剩余的 12000 名守备部队撤离瓜达尔卡纳尔岛,这次小规模的"敦刻尔克撤退",一改往常日军血战到底的作战风格,成为日本历史上为数不多的撤军行动之一。

与此同时,1942 年 9 月,麦克阿瑟将军已经建立起了自己的西南太平洋司令部。他的第一个目标是新几内亚,并于 1943 年 1 月占领新几内亚岛北海岸的机场。这场精心策划、步步为营的行动充满了冒险和挑战。1943 年 2 月 21 日,美军第 43 师步兵师率先在拉塞尔岛登陆,这是美军的第一步行动。

占领新几内亚和新乔治亚群岛

如果驻守所罗门群岛的日军没有彻底丧失战斗力,执行"瞭望塔行动"下一步计划将毫无意义。因为只要日军骚扰此地的盟军,就会威胁到交通线的安全,导致下一步行动受阻。因此,为了保障盟军向前安全推进,占领新几内亚、新乔治亚和新不列颠变得至关重要。

在麦克阿瑟率军登陆新几内亚岛后,日军也调遣 8 艘运兵船,在驱逐舰的护航下增加岛上的日军守备力量。但不幸被美军探测到,从 1943 年 5 月 2 日到 5 日,澳大利亚皇家空军联合美国空军轰炸机袭击了增援部队,日军所有运兵船被击沉,4 艘驱逐舰也葬身海底,进而导致日本陆军损失了整整 1 个师的兵力。

日军之所以登陆阿留申群岛,实在是别有用意,他们试图牵制美军的注意力,使之不再南下，此次行动不可小觑。日本海军中将细萱戊子郎率领 4 艘巡洋舰和 4 艘驱逐舰护送部队登陆阿留申群岛，科曼多尔群岛海战由此爆发。1943 年 5 月 26 日，海军少将查尔斯·麦卡莫里斯率领 2 艘巡洋舰、4 艘驱逐舰拦截了日本舰队。这次战役既没有空中支援也没有潜艇协助，两军打了一场纯粹的炮战，直至弹尽粮绝。在这场战役中，美军"盐湖城"号巡洋舰和一艘驱逐舰被损，日军"那智"号巡洋舰受创。由于弹药已经用尽，日军担心美军可能随时发动空袭，细萱戊子郎中随即率军撤退。

到了这个时候，日军再也不能留在阿留申群岛了，因为就在 5 月 11 日，金凯德率领美军占领了另外一个小岛——阿图岛。相对而言，这场战役比美日在南部海域打的那场战役规模小出许多。金凯德的手中，只有一艘护航航母、3 艘战列舰、7 艘巡洋舰和 21 艘驱逐舰，以及一些运兵船。月底时，岛上 2600 名日军士兵的抵抗行动被击溃。直到 8 月 15 号，美军才登陆阿留申群岛中的吉斯卡岛，在此之前，首先进行了长达半月之久的轰炸准备，最后失望地发现，日军早在轰炸没开始前就已经撤离。美军原以为会在吉斯卡岛上遭遇日军的顽强抵抗，于是出动了 34000 名军人，对其进行了密集轰炸。殊不知此岛对日军而言毫无战略意义，他们在阿留申群岛上的行动只不过用来分散美军注意力，达到牵制在中途岛作战的美军罢了。

这是日军历史上为数不多的一次明智的战略性撤军，节省了人力和军力。如果日军有计划地缩小战争范围并采取有效措施保存兵力，那么战争有可能会持续更久。当然，一旦美国人在可以打击日本本土的地域建立起攻击基地，日本人的一切努力也都是徒劳。所有证据都表明，日军并不知道该如何进行一场防卫作战。

一旦关键战役失败，战局就会急剧恶化，这是自然规律。很快，日军发现自己的气数已尽。于是在 1943 年 4 月，他们又将航母兵力派到了瓜达尔卡纳尔岛附近海域，但遭到岛上美军飞机的猛烈轰炸，损失惨重。这时，美军不仅完全掌握了东所罗门群岛的制海权和制空权，还掌握了日军的通信密码，在当月就带来了重大效益，他们拦截并成功破译了日军海军大将山本五十六计划赴西所罗门群岛视察的时间表。4 月 18 日，美军战斗机从亨德森机场起飞，拦截山本的座机，并将其成功击落。山本毙命之后，他的位置由海军大将古贺峰一接替。山本五十六是日本人中少有的重要战略家，他的死亡使得日军损失惨重。偷袭珍珠港就是他的主意，他坚信航母将在太平洋战争中发挥至关重要的作用，绝对不能过度依赖战列舰，但其他海军高官却无此见识。此外，山本非常了解美国强大的工业生产能力，他的目光短浅的同僚们却过于自信。

夏秋两季，美军在太平洋上并没有发起大规模的攻势。随着天气逐渐变冷，在所罗门群岛海域的美军部队开始发动进攻。

6月30日，美军首次登陆伦多瓦岛，这是日军在新几内亚岛上的重要空军基地。此次行动之所以人所尽知，是因为首次运用了先进的登陆舰艇。其中，新型的坦克登陆舰和坦克登陆艇，分别可以搭载20辆坦克和3辆坦克，步兵登陆艇可以一次性输送400名士兵上岸。为保护部队免遭日军突袭，美军动用了2艘航母、3艘护航航母、5艘战列舰和几艘巡洋舰、驱逐舰。令人意外的是，美军登陆部队没有遭到日本海军的袭击，补给部队却在海上与日军遭遇了几仗。美军舰队装备有雷达设备，日军虽然没有雷达，但他们的雷达探测仪却可以探测到美军舰船的位置。有时候，没等美军探测到日军的具体位置，日军就已知晓美舰的位置。

日军在新乔治亚的机场主要设在蒙达。6月底，盟军在海军少将里奇蒙德·凯利·特纳的率领下抵达瓜达尔卡纳尔岛，下一步准备前往新乔治亚并占领蒙达机场。此次登陆遭到日军的顽强抵抗，3万美军用了两个月才将不到自身数量四分之一日本守备部队击退，直到8月5日才占领蒙达机场。

期间，由于日军试图加强岛上守备力量抵御美军进攻，又引发了几场夜战。其中最著名的夜战发生在7月5日夜到次日黎明，美国海军少将安斯沃斯的舰队——3艘巡洋舰和4艘驱逐舰与日本海军少将秋山的10艘驱逐舰发生遭遇，在接下来的库拉湾夜战中，日军2艘驱逐舰被击沉，而美军"海伦娜"号巡洋舰被日军驱逐舰射出的一枚鱼雷击中后沉没。还有一场夜战发生在7月11日晚到次日黎明，伊崎少将带领"神通"号巡洋舰和9艘驱逐舰，准备加强岛上的防备力量，其中4艘驱逐舰运送增援部队驶往维拉港方向，途中遭遇安斯沃斯海军少将的舰队，于是爆发了科隆班加拉岛夜战。安斯沃斯少将麾下有3艘巡洋舰，分别是"檀香山"号、"圣路易斯"号和新西兰皇家海军"利安德"号巡洋舰，以及 10 艘驱逐舰。在激战中，盟军 3 艘巡洋舰均被日军鱼雷击中，但没有一艘失去战斗能力，仅仅损失了一艘驱逐舰。相比之下，日军仅有的一艘巡洋舰却在密集的炮火攻击下爆炸。

不过，所罗门群岛海战截至目前暂时告一段落。接下来，美军指挥层决定，暂时放弃逐岛争夺的"蛙跳"作战，而是选择绕过日军重兵防守的岛屿，使之孤立无援，以最快速度向前推进。8 月 15 日，就在美军登陆阿留申群岛的吉斯卡岛这一天，第 3 两栖军团在海军少将威尔金森的指挥下绕过防守坚固的科隆班加拉岛，在所罗门群岛的维拉拉维拉岛登陆。

进军拉包尔

阿留申群岛濒临北美大陆孤岛阿拉斯加，地理位置非常重要。美军在完成了阿留申群岛作战后，准备越过俾斯麦群岛，占领日军在拉包尔的重要军事基地。9 月 3 日，在海军少将巴比的舰队掩护下，麦克阿瑟将军率领麾下的第 7 两栖军团在新几内亚岛的莱城和萨拉马瓦登陆，开辟了一个新的战场。然而，海军少将威尔金森率领第 3 两栖军队掩护海军陆战队第 3 师在登陆奥古斯塔皇后湾时却遇到重重阻力，这里位于所罗门群岛的最西边，濒临新不列颠岛的拉包尔，在布干维尔岛的南海岸。日军在此部署了 6 万人的守备部队，双方打了整整 4 个月，仍然未分胜负，因为在茂密的热带丛里到处都是日军散兵。事实上，直到战争结束，美军仍然未能肃清岛上日军的零星抵抗。

即使面临越来越大的压力，日军也没有放弃抵抗。11 月 2 日，日本海军少将大森千太郎率领 2 艘重巡洋舰、2 艘轻巡洋舰在 6 艘驱逐舰的护航下离开拉包尔，试图袭击美军登陆部队，于是在奥古斯塔皇后湾爆发了一场夜战。当时，日军抵达战场时为时已晚，因为美军少将艾伦·斯坦顿·梅里尔率领 4 艘巡洋舰和 8 艘驱逐舰保护登陆部队美军部队和武器装备已经安全登陆。美军雷达探测到日军后，开始发动攻击，日军"川内"号巡洋舰和一艘驱逐舰被击沉，"羽黑"号巡洋舰受创。美军"丹佛"号巡洋舰被日军炮弹击中，但炮弹没有爆炸，"富特"号驱逐舰被己方一艘舰船撞上，但没怎么受伤。

1943年11月5日，美军首次对拉包尔发起大规模袭击。日军预料到美军的行动，因此早已在此集结了大量的海军兵力。弗雷德里克·谢尔曼海军少将指挥"萨拉托加"号航母和被英国人称为轻型舰队航母的"普林斯顿"号，起飞97架飞机对日军发起突袭，重创日军"阿贺野"号、"爱宕"号、"摩耶"号、"最上"号、"能代"号和"高雄"号6艘巡洋舰，而美军仅仅损失了10架飞机。6天后，也就是11月11日，阿尔弗雷德·蒙哥马利海军少将指挥185架飞机从"埃塞克斯"号、"邦克山"号和"独立"号航母上起飞，轰炸在上次战斗中负伤的日军"阿贺野"号巡洋舰，并击沉了一艘驱逐舰。拉包尔基地的日军没来得及反击，就被美军打垮。接下来，美军在布干维尔岛的登陆行动也很顺利。截至此时，虽然美军还没有占领拉包尔基地，但其作为军事基地的功能已经基本丧失。

这时，美国强大的工业能力促进了海军力量的不断壮大，这正是太平洋战争爆发前夕山本五十六最为担心的事情。美国不仅有着空前强大的能力生产大批的航空母舰，而且还能生产在航母上作战的各型飞机。在军舰和飞机上，训练有素的飞行员同样不可或缺，这对于美国海军来说也不是问题，他们不仅培养出足够本国海军使用的飞行员，还为英国皇家海军培训了一批飞行员。相比之下，日军的各种损失无法在短时间内弥补，而美军则可以，随着双方力量对比的改变，美军飞行员越来越有经验，损失也越来越小，日军损失却日益惨重。

"埃塞克斯"级航母属于新型航母，1941年4月28日开始建造，1942年12月31号下水，排水量27200吨，它是战前航母——"大黄蜂"号的改进型。与战前航母相比，该级航母的飞机搭载量增加了10%，自我防护措施更加完善，飞行燃料携带量增加三分之一。事实上，随着战争全面爆发，先前签订的《华盛顿海军条约》随即就被各个强国弃之脑后。美军新设计的航母可以搭载量91架飞机，所建造的航母数量不少于24艘，有些航母沿用了美军在战争中损失的航母的名字，例如"大黄蜂"号和"黄蜂"号。"埃塞克斯"号航母下水不到一年，又有6艘同级航母建成下水。

"埃塞克斯"级航空母舰的特征是拥有更加大型的防空武器系统，但改变之处远远不止这些，由于重新进行了机器布局，即使被一枚鱼雷击中，损失也能够控制，且更容易存活下来。从岛形上层建筑的外形上看，很容易辨认出"埃塞克斯"级来。虽然它们不像英国快速装甲航母那样拥有坚固的装甲保护，但经过几年战争下来，虽有几艘曾经遭到重创，但没有一艘彻底损毁。这一点在战争后期表现更为突出。倘若战争继续，"埃塞克斯"级仍会继续战斗。相比之下，"埃塞克斯"级航母要比英国的装甲航母更容易修复，当然，它们也更容易受伤。

占领吉尔伯特岛

夺取所罗门群岛后，美军将注意力转移到了吉尔伯特岛，该岛位于所罗门群岛东北 1000 英里，同样处在美国到澳大利亚的航道上。美军直到 1943 年年底才开始行动，在此之前，他们集中力量建造新航母，训练飞行员、操作员和维修人员。日本人同样也没有闲着，因为只有三艘航母能够下水，他们未能及时将注意力放到训练人员和重建第一航空舰队上。

为了备战吉尔伯特岛，美军不仅拥有两种级别的新型航母，还拥有护航航母。由于这种护航航母的建造周期短，加之造价低廉，英国人私底下称之为"伍尔沃斯航母"，而美国人则称它为"吉普航母"。有些人甚至根据相同首字母缩写中的词汇，戏谑地将美国海军发布的护航航母代号 CVE 解释为"易燃的、易受攻击的消耗品"。这些航母在建造过程中潦草马虎，计划在战后改为商船，因为装甲太薄，容易在战斗中受伤。这些护航航母曾被英国官方称为"辅助型航空母舰"，1943 年年底，随着大西洋战争逐步取得胜利，那些在护航作战中立下汗马功劳的护航航母，如今承担起了其他任务，例如运载飞机，提供更多的飞行甲板和维修支援，这是因为它们的低航速不适于执行大规模舰队作战任务。

到了这一阶段，美军的进攻战略已经变得十分清晰。他们在登陆之前，首先要用舰载机、战列舰和重巡洋舰的猛烈炮火对目标区实施"火力准备"，达到削弱敌人战斗力、减少己方伤亡的目的。在此过程中，敌人的海岸炮兵、要塞、机场、军营以及交通线都将被摧毁，这种做法已成为美军进攻任何地方的标准做法。当然，美军的习惯性做法也会提醒对手要对可能到来的猛烈攻击提高警惕，加紧备战。

在吉尔伯特群岛登陆作战期间，斯普鲁恩斯海军上将麾下拥有6艘大型航母、5艘轻型航母、5艘战列舰、6艘巡洋舰和21艘驱逐舰。其中，查尔斯·波纳尔海军少将指挥的航母舰队中，分别是"约克城"号、"列克星敦"号、"企业"号、"埃塞克斯"号、"邦克山"号和"萨拉托加"号航母，以及"独立"号、"普林斯顿"号、"蒙特利"号、"贝劳伍德"号和"科本斯"号几艘轻型航母，外加几艘战列舰，分别是"南达科他"号、"华盛顿"号、"马萨诸塞"号、"北卡罗来纳"号和"印第安纳"号。

11月19日，美国海军第5舰队出动700架飞机对吉尔伯特岛进行猛烈轰炸后，登陆部队开始上岸。在美军火力准备中，首要目标是马金岛和塔拉瓦岛上的日军机场。美军仅仅用了3天时间，就将吉尔伯特岛及其附近马绍尔群岛东部的日本海军航空兵的大部分飞机摧毁。11月20日，美国海军支援舰队将第2海军陆战师和陆军第27步兵师的部分官兵输送上岸，其中，7000人上了马金岛，另外18000人登上塔拉瓦岛。日本守备部队大约5000人驻守塔拉瓦岛，800人驻守马金岛。不过，马金岛在交战第一天就被美军拿下。相比之下，美军登陆塔拉瓦岛之前虽然进行过密集轰炸，但仍有三分之一的海军陆战队员在首次突袭中受伤。最终，美军花费了3天时间才压制住日军的抵抗。其中，11月22日夜到23日清晨，日军步兵团行了大规模的自杀式攻击，战斗达到高潮。

在登陆作战期间，美国海军确实付出了一定的代价。11月20日，在日军为数不多的几架飞机中，一架飞机投出一枚鱼雷击中了"独立"号航母，使之退出战斗达6个月。11月24日，美国海军"利斯康姆湾"号护航航母被日军潜艇伊–175发射鱼雷击中，很快葬身海底。不过，到了11月26日，美军最终击溃了日军的抵抗，占领吉尔伯特群岛。

攻下吉尔伯特群岛后，美军航母被分为4个大队，每个大队既可以独立执行任务，也可以在重大行动中联合作战。12月4日，两支航母大队袭击了日军在马绍尔群岛上的重要航空基地和燃料补给地——夸贾林环礁。接下来，在撤退过程中，"列克星敦"号航母被日军飞机射出的鱼雷击中。不管怎么样，当年年底时，麦克阿瑟将军麾下西南太平洋司令部的军队在新不列颠岛南海岸的阿拉维登陆，12月26日在格洛斯特角和新不列颠岛最西边登陆，一步步地逼近拉包尔。

进军特鲁克群岛

1944年1月2日，美军在新不列颠岛对面的新几内亚岛赛多尔登陆，切断了日本援军。

从1月29日到2月6日，海军中将马克·米切尔带领航母舰队和第58特混编队袭击了日军在马绍尔群岛和夸贾林岛上的机场，并掩护美军部队登陆。米切尔的舰队包括"埃塞克斯"号、"企业"号、"约克城"号、"无畏"号、"邦克山"号和"萨拉托加"号航母，以及"贝劳伍德"号、"普林斯顿"号、"兰利"号、"科本斯"号、"蒙特利"号和"卡波特"号几艘轻型航母，共搭载了730架飞机，担任护航的有战列舰"亚拉巴马"号、"华盛顿"号、"马萨诸塞"号、"北卡罗来纳"号、"印第安纳"号、"南达科他"号、"新泽西"号、"依阿华"号以及3艘重巡洋舰、3艘轻巡洋舰和36艘驱逐舰。此次作战目标是摧毁日军的抵抗。

1月31日，斯普鲁恩斯将军麾下8艘护航航母搭载190架飞机，掩护美海军第4陆战师和陆军第7步兵师在夸贾林岛环礁登陆，协同护航的还有"宾夕法尼亚"号、"新墨西哥"号、"密西西比"号、"田纳西"号、"爱达荷"号、"科罗拉多"号和"马里兰"号几艘战列舰以及9艘巡洋舰和45艘驱逐舰。在此次战斗中，驻守岛礁的8800名日军虽然顽强抵抗，但不到一周就败在美国人之手。因为日军没有占领马朱罗环礁，美军舰队刚好可以在此抛锚。在此之前，日军指挥官无论如何也没有料想到自己会遭受袭击，居然被有着900多架飞机的美军舰队团团包围。

美军继续向南推进。2月15日，威尔金森少将带着他的第3两栖军团杀回来，并将第3师（新西兰人组成）输送到新不列颠岛东部的格林兰岛。

倘若日军能在1941年年底到1942年的一两个月内扫荡南亚和太平洋战场，美军也不会一帆风顺，他们将会遇到凭借坚固基地支撑的日军的顽强抵抗。在日军的武器库中，同样存在着诸多的弱点，例如，他们缺乏强有力的重型坦克。但是，这一点并非关键因素，因为在这些地区，大多是山峦起伏或荆棘丛生，有时集二者于一体，并不适宜坦克作战。

每次推进行动都要一鼓作气，决不能半途而废。制作作战计划的关键在于能够预测到敌人的对策，并先发制人。鉴于这一因素，美军决定下一步拿下马绍尔群岛以西的卡罗林群岛中的特鲁克岛，那里有着日军重兵驻守。此次行动仍然由斯普鲁恩斯指挥，他麾下有着"埃塞克斯"号、"企业"号、"约克城"号、"无畏"号、"邦克山"号航母以及"贝劳伍德"号、"科本斯"号、"蒙特利"号、"卡伯特"号轻型航母，此外，还有"马萨诸塞"号、"新泽西"号、"依阿华"号、"北卡罗来纳"号、"南达科他"号和"亚拉巴马"号战列舰，10艘巡洋舰和29艘驱逐舰负责护航。斯普鲁恩斯率领着偌大一支队伍来到特鲁克岛，他失望地发现避风港里只停泊日军一些轻型军舰。美军航母发现并击沉了"那珂"号巡洋舰，战列舰击沉了"香取"号辅助训练巡洋舰和2艘驱逐舰，还击沉了日军26艘商船。此外，日军还丧失了部署在特鲁克岛的365架飞机中的300架，这意味着特鲁克岛成为继拉包尔基地之后的又一个孤岛。显而易见，面对占有压倒性优势的美军，日军开始偃旗息鼓，他们并没有针对美军发起大规模空袭，只是出动7架鱼雷轰炸机袭击美军"无畏"号航母，结果，仅有一枚鱼雷击中目标。

美军取得了成功，原因就在于他们拥有丰富的作战资源。不久后，2月17日，美军舰队逼近马绍尔群岛最西边的埃尼威托克岛。经过4天激战，日军战败。2月23日，美军2支航母大队袭击了马里亚纳群岛中的塞班岛、提尼安岛和罗塔岛。2月29日，麦克阿瑟将军指挥美军攻占了新几内亚北海岸的阿德默勒尔蒂群岛。

3月20日，美军登陆俾斯麦群岛的埃米劳岛后，对于驻拉包尔日军构成合围之势，使麦克阿瑟将军终于可以随心所欲地绕过新几内亚境内的日军要塞发起攻击。

上图：和平时期的英国皇家海军舰队。图中所示的是英国皇家海军"康沃尔"号重巡洋舰和"竞技神"号航空母舰于 1935 年在中国海军站部署的场景。这两艘舰均于 1942 年 4 月被日本人击沉。（该照片由美国海军历史文献中心提供）

左图：1939 年，澳大利亚皇家海军轻巡洋舰"霍巴特"号正在航行。它的前身是英国皇家海军"阿波罗"号，后来被移交给澳大利亚皇家海军。（该照片由美国海军历史文献中心提供）

上图：美国海军太平洋舰队司令赫斯本德·爱德华·金梅尔海军上将。对于日本日益凸显的战争意图，金梅尔由于未能及时采取行之有效的防范措施饱受非议。这张照片在珍珠港遭袭前不久拍摄。（该照片由美国海军历史文献中心提供）

上图：欧内斯特·金海军上将在珍珠港遭袭后出任美国海军作战部部长，他在此前担任大西洋舰队司令。（该照片由美国海军历史文献中心提供）

下图：日军偷袭美国海军太平洋舰队珍珠港的场景。（该照片由美国海军历史文献中心提供）

左图：在遭受猛烈袭击之后，珍珠港的船厂工人们正在清理废墟。日本人原本希望通过袭击，至少让珍珠港瘫痪6个月时间，而最终的结果却是，这个港口始终在保持正常运转。（该照片由美国海军历史文献中心提供）

左侧图：日本海军大将南云忠一经常因为未能彻底完成攻击珍珠港的任务而饱受指责，因为他未能继续派出第三和第四攻击波从而扩大前两轮攻击的战果。后来，在充满争议的中途岛海战中，他仍然是日军舰队的指挥官。（该照片由美国海军历史文献中心提供）

中间图：在日本发动太平洋战争初期，丰田副武海军大将先后指挥日军在泰国、马来亚和新加坡作战，后来当日本帝国走上穷途末路之际，出任海军联合舰队司令长官。（该照片由美国海军历史文献中心提供）

右侧图：日本帝国海军联合舰队司令长官山本五十六非常明白，日本无论是在军事上还是工业上都无法和美国抗衡到底。（该照片由美国海军历史文献中心提供）

上图：1942 年 4 月，日本水面舰队兵力进攻到锡兰海域（今日的斯里兰卡），这是他们所到达的最西端。在这片海域，日本海军击沉了英国皇家海军小型航空母舰"竞技神"号（如图所示），这是英国皇家海军第一艘从铺设龙骨开始就明确作为航母进行建造的航空母舰。（该照片由美国海军历史文献中心提供）

上图：1942 年 5 月的珊瑚海海战，对于美日双方海军而言，虽然只是一个平局，却成功地制止了日本海军的进攻态势。美国海军"列克星敦"号航空母舰在这次战役中被击沉。图中所示的是该舰沉没前的场景。（该照片由美国海军历史文献中心提供）

左图：美国海军太平洋舰队司令尼米兹海军上将（右侧）与英国皇家海军太平洋舰队司令亨利·伯纳德·罗林斯海军中将在一起。（该照片由美国海军历史文献中心提供）

下图：在珊瑚海战役期间，美国海军中将弗兰克·弗莱彻指挥舰队在莫尔斯比港成功阻止住了日本人的进攻步伐。然而，他直到退休才被晋升为海军上将，这是因为许多人认为他过于谨小慎微。（该照片由美国海军历史文献中心提供）

下图：雷蒙德·斯普鲁恩斯曾经担任美国海军第三舰队司令，曾多次指挥第二次世界大战期间的航母大战。（该照片由美国海军历史文献中心提供）

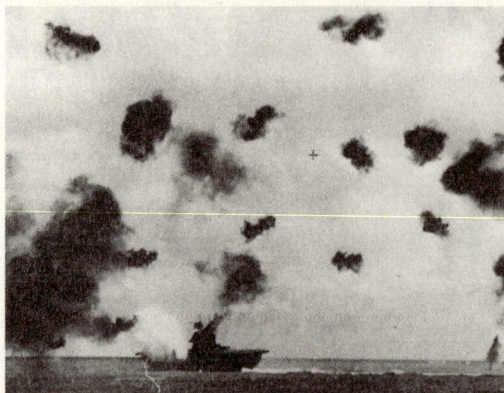

上图：相比之下，美国海军太平洋舰队在中途岛海战中仅仅损失了1艘航空母舰——"约克城"号，图中所示的是该舰遭受猛烈空袭的场景。

上图：随着"约克城"号航空母舰的舰体逐渐倾斜，甲板上的舰员们发现自身活动越来越难。（该照片由美国海军历史文献中心提供）

左图：自从在珊瑚海海战中遭受重创之后，日本帝国海军联合舰队在1942年6月的中途岛海战中被彻底击败，在短短一天之内损失4艘航空母舰，其中之一就是"飞龙"号（如图所示）。它是两艘拥有左舷舰岛的日本海军航母之一。（该照片由美国海军历史文献中心提供）

下图：日本海军的许多航空母舰压根就没有任何舰岛，取而代之的是飞行甲板下面的舰桥，这无疑会带来许多指挥控制方面的问题。此类航空母舰中的典型代表就是"龙骧"号。（该照片由美国海军历史文献中心提供）

上图：图中所示的是几艘日军袖珍潜艇。日本人曾经多次使用袖珍潜艇作战，其中，在对位于马达加斯加岛迪耶果－苏瓦雷斯港口的英军舰队的一次袭击中，成功重创英军"拉米利斯"号老式战列舰。但在随后对悉尼港口的运输船队攻击中，这些袖珍潜艇却惨遭失败。（该照片由美国海军历史文献中心提供）

右图：1943年11月，日本帝国海军重巡洋舰"羽黑"号在拉包尔遭到盟军的猛烈空袭。后来，该舰在新加坡附近海域被英国皇家海军飞机所击沉。（该照片由美国海军历史文献中心提供）

上图：随着英国皇家海军重返远东地区，美国海军"萨拉托加"号和英国皇家海军"卓越"号航空母舰并肩作战，以确保二者之间能够实现良好协同和联合作战。它们之间的合作取得了圆满成功，但大多数情况下，它们的作战区域和目标有着明确的分工。如图所示，这两艘舰正在锡兰的亭可马里港口停泊。（该照片由美国海军历史文献中心提供）

上图：美英两国海军航空母舰之间存在着诸多的差异，其中之一就是舰载机着舰引导信号的不同，因此必须进行标准化改进，才能够确保相互之间的完美协同。如图所示，一架"海盗"飞机正朝着"卓越"号航空母舰飞来，打算在该舰上降落。（该照片由美国海军历史文献中心提供）

上图：1942年7月11日，日本帝国海军战列舰"比睿"号在东京湾航行。在导致美国参加第二次世界大战的偷袭珍珠港行动中，"比睿"号负责为执行袭击任务的日本联合舰队护航。（该照片由美国海军历史文献中心提供）

上图：日本帝国海军"云龙"号航空母舰是一艘在设计建造商比较传统的航空母舰。（该照片由美国海军历史文献中心提供）

右图：由于火爆的脾气，美国海军第三舰队司令威廉·哈尔西海军上将被人们冠之以"公牛"的绰号。加之容易冲动的性格，他在莱特湾海战中，被日军一支诱饵部队从其指定的阵位调虎离山。（该照片由美国海军历史文献中心提供）

上图：根据指挥官的不同，美国海军在太平洋海域的舰队番号经常在第3和第5舰队之间转换，这样一来，航空母舰编队的番号也在第38和第58特混舰队之间更替，但后两者经常听令于海军中将马克·米切尔的指挥。（该照片由美国海军历史文献中心提供）

上图：日本人未能充分利用他们的潜艇来对付盟军的舰队、登陆部队甚至补给运输船队，这是他们一大战略失误。图中所示的是日本海军伊–68号潜艇，后来更名为伊–168号潜艇。（该照片由美国海军历史文献中心提供）

左图：日本人有着世界上最大型的载机潜艇，有的潜艇甚至能够搭载2架飞机。除了对美国俄勒冈州发起的一次攻击之外，这些潜艇再也没有派上任何的用场，就连规划中的对巴拿马运河的攻击也最终取消。如图所示，两艘载机潜艇正停靠在一艘补给舰旁边。（该照片由美国海军历史文献中心提供）

上图：一架日军鱼雷轰炸机被猛烈的防空炮火击中后爆炸。在这架轰炸机的下面，隐约可见一枚正在飞行的鱼雷。（该照片由美国海军历史文献中心提供）

下图：随着向日本本土的日益逼近，美英两国海军均遭受了日本神风特攻队飞机的猛烈攻击。图中所示的是英国皇家海军"可畏"号航空母舰在遭到神风特攻飞机撞击后的场景。不过，由于采用了装甲防护甲板，英国航空母舰在战损上比采用木质甲板的美国航空母舰要轻出许多。（该照片由美国海军历史文献中心提供）

上图：澳大利亚皇家海军"堪培拉"号正从新西兰港口惠灵顿起航，前往瓜达尔卡纳尔岛作战。在那里，它在 1942 年 8 月被日军击沉。后来，为了纪念它对日本军队的英勇作战行为，美国海军将一艘新型重巡洋舰命名为"堪培拉"号，这是美国军舰之中为数不多的几艘用外国城市命名的军舰。（该照片由美国海军历史文献中心提供）

下图：根据《租借法案》提供给英国皇家海军的各型战机中，"海盗"飞机是口碑最好的一款，许多人将其评价为战争中性能最好的战斗轰炸机。这是一款体型很大的飞机，相比之下，英国航空母舰的机库空间则显得小出很多。（该照片由美国海军历史文献中心提供）

左图：1945年2月，美国海军战列舰"内华达"号正在猛烈炮击硫磺岛。太平洋海战在很大程度是一场航母大战，战列舰则主要用来执行对岸炮击任务，或者为航空母舰提供防空火力支援。（该照片由美国海军历史文献中心提供）

左图：日本帝国海军同样需要为其战列舰寻找到一个更适合的角色，他们在莱特湾海战中也曾试图发挥战列舰的作用。图中所示的是日本"伊势"号战列舰，为了适应航空作战，该舰进行了局部改装，在舰尾炮塔的位置铺设了一条飞行甲板。（该照片由美国海军历史文献中心提供）

下图：美国海军战列舰"纽约"号用其强大的15英寸舰炮火力炮击硫磺岛。（该照片由美国海军历史文献中心提供）

上图：1945年9月，一架从美国海军"埃塞克斯"号航空母舰上起飞的"恶妇"战斗机在日本领空大摇大摆地飞行。（该照片由美国海军历史文献中心提供）

右图：从英军"卓越"号航空母舰上远眺美军"萨拉托加"号航空母舰。请注意，"卓越"号甲板上停放的是一架"复仇者"攻击机。在战争早期，英国皇家海军曾经饱受高性能飞机短缺的痛苦，但随着《租借法案》的出台，大批美国飞机也随之到达，这一问题得到了解决。（该照片由美国海军历史文献中心提供）

上图：1945 年 2 月，一个天气阴郁的日子里，美国海军"密苏里"号战列舰正在太平洋上航行。（该照片由美国海军历史文献中心提供）

左图：1944 年 2 月，在马绍尔群岛附近海域航行的美国海军舰队。这是一支日本海军无法匹敌的强大海上力量，甚至早在战争爆发之前，日本的海军将领们都已经认识到这一点。如图所示，"埃塞克斯"级航空母舰的金字塔形舰岛清晰可见。最近处则是一艘"独立"级轻型航空母舰。（该照片由美国海军历史文献中心提供）

8

"该死的丹尼尔斯！"
——英国皇家海军重返远东

太平洋战争的胜利主要依靠美军，它一开始就全力以赴地投入战争，虽然澳大利亚和新西兰军队也积极参战，而英国皇家海军仅仅投入了几艘巡洋舰和驱逐舰。现在，地中海上的战事正朝着越来越有利于盟军的方向发展。在意大利境内，盟军夺取的军事基地越来越多。由于德国U型潜艇的威胁日益削弱，德军剩余的水面军舰大都被困死在港口之内，大西洋战争几近尾声。在此情况下，英国皇家海军终于可以将主力舰队派往东方战场。在此之前，日军袭击锡兰后，英国皇家海军东方舰队的行动一直受到极大约束，一是缺乏必要的航母兵力，二是缺乏合适的战斗机和轰炸机，因为"剑鱼"鱼雷轰炸机的替代品——"梭鱼"鱼雷轰炸机并不适合在热带地区作战，因此很快被撤出战场，被格鲁曼公司生产的"复仇者"鱼雷轰炸机所替代。

不仅飞机难以适应在炎热的太平洋海域作战，就连英国皇家海军潜艇也不得不进行必要的调整。在地中海，为了缓解马耳他之围，"海豚"级潜艇在打击意大利和德国的运输船队时表现突出，如同"魔毯"一般发挥了巨大作用。如今，在太平洋战场，需要具备更远航程的更大型潜艇，于是，新建的S级潜艇被选中，它的部分压载水舱用于携带燃料，并安装了氟利昂空气调节器。当然，对于这些改装，英国舰队的其他人员并不了解内情。

英国虽然增强了在太平洋上的军事力量，但很多美国海军高级官员并不领情，其中就包括欧内斯特·金和切斯特·尼米兹。虽然金曾希望英国海军发挥更大作用，个中原因有很多，有的似乎很充分，有的却很牵强。

很多美国人认为，即使没有英国人相助，他们照样可以打赢太平洋战争，这反映出不同国家间的竞争甚至相互厌恶。确实，如上所述，美国人有理由认为这是"他们自己"的战争，他们在 1944 年春天之前获取的胜利就是最有力的证据。的确，在实战之中，如何协调两国舰队和飞机进行作战就是一个大难题。例如，在战后成立的北大西洋公约组织之中，各国军队之间的联合行动经常存在诸多不便，其实，即使一个国家内部的军队想联合作战都很困难。因此，只有建立像"北大西洋公约组织"这样的军事合作组织，通过在大西洋、英吉利海峡和地中海建立起常备海军部队，才能顺利地进行各类联合演习。在 1940 年，倘若有一个像北约组织这样的军事集团，对英国、法国、荷兰和比利时的军队进行协调和整合，那么就有可能遏制住德军向北海和大西洋的进军步伐，历史将会因此改写。

美国人还有另外一层顾虑，那就是英国在太平洋上的军事基地太少，而美国人自身的基地则因其大规模的快速推进，所控制海域越来越广，自身物资和兵员补给都难以为继，无法对英国人进行必要的支援。此外，英国人还缺乏大规模舰载机空袭作战的经验，而这恰恰是美国人的专长。日军偷袭珍珠港所出动的飞机是皇家海军袭击驻塔兰托的意大利舰队的 20 倍。从 1943 年年底开始，美军每次动用的飞机数量都是袭击珍珠港的日机的两倍。很短时间内，美国海军就掌握了如何紧凑、安全、高效地控制大规模的现代化舰队。即便如此，在莱特湾战役中，美国海军一些舰只也未能在该出现的地方出现。在战争早期，英国皇家海军力量分配不均衡，这种不利情况直到后期的地中海战事期间才有所改善。如果英军能早点这么做，"光荣"号航母就不会因为缺乏侦察机、战列舰或战列巡洋舰的支援而惨遭敌人战列舰击沉。而"威尔士亲王"号、"反击"号战列舰，"康沃尔"号重巡洋舰，"多塞特"号重巡洋舰以及"竞技神"号航母也不会相继步其后尘而夭折。

英国人不愿让别人认为自己对美国人的孤军奋战坐视不理，尤其当后者越来越多地介入欧洲战场后。事实上，欧洲战争意味着英国大量的空军和陆军力量被牵制在此，唯一能够抽调出来增援美军的也就只有皇家海军了。早在第二次世界大战爆发前，英国人就对澳大利亚和新西兰承诺将不会对日军的侵略行为视而不见，相反一定会提供帮助，却没想到英军竟被意军和德军所牵绊！日本人占领的大部分地盘原属于英国人的殖民地，这些地方物产丰富，例如盛产橡胶和锡的马来半岛，以及通往中国大陆的立足点香港和缅甸。

的确，一部分美国人不愿意看到英国重新收回殖民地，还有人认为他们可以凭一己之力结束战争。对于美国人来说，英国这个盟友靠不住，因为战争时期的英国首相温斯顿·丘吉尔不想过多参与太平洋战争。皇家海军只要能够收复马来亚半岛和缅甸，丘吉尔就很知足了。但是，丘吉尔的参谋长们却不同意，他们甚至试图通过集体辞职对丘吉尔施加压力。这些人认为，英国有必要抵消美国日益增长的国际威望，他们还担心英联邦国家的海军将会受到美国人的控制。当日本人1942年进攻澳大利亚时，作为盟国新成员，澳大利亚曾经请求美军出兵相助，同时还希望英国皇家海军返回太平洋保卫自己。据英国皇家海军官兵回忆，他们更希望前往开普敦(严格来讲是西蒙斯顿海军基地)而非澳大利亚，因为那里的人更友善。南非距离英国本土距离太远，英国舰队只有往返太平洋时才在南非做短暂停留。事实上，英国太平洋舰队中的澳大利亚战舰比较少，因为它们之中的许多舰只在美国海军舰队中服役。当然，也有很多美国人赞成英军参谋长们的想法，因为他们认为，既然美国人协助英国人打败了德国人，现在该轮到英国人帮助美国人打败他们共同的敌人——日本人。在联手打败纳粹德国的战争中，美英飞机曾经从英国基地起飞大规模攻击德国，现在轮到日本人品尝被英美联手打击的滋味了。

美英两国在第二次世界大战之中的这种联手作战为战后合作奠定了坚实的基础，也为北大西洋公约组织和不太成功的东南亚条约组织、巴格达条约组织铺平了道路，在上述几个组织里，美国和英国均涉足其中。

"卓越"号航母返回太平洋

为了重返太平洋战场，英国皇家海军提前将美国海军"萨拉托加"号航母编入其东方舰队，以便熟悉和掌握美国海军的作战手法。此外，英国东方舰队和美国第5舰队通常在不同战区独立作战，从而尽量减少通信和协同上的麻烦。当然，两军之间必然会有接触，但通过分工在很大程度上解决了这一矛盾。不过，英军舰队的到来还是给作战带来了很大改变，其中最重要的一点就是，两国海军航空母舰上的着舰引导员和降落信号有着很大的不同，有时候，同一个标志对于两国海军来说，甚至表达完全相反的意思。不过，英国皇家海军还是主动采用了美国海军的信号，因为后者这时候已经变得更加强大。

事实上，美英两国海军的关系很好。据说，美国海军军官曾经跟英国皇家海军辅助船队指挥官道格拉斯·费希尔少将说过，"想要什么，尽管开口，不必请示金上将，就可以满足你们。"之所以如此，也许是因为英舰军官舱室里的白酒增进了双方的感情。据说英国皇家海军有一艘专门运酒的船只，但舰队花名册上并没有记载。唯一一艘符合条件的可能是皇家海军淡水补给船"雄鹿"号，但这艘船是用来提供淡水的，辅助船队中有好几艘诸如此类的给水船。不过，这个名字总让人联想到一潭死水，或者想到一只雄鹿正大口大口地饮用着一池清澈见底的泉水！

毫无疑问，两国海军之间也存在竞争，他们时而像朋友，时而像对手。例如，金上将反对在太平洋战场上与皇家海军合作，但他的主张却被美国总统富兰克林·罗斯福非常轻松地否决了。据说，曾有一名美国海军军官应邀在英国军舰指挥舱用餐时，对英国同行的酒柜赞不绝口，想请对方的工匠到自己的船上建造一个同样的酒柜。英国人非常愉快地答应了，但开玩笑地问了一句，"那你打算在酒柜上面写点什么呢？"这是因为，英国的酒柜上方刻有"上帝保护国王"几个字。"那就刻上'该死的约瑟夫斯·丹尼尔斯'吧"，美国军官这样回答。丹尼尔斯是 1914 年的美国海军部长，相当于英国第一海务大臣的角色，是他赶在美国政府 20 世纪 20 年代全面推行禁酒令之前，首先在美国海军之中推行这项禁令的。后来，当美国全国都已经废除这道禁令之后，美国海军仍在继续禁酒。

英国海军东方舰队最终研究决定，"卓越"号和"萨拉托加"号航母将共同出动舰载机袭击沙璜，这是英国皇家海军航空兵在太平洋战场上发起的第一次大规模空袭，正好又和美国第 5 舰队保持了一定的距离。沙璜这一目标非常重要且极具价值，它是苏门答腊岛最北端的一个离岛，上面有很多重要的港湾设备和机场。

为了准备此次作战，英国海军航空兵部队终于拥有了梦寐以求的强大战机——F4U"海盗"战斗轰炸机。"海盗"战机是第一种平飞时速超过400英里的飞机，每架可携带2枚500磅的炸弹。当然，并非所有人都喜欢这种单翼飞机，有人赞美它是"第二次世界大战中最优秀的战机"，也有人骂它是"康涅狄格的杂种"。"海盗"战机的最大缺点就是机体太大，并因此曾被美国海军所拒收，这就是为什么英国皇家海军可以拥有如此多"海盗"战机的原因。该型机吸取在欧洲战场上的教训，为了装载重型武器，驾驶舱后移了3英尺，却限制了驾驶员的视野，尤其是在甲板上降落的关键时刻。不过，机首很长，也很坚固，可以很好地保护驾驶员。此外，还有保险措施，如果液压系统出现故障，起落架和尾钩自动放下，飞机就可着。如果出现突发状况，可以用二氧化碳设置打开起落架。此外，英国皇家海军还发现不仅只有驾驶舱设计得很合理，就连维修工作也大大简化了，压缩了维修人员的工作时间，"同时期的英国飞机驾驶舱肯定是清洁工设计的"，一名英国驾驶员在进行对比之后这样抱怨道。

"在当时，这可真是个大家伙"，"卓越"号上的皇家海军预备役飞行员诺曼·汉森回忆道，"驾驶舱和螺旋桨之间的机身很长，再加上舱座低，发动机罩设计不够合理（这两项都经过改良，在'飓风'MK II型战机的基础上大大改进），飞机在起飞和降落时能见度很差。"

不可否认的是，"海盗"战机自身也有许多的优点，其中之一就是喷射化油器的应用，即使飞机爬升到最高飞高时，发动机也不会发生停车，而普通化油器的飞机则有这一毛病，在紧急关头甚至会摧毁一名驾驶员的信心。一架"海盗"战机经济飞行的耗油大约60加仑，战斗飞行的油耗100加仑。

1944年4月19日清晨，英军对沙璜进行了首次袭击，"卓越"号航母舰载机于6时50分起飞，13架"海盗"掩护17架"梭鱼"鱼雷轰炸机，前去执行任务。在太平洋战场上，"海盗"战机一直服役到战争结束，而"梭鱼"鱼雷轰炸机虽在欧洲战场上取得骄人成绩，但在亚洲战场，没多久就离开了东方舰队。

"初到敌人上空，我看到一个翠绿怡人的岛沐浴在清晨的阳光中，"汉森回忆道，"一切都那么迷人，红色的花在一片绿色海洋中绽放，我简直要窒息……

我担心会有人破坏这美景，一把火烧掉这人间天堂。我们'海盗'领先于'梭鱼'战机俯冲下去，炸掉仓库，烧掉码头，突然发现已经毫发无伤地来到港湾尽头。我们还是新手，还不知道什么叫目标，就像女学生一样到处瞎逛，任凭'梭鱼'轰炸机处置。他们极其漂亮地轰炸了避风港和炼油厂……我们扫兴而归，因为到了敌人地盘却没有带回任何荣耀。"

如果日本人防御森严的话，"海盗"战机低空飞行将会非常危险，只能白白浪费军火，而"梭鱼"轰炸机也会不堪一击。这一阶段的战术有待完善，战略也需要调整，毕竟盟军对于沙璜重视不够，使得日军有机会挽回损失。

正如后来发生的那样，英国几艘战舰姗姗来迟地来到远东，1944年下半年，皇家海军在这第一次世界大战区相对比较清闲。8月24日，英军舰载机从"胜利"号和"无畏"号航母上起飞，袭击巴东以及苏门答腊岛，接着对沙璜发动攻击。接下来的一次重大行动发生在10月17日到19日，从"卓越"号、"胜利"号和"无畏"号航母上起飞的飞机袭击了尼科巴群岛和缅甸沿岸的印度领土。随后，12月份的一天，虽然天气状况不是太好，56架战斗机、28架"复仇"者鱼雷轰炸机、16架"泼妇"和12架"海盗"式战斗机仍然对炼油厂发起了猛烈攻击，这次的目标是苏门答腊岛东北部的庞卡－南布郎丹，位于马六甲海峡8英里处。战斗打得非常激烈，但和更靠东方的战场相比还是稍逊一等。

英国太平洋舰队决定将其主要基地设在澳大利亚悉尼，这是一处天然的避风港。澳大利亚皇家空军在附近的瑙拉也有基地，当英军航母在悉尼时，这里恰好成为海军航空兵部队飞机的航空站。战后，瑙拉成为澳大利亚皇家海军航空兵部队的总部。除了瑙拉外，航空兵部队还建立了很多"机动空军基地"，随着战争越来越逼近日本本岛，东方舰队在远东地区建立了多处的海军航空站。

英国太平洋舰队

日军空袭锡兰后，自1942年4月起，英国皇家海军在印度洋的主要基地只剩下肯尼亚蒙巴萨附近的马林迪。此时，大西洋战争仍在激烈进行，要想保护从大西洋到比斯开湾以及苏联北极港口摩尔曼斯克的护航运输队，英国皇家海军着实有点捉襟见肘。地中海被轴心国空军一分为二，英国皇家海军地中海舰队以亚历山大为基地，H分舰队则以直布罗陀海峡为基地，两支舰队不得不独立作战，二者只有突破德军对于马耳他的长久围困，才能够合二为一。这时，澳大利亚皇家海军和新西兰皇家海军经常参与美国海军的作战行动，他们要么编入第3舰队作战，要么编入第5舰队听从调遣，有时也和麦克阿瑟的西南太平洋司令部一起执行任务。

尽管美国海军可以单独打退日军，但英国海军太平洋舰队也发挥了不可或缺的重要作用，例如保护第3或第5舰队的侧翼，打击日本空军的增援部队。

随着《租借法案》的实施，美国为英国提供了大量的物资和培训，英国皇家海军航空兵部队通过培训受益匪浅。起初，英国皇家空军负责为海军航空兵培训飞行员，但随着战争日益激烈，飞行员的需求日趋紧张，甚至供不应求。英国皇家空军很难找到闲置的场地、飞机和教练员，到了最后，每架原本应当配备2名飞行员的轰炸机通常只配备1名飞行员。

为了解决这一问题，美国海军提出"托尔斯计划"，以美国海军少将托尔斯命名。根据计划，英国飞行学员和美国飞行员一起在佛罗里达州彭萨科拉空旷的空军基地一起培训。一旦考试合格，这些英国学院就将进入设在加拿大的皇家空军站，然后由海军航空兵部门按照皇家海军的方法对其进行实战培训。

随着英国皇家海军"卓越"号航母和美国海军"萨拉托加"号航母在苏门答腊岛实施联合作战，终于拉开了皇家海军大规模介入太平洋战争的序幕。接下来，英国东方舰队不断发展壮大，来自不同航母上的飞机经过编队演习后，很快就可以对荷属东印度群岛上的炼油厂单独发动大规模空袭。

总体而言，英国太平洋舰队是皇家海军中力量最强、最均衡、补给最充足的部队，虽然实力远远落后于美国海军，它却把与美国海军并肩作战的澳大利亚皇家海军、新西兰皇家海军以及加拿大皇家海军整合起来。1944年11月22日，在使用美国海军相关基地的请求被正式拒绝后，英国把澳大利亚新南威尔士州的悉尼作为主要军事基地，航母舰载机的航空站设在瑙拉。在补充燃料方面，悉尼的距离太过遥远，英国人于是在阿德默勒尔蒂群岛的马努斯岛建立了前进基地，这个地方被英国官员曾评价为"长着棕榈树的斯卡珀湾"。与此同时，英国东方舰队被改编为英国东印度舰队，回撤到亭可马里。

起初，英国太平洋舰队曾经考虑将印度作为军事基地，却遭到长期被英国殖民的印度人的拒绝，虽然英国承诺战争一结束就允许印度独立，但后者仍不准许英国人这么干。这样一来，能够作为基地的只有澳大利亚，但这时候的澳大利亚全国仅有 700 万人口，英国太平洋舰队却打算招募 67.5 万人从事舰队训练、医疗救护和陆上设施等工作。澳大利亚的经济和人力资源本身就很紧张，这样一来，英国太平洋舰队的兵源只能从美国和澳大利亚军队中招募。当时，伦敦方面并不了解内情，至少是布鲁斯·弗雷泽海军上将不怎么知情，他在 1944 年 12 月 10 日访问悉尼时，错误地认为是澳大利亚人主动请求英国太平洋舰队前来相助的，因此会提供所需的资源。两天后，澳大利亚代总理弗兰克·福德宣布为英国太平洋舰队提供 21156500 英镑。紧接着在 1945 年 1 月，美国陆军上将麦克阿瑟同意将美国在澳大利亚的物资储备出借给英国太平洋舰队。即便如此，英国人犹嫌不足，很快地，澳大利亚就意识到英国太平洋舰队的贪得无厌，就连澳大利亚军方领导人都开始抱怨。1945 年 4 月，英澳之间因海军资产问题的矛盾日趋激化，弗雷泽公开批评澳大利亚政府处置不当，又引发了一场外交冲突。最终，澳大利亚同意补偿英国太平洋舰队 6562500 英镑，但弗雷泽仍然不太满意。

随着战争的进行，英国太平洋舰队不断发展壮大，舰只也不断更新换代。到第二次世界大战结束时，它已拥有 4 艘战列舰、18 艘航母和 300 架舰载机、11 艘巡洋舰以及一些小型军舰，例如驱逐舰、炮艇、潜艇等，还有一些补给船，例如潜艇补给船、驱逐舰母船、维修船、医疗船、油船、物资船和给水船。

毫无疑问，英国皇家海军在太平洋战场上的准备很不充分。美国海军却不一样，很多海军军官都是飞行员，金上将就是其中一位。其实在美国，国会要求所有航母指挥官必须会驾驶飞机，从而确保他们不但拥有丰富的航空作战经验，还能够了解和处理航母作战可能出现的任何问题。和美国海军相比，英国战舰在世界各地的殖民地和自治领拥有很多的补给站，可以廉价地买到燃料、水和食物。

不过，英国皇家海军辅助舰队的历史虽然可以追溯到 19 世纪末，但在诸如海上燃料补给等问题上，皇家海军仍有许多需要改进之处。

简而言之，习惯了岸基燃料和物资补给的英国皇家海军，突然离开岸上基地实施远海大规模作战，的确有点不太适应。如今，大英帝国的势力范围有一大半落在日本人手中。开始，英国舰队中只有 3 艘油轮，后来增加到 5 艘。当美国人广泛采用船体垂直方式添加燃料时，英国人还在使用先前的土方法——从船尾位置补给燃料，一次只能给一艘船加油，这也影响到了站台维修工作。

在英国的战舰上，来自美国的战地记者戴维·迪瓦恩汇写道："我来自美国海军'列克星敦'号航母，我在那里生活了很久，即使风力达到六级，也可以给航母补给燃料，只要海水不涨潮，美国的油船就能够正常作业……在那样的天气条件下，油船的两边都可以加油，只需要 20 分钟就能完成。相反，为了给"英王乔治五世"号战列舰加油，我们费尽了周折，用了一个半小时才抓到一条油泵管，而且还一直摇摆不定……"

客观地讲，战争期间，无论是北大西洋海域的苏联护航运输队，还是地中海上的英国护航运输队，即使采取垂直龙骨的方式补给燃油，也无异于给敌人提供了一个移动的靶子。因此，面对英国皇家海军的困局，美国海军的后勤官员们予以充分的谅解，尤其当英国人将马努斯岛改为前进基地和军舰停泊地的时候，美国人大力支持。当然，英国舰队还需在其他方面进行一些改变，英军飞机的标志已经由第一次世界大战时期的红、白、蓝色圆形变成红圆圈外加一层蓝圈。不过，为了与日舰的标志进行区别，英军舰载机标志又进行了修改，外圈用深蓝色，里圈用淡蓝色。

东方舰队

英国皇家海军太平洋舰队第一任司令官是海军上将布鲁斯·弗雷泽爵士，他同时也是东方舰队司令官。但是，弗雷泽刚一上任就遭遇败绩，他的旗舰在亭可马里遭到日军攻击，不得不将舰旗转移到"毒蜘蛛"号炮艇之上，这也许是所有旗舰中最小的一艘。幸运的是，弗雷泽很快就把旗舰转移到了"豪"号战列舰上，那里更适宜这位海军上将发号施令。

需要特别提及的是，在讲到"英国"的时候，最好用"大英帝国"来代替，因为不但英国皇家海军的军舰来自4个自治领——澳大利亚、加拿大、新西兰、南非，就连海军人员也是如此，例如，很多海军飞行员来自新西兰。

接下来，东方舰队的指挥权从弗雷泽手里移交给海军中将伯纳德·罗林斯，海军少将菲利普·维安则负责指挥航母兵力。根据美国海军第3和第5舰队作战编组的不同，英国太平洋舰队相应编为第37或第57特混编队，其辅助船和补给舰组成第113特混编队。

就在英国太平洋舰队形成战斗力之前，海军中将查尔斯·丹尼尔奉命前去与美国海军商谈新舰队的物资和支援事宜。紧接着，他又来到澳大利亚接任英国太平洋舰队行政事务主管的职务。这听起来是个清闲的差事，但却有人这样评论：

"和作战部队相比，这项工作不是太起眼，但在整个战争期间，这却是分配给一个英国海军上将的最艰巨的任务！"

早在战争爆发前，美国海军就拥有了一支囊括所有船型的辅助船队，足以应对在全球海域的快速作战，并能在海、陆、空战场上对敌人构成持续威胁。在战场快速加油和补给方面，美国海军在全世界遥遥领先。相比而言，英国皇家海军需要组建一支辅助舰队，不管是从自身舰队中寻找，还是从皇家辅助舰队中挑选，或是从船舶公司购买。1944年2月，第一海务大臣、海军上将安德鲁·坎宁安伯爵向英国战时内阁提议，英国太平洋舰队要想在菲律宾海域作战或那里建立基地，至少需要91艘辅助船。结果直到3月份，他主张的事情一件也没有实现。等英国太平洋舰队组建完毕时，主战场已经向北转移，金上将不愿让皇家海军在那里建立军事基地。短短几周内，英国太平洋舰队所需的辅助船数量已经从91艘军舰增加到了158艘。这种情况实际上延缓了太平洋舰队的组建步伐。当时，英国人面临的一个严重问题就是战争损失，运输船极其缺乏。还有一些船只来自被德国占领的国家，例如挪威、荷兰，它们提前逃到英国港口，并被征用。最终，英国政府不得不在太平洋舰队和国民的生存需求中间寻找平衡点，确保本土也能够获取足够的燃料和原材料。

英国战舰也存在着诸多问题，一些在其他战区比较适用的战舰，在太平洋战区作战时则显得异常笨拙。例如，英国战舰的淡水净化能力非常有限，食物存储量和冷藏量、燃料储备量都只有美国战舰的三分之一。还有，英国的潜艇艇员经常留着大络腮胡子，甚至成为被皇家海军认可的做法，这主要是因为潜艇上缺少淡水。相比之下，美国潜艇艇员的脸上十分干净，很少胡子拉碴的。美军飞机，例如"海盗"战斗机，必须折叠机翼才能进入英舰上的机库，而英国"海火"战斗机也需在机翼上进行改造，才能适应航母起降作战。

总之，倘若没有后来北约组织统一各种武器装备的标准规格，盟国之间很难达成协同作战的目标，就连无线电和氧气面罩的规格都是五花八门。

巨港

英国太平洋舰队原计划 1945 年 1 月进入澳大利亚海域，但实际情况并没有这么乐观。起初，大家满心欢喜地等待主力舰队的到来，但到了月底后逐渐灰心丧气起来。这是因为，英军指挥层决定在前往悉尼的途中，"卓越"号航母将对巨港发起进攻，因为那里是苏门答腊岛东部大型炼油厂所在地。事实上，这是英国海军部经过深思熟虑后所做的决定，当时有很多高级官员认为，此时无论是海军航空兵的经验还是装备，都不能胜任这一任务。

轰炸巨港并非易事。英军飞机必须在敌方领空上方飞行 150 英里才能到达，途中需要经过大片山脉和热带丛林，飞机一旦遇险，机组人员就很难跳伞，更不要说迫降了。同时，这一区域还部署了大量的日军战斗机，有着许多飞行训练基地，日军航母上退下来的飞行员在这里负责训练飞行学员。另一方面，巨港是一个非常重要的目标，那里有着布拉朱和双溪格朗两大炼油厂。此前，在美国海军潜艇部队的屡次攻击之下，确保石油补给就成为日军当下亟待解决的重要问题，这样一来，袭击巨港更具诱惑力。

1944 年 11 月，英国皇家海军在锡兰集结起了 4 艘装甲航母组成的大型编队，由海军少将菲利普·维安伯爵指挥。这些航母分别是"卓越"号、"胜利"号、"不倦"号和旗舰"无畏"号。这一时期，舰载机都有了大幅改进，"梭鱼"鱼雷轰炸机由于表现不佳，被更具威力的"复仇"鱼雷轰炸机代替，"泼妇"是舰队主力战斗机，"海盗"鱼雷轰炸机仍旧在列。新加入了"萤火虫"战斗轰炸机，这是费尔雷公司的最新产品，替换了在地中海战场上威力很大、速度很快的"管鼻鹱"式战斗机。

1944年12月，英军舰队曾经突袭苏门答腊岛，但因为天气恶劣，致使航空作战和无线电通信都遭遇诸多问题。有鉴于此，在袭击巨港之前，英国皇家海军决定进行一次模拟演习。

就在演习开始之前，1945年1月4日，英军飞机从"卓越"号、"胜利"号、"不倦"号和"无畏"号航母上起飞，前往袭击苏门答腊岛东北部的炼油厂，此举旨在对日军的石油补给线造成压力。

1月13日，英国航母穿过印度洋抵达锡兰东部，开始进行为期1天的袭击巨港的实战演习。英国皇家海军舰载机从航母上起飞，对科伦坡和亭可马里进行多轮轰炸演练。与此同时，作为演习的对抗一方，驻锡兰的英国皇家空军则奉命起飞进行拦截，"战斗"进行得异常激烈。每架飞机都至少进行了三轮攻击，有的甚至达到四轮，空中剧烈混战，居然没有发生飞机相撞事故，实在堪称奇迹。不幸的是，在高强度的密集轰炸训练中，飞行员们越来越疲惫，这给接下来的舰载机着舰造成了极大隐患。

下午3时30分，4艘航母掉头前往中国湾海域。4时30分，"海盗"战斗机飞行员诺曼·汉森准备驾机在"卓越"号上降落。然而，就在等待降落时，他惊恐地发现平素降落都很稳当的格拉汉姆中尉这次有点慌乱，飞机没有钩住拦阻索，撞到防撞隔离墩上，副油罐脱落向前滑出，结果被螺旋桨一劈两半。紧接着就着火燃烧，火借风势，烧过飞行甲板直到船尾。好在格拉汉姆没有受伤，他从驾驶舱爬了出来，站在机翼上，似乎想要往前跳，但很快改变主意，往机尾跑去，没想到却四脚朝天跌到燃烧着的汽油上。火势更猛了，他爬起来，跌跌撞撞向船尾跑去，被甲板工作人员看到后，赶紧用毛毯裹住送往急救点。航母进入避风港时他还活着，但烧伤很严重。然而，就在医护人员把他送到医疗船上时，已经死了。

可想而知，这一幕对于还未降落的飞行员们的打击会有多大。当时，至少还有 9 人没有着舰，他们必须等大火扑灭后才能降落。此时，飞机燃料即将耗尽，汉森请示航母上的舰载机引导员，希望剩余飞机能够降落在中国湾航空站，在那里补充燃料，等候下一步指示。最终，他们的请求被批准，但麻烦却没有结束。降落后，他们意外发现岸上的储油罐里进了大量雨水，不得不用麂皮管加油，这是一个令人煎熬的过程。当他们躺在飞机旁的草坪上抽烟时，传令兵赶到，让他们迅速返回"卓越"号。汉森送走了已经加满燃油的飞机，最后轮到了自己和另外一名飞行员——罗杰斯海军少尉。罗杰斯领先汉森一刻钟起飞，最后才是汉森自己。在靠近航母时，他看到左舷船尾处溅起了很高的浪花，但他并没有多想，以为是"复仇者"鱼雷轰炸机特意丢下的深水炸弹。最后，他成功降落，从飞机上走下来，飞行引导员在舰桥上示意他过来。

"汉森，还有几架飞机？"

"没了，先生，我是最后一架。"

"罗杰斯呢？"

"刚走了——哦，比我早走 10 分钟或 15 分钟吧，先生。"

"那就是他了。"

"怎么了，先生？"

"他完了，降落时掉海里了。"

原来，刚才汉森看到的飞溅的海水就是罗杰斯的飞机坠落时激起的，由于缺乏训练，英国皇家海军太平洋舰队一小时内损失了 2 名驾驶员。

终于等到了袭击巨港的这一天。1945 年 1 月 24 日早上 6 时，天空灰蒙蒙的，海上狂风大作，大雨倾盆，汉森坐在"海盗"战斗机的机舱里，他的飞机和其他飞机一道停在飞行甲板上，整装待发。飞行指挥官下令，"战斗机起飞！"

"海盗"战斗机驾驶员按下按钮，发动机转动起来，轰鸣作响，"卓越"号航母转向右舷，顶着狂风行驶。是时候出发了，短短 5 分钟内，战斗机、战斗轰炸机以及轰炸机相继升空。这是继 1 月 4 日袭击苏门答腊岛之后，皇家海军发起的第二次大规模空袭。英国太平洋舰队向苏门答腊岛西部的恩加诺岛开去。升空的飞机主要来自"胜利"号和"不倦"号航母，共有 43 架"复仇者"轰炸机，每架携带 2000 磅炸弹，有一架战斗机为 16 架"海盗"鱼雷轰炸机进行高空掩护，在中空掩护的是 16 架"泼妇"战斗机和 8 架"海盗"战斗机，在主力部队前面护航的是 16 架"萤火虫"战斗机，汉森率领的 8 架"海盗"鱼雷轰炸机在后面掩护。共计 103 架飞机参战，以现在的标准来看，队伍还不够庞大。

等飞机到达巡航高度时，3 架"复仇者"出现了技术故障，不得不返回到"胜利"号航母。高度非常重要，在途中，飞机需穿越一座 10000 英尺高的山脊，飞行大约 200 英里。"复仇者"携带着沉重的炸弹缓慢飞行，战斗机在后面等得很着急，速度降到了 150 节。汉森认识到在飞行过程中，有可能被日军雷达发现，于是率领 8 架"海盗"鱼雷轰炸机赶到队伍前面，一旦遇到日军战斗机袭击，也不至于坐以待毙。当"复仇者"战斗机到达所需高度时，汉森吃惊地发现"萤火虫"战斗机不见了，只剩下为轰炸机作低空掩护的飞机。"萤火虫"本应该在前面担任开路任务，但这时，他不能打开无线电搜寻萤火虫的踪迹。事实上，一架担任领队的"萤火虫"飞机在起飞时遇到一些问题，但它们很快就追了上来。

在 13000 英尺的高空，飞机飞过茂密的丛林，穿过山岭，来到一片原野的上空。战斗机驾驶员睁大眼睛搜索着空中的日军战斗机，突然看到了一家大型炼油厂，足有一个小城镇那么大，就在他们的正前方。

担任高空掩护任务的战斗机发出雷达信号："方位，11 时 !!"

这时，"复仇者"轰炸机已经进入攻击阵位准备轰炸，战斗机盘旋着寻找日军的战斗机。汉森朝一架日军战斗机飞来开了火，虽然他并不知道自己是否击中敌机。接着又传来警告"方位，3 时！！"这一次，2 架日军战斗机疾驶而来，4 架"海盗"战斗机中的一架对准其中一架日机 6 开火，汉森驾驶战斗机朝另一架战斗机开来，他惊喜地发现日军战斗机已被击中，一片片的碎片正往下掉。这时，他们预感到己方的"萤火虫"战斗机可能出了事，这样一来，不仅增大了其余战斗机的压力，而且，其部分任务需由前方的"复仇者"来完成，它们还要打下系在目标领域的阻塞气球。尽管如此，他们还是参加了这次激烈的空中战斗。

"海盗"鱼雷轰炸机的飞行员忙于对付日本陆军航空队的中岛 Ki43 式和 Ki44 式战斗机，他们的努力并没有白费，成功地将日军战斗机从己方轰炸机编队的四周驱离。日军守备部队原本可以派出更多战斗机升空拦截，但由于遭到"海盗"飞机的狂轰滥炸，有 34 架飞机被直接摧毁在地面上。接下来，英军战机调转机头重组编队，准备返回航母，身后，浓厚的黑烟滚滚升腾，有效地隐蔽了自身——这些轰炸机确实打了一场漂亮仗。英军突击机群撤退时，日军战斗机在后面穷追不舍。很快，他们到达己方舰队的上空，4 艘航母早已列好队形准备回收这些飞机，2 艘战列舰在一旁警戒。

在抵达巨港上空轰炸的英军飞机中，损失了 6 架"海盗"鱼雷轰炸机、2 架"复仇者"和 1 架"泼妇"战斗机，这样的战绩，对于一个防守严密的袭击目标来说，已经是相当不错的结果了。英军原计划第二天对巨港发起第二轮袭击，但糟糕的天气再次捣乱，致使这次行动不得不往后推迟。那些日子，每到凌晨 1 时许，英军广播就会宣布行动再次推迟 24 小时。直到 1 月 29 日，这些舰载机才再次飞往居港上空。不过，英军中队指挥官并没有浪费被天气推迟的这些日子，他们利用这段时间对第一次军事行动做了深刻剖析。其中，官兵反映最强烈的一个问题是不应该仅让战斗机参与战斗，而应在中空空域提供更好的保护措施。同时，又强调了要在战斗打响前击落拦阻气球，这一点至关重要。另外，糟糕的无线电设备是另一个影响作战的重要因素。不过，虽然进行了深刻的剖析，但在第二次袭击中，仍有 2 架"复仇者"飞机的机翼因撞到弹幕气球锚索，导致机毁人亡。

对巨港的两轮袭击，英国皇家海军舰队航空兵总共损失了 41 架飞机，其中 16 架损失于空中格斗，11 架在舰队附近迫降，其中就包括汉森的飞机，另外 14 架在甲板降落过程中损毁。与之对应，据估计，至少有 38 架敌机在地面上被摧毁，另外 30 架在空中被击落。更重要的是，虽然巨港没有全部被毁，但至少在几个月内，其战备保障能力将受到严重的影响。

9

莱特湾
——最大规模的海战

与此同时，在大约3000英里以东的太平洋上，美国海军也在向日本本土快速推进。1944年3月30日到31日，美国海军中将米切尔派出航母攻击帕劳群岛上的几个日军机场，给日方造成重创，美军仅仅折损了25架飞机。4月22日，美军在新几内亚的霍兰迪亚登陆成功，这一次，米切尔再次为登陆部队提供空中掩护，并且袭击了日军几个机场。登陆行动具体由金凯德指挥的第7舰队负责掩护，拥有8艘护航航空母舰和5艘巡洋舰，将美军第24和41步兵师成功输送上岸。一周后，这些美军航母又袭击了特鲁克群岛，以26架飞机的代价，击毁日军飞机90架。后续登陆行动在5月17日发起，地点是瓦克德，这是新几内亚北边一个小岛。驻岛日军抵抗很弱，美军占领该岛后建起一个机场。10天后，美军第41步兵师又攻击了新几内亚湾西海岸稍远的一个岛屿——比亚克岛，这次遇到了比较顽强的抵抗，因而用了1个月才攻克该岛。在此期间，并非所有的战斗都在空中进行。1944年5月19日至31日，美国海军"英格兰"号驱逐舰仅用12天就击沉了6艘日军潜艇，创下迄今为止单艘驱逐舰作战的最佳纪录。

6月11日至17日，米切尔为了备战马里亚纳群岛，把麾下的第58特混舰队分成4个大队，旨在摧毁日军的岸基飞机。日军也曾计划组织反击，但最终惨遭失败。其中，6月15至16日，美军派出2个航母战斗群袭击小笠原群岛，旨在挫败日本增援马里亚纳群岛的企图。日军虽然在空中组织了猛烈反扑，仍被美军第58特混舰队击落了300架飞机，美军损失飞机22架。

6月15日，在海军中将泰纳指挥的第52特混舰队的支援下，美国海军陆战队中将H.M.史密斯指挥部队在马里亚纳群岛南端塞班岛登陆，具体登陆的是第2和第4海军陆战师，第27步兵师担任预备队。美军登陆部队由550艘舰船组成，8 艘搭载 170 架飞机的护航航空母舰负责掩护，另有 4 艘护航航空母舰担任预备队。与此同时，美国海军战列舰"田纳西"号、"加利福尼亚"号、"马里兰"号、"科罗拉多"号、"宾夕法尼亚"号和"爱达荷"号等也参加作战，为其护航的是 11 艘巡洋舰和 50 艘驱逐舰。美军曾认为日军在水下部署有阻挠登陆的障碍物，因此派出潜水员下水探摸，但没有任何发现。然而，驻守塞班岛的是 22700 人的日本陆军和 6700 名海军人员，这些军人具有顽强的抵抗力，因为他们确信日本帝国海军必将前来救援，而最终的结果的确如此。这样一来，最终导致了 6 月 19 日到 20 日发生在太平洋战争期间的一场著名海战——菲律宾海海战，也即美国人所熟知的"马里亚纳射火鸡大赛"。

"马里亚纳射火鸡大赛"

交战双方是美国海军上将雷蒙德·斯普鲁恩斯指挥的第 5 舰队和日本海军中将小泽治三郎指挥的日本联合舰队。在斯普鲁恩斯的麾下，有着米切尔指挥的第 58 特混舰队的 890 架飞机，配备航空母舰"大黄蜂"号、"约克城"号、"邦克山"号、"企业"号、"黄蜂"号、"列克星敦"号、"埃塞克斯"号以及轻型航空母舰"卡伯特"号、"考彭斯"号、"贝洛伍德"号、"兰利"号、"巴塔安"号、"蒙特瑞"号和"普林斯顿"号，担任支援的有战列舰"爱荷华"号、"新泽西"号、"华盛顿"号、"北卡罗来纳"号、"南达科他"号和"印第安纳"号，此外还有 8 艘重巡洋舰、3 艘轻巡洋舰以及 67 艘驱逐舰。

事实上，战争发展到这一阶段，日军整体实力已经无法与美军相匹敌，尽管小泽治三郎麾下的航母实力远超日军偷袭珍珠港时的力量。这次日军出动的航母有"大凤"号、"翔鹤"号、"瑞鹤"号、"隼鹰"号和"飞鹰"号，以及轻型航母"瑞凤"号、"千岁"号、"千代田"号等，但所有舰载机仅有 430 架，担任护航的战列舰有"大和"号、"武藏"号、"榛名"号、"金刚"号和"长门"号，另有 11 艘重巡洋舰、2 艘轻巡洋舰和 28 艘驱逐舰。

1944 年 4 月，在中太平洋海域作战的日本海军飞行员已不足 100 人，这一点也许最能说明日本帝国海军江河日下的处境。造成这一点，不仅仅在于美军战斗机对其的杀伤，还有一个原因就是疾病，尤其以疟疾为甚。当500名新飞行员和500名无线电操作员从培训学校毕业时，他们接受的培训仍然很不完善，而且缺乏作战经验。这批新兵被派到小泽治三郎中将麾下继续接受培训，不过，小泽治三郎手上的机场和航母数量这时候也越来越少。他的航空母舰驻扎在苏禄群岛中的塔维塔维岛上，但很少出海，因为害怕受到美军潜艇的袭击。3月7日，随着新航母"大凤"号的完工，日军还有9艘航母，不过，"翔鹤"号和"瑞鹤"号均遭重创，亟需整修。就发挥的作战能力而言，这些航空母舰充其量算得上是轻型航母，有些甚至就是护航航空母舰。

不过，驻马里亚纳群岛的日本部队坚信帝国海军将会增援他们，他们这种想法是正确的，因为日军正计划使用航母和岸基飞机发起一次强力反击。在正式交战之前，小泽治三郎把他的舰队调至菲律宾群岛东部，准备救助塞班岛。当时美军则驻扎在马里亚纳群岛西侧，掩护在那里登陆的舰队。根据小泽的计划，将美军第5舰队引诱到日本海军航母和驻马里亚纳群岛日本陆军飞行队基地之间，进而对美军发起两面夹击。小泽做了精心的打算，首先起飞舰载机袭击美军，然后在关岛和罗塔岛降落进行燃料补给，并重新装填弹药，然后在返回航母的途中，对美军发起第二波攻击——事实上，这种作战方案就是欧洲空战期间著名的"穿梭轰炸"的短程版。小泽把手下的航母舰队分为两队，A队由自己领导，旗下有"大凤"号、"翔鹤"号和"瑞鹤"号航母，共有207架飞机；B队由栗田带领，旗下有"隼鹰"号、"飞鹰"号和"瑞凤"号航母，舰上有135架飞机，并有"千岁"号、"千代田"号、"瑞凤"号航母和88架飞机做先锋部队。

双方海军都派出潜艇进入菲律宾海，但只有美军潜艇发现并对日舰发起攻击。此外，这些潜艇还进行了大量的侦察活动。6月18日下午，日军侦察机首先发现美军航母，但此时的米切尔仍未获知日军航母的准确位置。

翌日早晨，米切尔意识到自己舰队此时很容易遭到日军攻击，于是命令所有战斗机做好准备——或做好空中战斗巡逻准备，或在甲板上列队随时准备起飞。直到10点，驻关岛日军飞机发起首次袭击，日军航母也派出更多的飞机前来增援。

在激烈的空战中，袭击美国第5舰队的69架日军飞机只有24架生还。日军下一波袭击出动了130架飞机，其中98架被击落。然后，日军又发起4轮舰载机攻击，但米切尔早已料到日军来袭，他已经在舰前50英里处部署了战斗机。结果，日军再次遭受严重损失，那些侥幸避过战斗机攻击的飞机，也被航母的防空炮火击中。只有大约20架飞机得以击中美军"南达科他"号、"黄蜂"号和"邦克山"号航母，但这些航母伤势都不算重，均能继续作战。美军其他战舰，包括"印第安纳"号战列舰和1艘巡洋舰，都险些被击中。激战持续了5个小时，然而，在每一轮轰炸中，日军飞机还没抵达美军航母，就被美军舰载战斗机成功击退。那些好不容易逃回关岛基地的日军飞机刚一降落，往往被美军战斗机击毁。在当时，战机很容易被炸毁。小泽一直把关岛看做一艘永不沉没的航母，因为岛上布满了飞机场。它可能永远不会沉没，但它缺乏航母在海上作战的机动性。此外，此次作战之后，日军很多飞行员战死，越来越多的飞行员缺乏作战经验。

美军潜艇发现日军航母

就在美军飞机袭击关岛日军机场的同时，日军航母也遭到了来自水下的攻击。9时11分，日军飞机起飞后，美军"金枪鱼"号潜艇用鱼雷袭击了"大凤"号航母，这也是小泽的旗舰。由于该艘航母一条输油管道断裂，散发出的航空燃料气体迅速弥漫。6小时后，航空燃料发生爆炸，"大凤"号被炸毁，一半的舰员丧命。3小时后，大约12时20分，美军另一艘潜艇"鲹鱼"号对准日军"翔鹤"号航母发射3条鱼雷，"翔鹤"号和"瑞鹤"号一样，都曾是日本海军的骄傲。3小时后，由于航空燃料爆炸，该航母也发生爆炸并沉没。对于日军来说，更加雪上加霜的是在整个下午，日军只有100架飞机返回航母之上。鉴于这种情况，小泽不得不把旗舰转移到"长良"号巡洋舰上。

美军充分发挥了航母舰载机的作用，轮番派出其300架"泼妇"战斗机，为其舰队提供持续有效的空中掩护，并能随时随地根据需要迅速提供增援。有一次，"亚拉巴马"号战列舰上传来日军来袭的警报，米切尔非常警戒，一下子就派出了 200 架飞机升空作战。

布奇·沃利斯是一位战斗轰炸机飞行员，据他回忆："得知将有大批日军飞机进驻关岛后，我们立即调集了一半准备就绪的战机前往关岛，赶在他们到达我方舰队之前进行拦截并予以歼灭。这样，我们发起了第一轮袭击……摧毁了很多正准备降落的或在地面上重新装填弹药和添加燃料的飞机。我正好是第二波袭击的飞行员……我想我当时离关岛有 225 英里。"

布奇驾驶的飞机刚刚爬升至 20000 英尺高度，突然，他所在的机群接到紧急后撤的命令——此举意味着美军舰队可能将遭到日军的猛烈空袭。

"毫无疑问，这是一轮大规模的空袭。我想，日军当时大约派出两三百架战斗机、俯冲轰炸机和鱼雷轰炸机，企图对我方航母编队进行一次空前猛烈的袭击。他们当时的飞行高度很高……在 25000 到 30000 英尺之间，在当时，这一高度相比较我方正常飞行高度来说，实在是太高。我们迅速爬升，对其实施拦截……我们看到他们正飞过来……他们已经开始俯冲加速……我记得我方战斗机十字交叉飞在俯冲轰炸机和鱼雷攻击机的下面，我们听见了爆炸声，我们开足马力飞到他们正上方和他们缠斗了 100 多英里，我们开始猛烈开火，几乎百发百中，把他们打得落花流水，等他们飞完最后 100 英里路程，终于接近我方特混舰队时，仅剩下不到 12 架飞机了……"

在攻击海上航母的战术方面，日军和美军几乎毫无区别。这一点毫不奇怪，因为机型的性质决定了攻击任务应该以何种方式执行。鱼雷攻击机从低空发起攻击，飞行高度不超过 200 英尺。俯冲轰炸机则在中空作战，以便随时对选定的攻击目标发起俯冲。在最上层的是战斗机，担任护航和攻击任务。据沃利斯回忆，为了拦截日军攻击机群，他们不仅要攻击日军的战斗机，同时也不能忘记摧毁敌人的轰炸机和鱼雷机。

"一路打过来，我们必须突破日军战斗机的屏障，才能够追上日军攻击机群的主力我无法突破日军战斗机群……当时，我被一架日军战斗机'咬'住了，一时之间无法摆脱……事实上，在终于干掉最后一架敌军战斗机时，我们已经进入了我方防空射程中。"

在损失了四分之三的飞机和 2 艘最大型的航空母舰后，小泽别无选择，只能撤退。随着夜幕降临，日军舰队开始向西北方向撤退。米切尔意识到这是歼灭敌军的一次绝佳机会，决不能让它白白溜走。不过，这时候，美军大部分航母也已出现燃料不足的问题，米切尔巧妙地化解了这一问题，他把这些航母留下来对付驻关岛的日军空中力量，而派出海军上将克拉克率领 3 艘航母追击小泽。

追击敌军

6 月 20 日凌晨 5 时 30 分，美军第 58 特混舰队派出侦察机搜索日军舰队。尽管美军潜艇发出报告称已经发现日军舰队，但在浩瀚无际的太平洋上寻找敌军舰船，即使像航母这样的大型舰船，也无异于大海捞针，所以直到下午 15 时许，美军飞机才准确地探测到撤退日军的具体位置。这时候，小泽舰队距离追击他的美军航母舰队很远，几乎不在美军的攻击范围内。

布奇·沃利斯也是奉命前去搜索日军舰队的美军飞行员之一，他参加了第一轮的搜索行动，曾经一度飞离"大黄蜂"号航空母舰达 350 英里，然后又在一段十字交叉的航线上飞行 50 英里，才返回航母。为了执行搜索任务，他早在凌晨 2 时 30 分就已经起床，因此在 15 时，他正在铺位上打盹。在他看来，日军舰队已经逃之夭夭。不过，到了这时，他被一阵紧急的飞行集合铃声惊醒。如果听到这个信号，所有飞行员都必须立即到达自己的战斗岗位。他查看了电报记录，里面有一份报告，称日军舰队此时正在距离美军 225 英里、航向 330 度的位置。事实上，这个距离报告是错误的，日军其实在更远的地方。

米切尔的机会来了，他立即命令舰队对于溃逃的日军舰队发起攻击。那天下午，美军共派出 200 架飞机攻击日军航母，布奇驾驶的"泼妇"战斗机也是其中之一。他坐在飞机上，发动机轰鸣，随时准备起飞，他碰巧看到一个传令兵正拿着黑板站在风中，黑板上写着日军的最新位置是 350 英里。轮到沃利斯起飞了，他的飞机在甲板上滑行助跑，然后腾空而起，他一直在思考："我们如何能做到？"但是，沃利斯和每个人都清楚这是一次挫败日军野心的绝好机会。

美军飞行员竭尽全力节约燃料，花了整整 2 小时才飞抵日军舰队上空。在此期间，他们有足够的时间去思考如何在战区上空全力作战的情况下安全返航的问题。如果他们不能保存足够的燃料，那么十有八九将不得不在暗夜里迫降在海上，将获救的希望寄托在己方先头舰队的身上。这种想法一直萦绕在他们的脑海里，他们甚至无暇思考日军可能发起的反击。鱼雷轰炸机的飞行员和导航员都相信自己不可能再回到己方航母上，俯冲轰炸机驾驶员也认为作战形势非常严峻。战斗机飞行员则认为在混战中，只要不消耗太多的燃料，或者不进行缠斗，他们也许能够成功返航。但问题是这些战斗机上挂载有炸弹，增加了飞行重量，加之空气阻力，势必造成燃油的浪费。不过，对于美军飞行员来说，他们每个人都想亲自对日军航母发起攻击，即便他们几乎或完全没有轰炸经验。当他们盘旋在空中时，每个人的脑海里都在问一个问题：下面真的是敌军的准确位置吗？我们还会因为搜寻这个位置浪费燃料吗？

飞行在 18000 英尺的高空，阳光照射在飞机机身上，闪闪发光。沃利斯向前看去是一大堆的积云，在积云的下面，他看到了似乎正在调转航向的船舰。这正是日军舰队，他们正在迎风掉头，准备起飞战斗机。美军机群指挥官意识到日军可能发现了他们的行踪，于是中止了无线电静默，开始发布作战指令。

沃利斯回忆："我们维持飞行高度，避免撞见日军的'零'式战斗机，然后稍作盘旋后直接俯冲下去，因为那样可以增加准确度……不需要计算倾斜距离和攻击角度了……我看到下方升腾起一个个巨大的火球……一簇簇的紫色、绿色和薰衣草颜色……然后，我突然意识到，如果被其中任何一簇火球击中，我这辈子就完了……"

日军与美盟军队不同，他们的炮弹中填充了五彩缤纷的火药，这些色彩会分散美国飞行员的注意力，也会降低他们对敌军战斗力的准确判断，误认为日军的高射炮火不足为惧。对于缺乏轰炸日军航母经验的飞行员来说，日军战舰甲板上的不同标志又是一个容易产生错觉的地方。如今，日军舰队的生死高度依赖于防空炮火，因为此时小泽的手中，仅仅剩下 35 架战斗机可以使用了。

俯冲轰炸存在一个问题，那就是飞行员看不见他们投射的炸弹是否击中了目标。他们投射炸弹后，必须立刻扳起控制杆，为自己预留足够的高度，高于袭击目标，这样才能翻转机身，使机首朝上。俯冲的角度越倾斜，需要爬升越高，然后飞走——这对于经验不足的飞行员来说又是一个危险，特别是在越来越暗的光线中操作飞机。

在完成攻击任务后，美军飞机需要集结起来一起返回航空母舰。这是因为，战斗机需要鱼雷轰炸机和俯冲轰炸机上的导航员的引导。正当沃利斯驾机准备加入主力机群时，突然遭到一架"零"式战斗机的突袭，他调转机头准备将其击落时，编队指挥官却命令他赶紧加入编队。当然，美军飞行员对于这次战斗的印象之一就是日军战斗机的数量很少。有美国飞行员回忆说，日军战斗机在防御上也是非常松散，甚至各自为战。

在美军机群的正下方，日军"飞鹰"号航母损毁惨重，紧随第二次燃料爆炸，该舰在 2 小时之内沉没。与其一同沉没的，还有两艘弥足宝贵的油轮。另外几艘航母——"瑞鹤"号、"隼鹰"号、"瑞凤"号和"千代田"号损毁严重，"榛名"号战列舰和一艘巡洋舰也惨遭同样的命运。这次战斗中，只有 20 架美军飞机被击落。

美军机群调转方向开始返航，飞行高度保持在 7000 英尺，以便节省燃料。

在黑暗中，这些飞机的发动机发出低沉的轰响，飞行员们一个接一个地报告说，飞机没有燃油了，必须在海上紧急降落。最后，所有的鱼雷轰炸机都在水中迫降。接下来，轮到俯冲轰炸机了，他们全速飞完最后 100 英里，归航灯塔引导他们返回航母。但是，由于航母上正实行灯火管制，他们什么也看不清。后来，克拉克将军下令，打开探照灯，照射海洋，为飞行员们指路。

"我看到着陆信号平台上的三盏灯，"沃利斯回忆："我左转 180 度朝舰尾飞去，我刚刚接近，着陆信号官拿着 2 根信号棒，大约 3 英尺长，这是我唯一能看见的东西，我记得先是提示太高，接着提示可以了。然后，狂风巨浪冲来，航母在风中摇摆，旋转了 40 度……如果我继续径直飞去，就会直接撞在舰岛上。因此，我紧急转向飞离……第二次，我成功降落了，停在几座 5 英寸口径炮塔后面，倘若我稍有闪失，可能已经机毁人亡。"

他的僚机紧随其后降落，在黑暗中，一根拦阻索都没能挂上，最终撞到了5个拦阻板上，他的飞机立即成为一堆残骸，很快就被拖到了一边，避免影响后续飞机的降落。因为到了这时候，所有飞机都严重缺乏燃料。唯一希望的就是"大黄蜂"号航母剩下的飞机能够准确地挂上拦阻索。即便如此，仍有一架飞机未能挂上任何一根拦阻索，结果撞到了飞行甲板左舷的高射炮上。

在返程路上，美军80架飞机因燃油耗尽而损毁。米切尔原打算继续追击日军，但斯普鲁恩斯在获悉己方战机损失后，下令停止追击。这是因为，战斗机虽然也可以挂载少量炸弹发起攻击，但只有鱼雷轰炸机和俯冲轰炸机才有可能对日军造成真正的损失，而美军几乎所有的鱼雷轰炸机和俯冲轰炸机此时都已损毁。从发起攻击到返回航母，不包括被营救的在水上迫降的飞行员，美军共牺牲了49名飞行员，损失的大部分飞机都是鱼雷轰炸机和俯冲轰炸机，每架飞机上有2名飞行员。

战事发展到这一步，南云忠一的职业生涯被深深刻上了错失良机和惨遭失败的烙印，最终，当他意识到彻底的失败不可避免时，选择了在塞班岛岸上剖腹自杀。与此同时，至少还有一名日本海军大将和他的几个手下自杀。不过，也有传闻说他们的死亡可能是出于意外。

对于美军而言，从6月19日开始对日军发起攻击以求迅速完成任务的想法，的确很有诱惑力，也可以理解。但是，派出那么多的飞机对于远远超出攻击半径的敌军发起攻击，是一种得不偿失的绝望举措，最终导致美军大批飞机在返航途中坠入大海。事实上，彻底摧毁日军舰队的想法还可以再等一日实现，美军原本可以趁着夜色迅速拉近与日军的距离，第二天白天再发起进攻，这样的话，成功的几率将会更大，也不至于在返航途中损失这么多的飞机。公正地讲，也许克拉克和他的上司米切尔都没有意识到日军的航进速度竟然会如此之慢。总之，此次海战可能是美国海军在向日本本土推进途中所犯下的最严重的战术错误，因为即使是美国这样强大的工业机器也不可能迅速补充这么多架坠毁的飞机。

相比而言，日军飞机损失更加惨重，因此美军把菲律宾海海战称作"马里亚纳射火鸡大赛"。小泽损失了3艘航母、400架航载机和另外50架岸基飞机，美军损失 130 架飞机和 76 名机组人员。

6 月 24 日，米切尔带领麾下 4 艘航母中的 3 艘驶往安尼威土克补充燃料和物资，克拉克则带领另一支航母编队攻击硫磺岛和帕甘岛。直到 7 月 9 日，日军在塞班岛上的抵抗行动才结束。21 日，美国海军少将康诺利指挥第 53 特混舰队，掩护第 3 两栖军团在关岛登陆，曾经参与关岛作战的美军战列舰和护航航空母舰也参与其中。在此期间，米切尔派出舰载机进攻马里亚纳群岛周边的日军基地，阻止他们袭扰美军登陆部队。美军花了数个星期的时间才挫败了驻关岛日军的抵抗，从此时起，这座岛屿成为美国在西太平洋上最大的基地。

美军下一次的登陆作战发生在 7 月 24 日，第 52 特混舰队支援第 5 两栖军团在提尼安岛登陆。在此次行动中，在塞班的美国陆军重型火炮部队也加入其中，随同战列舰为登陆部队提供猛烈的炮火支持。

此时，美国海军快速舰队——第 3 舰队的指挥权，从海军中将戈姆利之手移交到海军上将威廉·哈尔西的手上。由于他暴躁的脾气，获得了"公牛"的绰号。哈尔西曾在 1942 年杜立特突袭东京行动中全权指挥航母编队。这一次，第 3 舰队的任务是进一步削弱日军空中力量，为下一步的登陆作战创造条件。8 月 31 日到 9 月 2 日，哈尔西派出航母对小笠原群岛发起进攻，又在 9 月 7 日对在南菲律宾群岛的日军发起了 4 天的空袭。与此同时，米切尔重组的第 38 特混舰队起飞所有的舰载机，猛烈攻击日军机场和海军设施，未曾遭遇日军的有效抵抗。9 月 12 到 13 日，美军又对菲律宾群岛中部发起进攻，随后立即撤退，为下一轮的登陆作战做好准备。

9 月 15 日，麦克阿瑟上将率领第 7 两栖军团，掩护第 31 步兵师在莫罗泰岛登陆，未曾遇到有力抵抗。占领莫罗泰岛后，美国陆军航空队开始全面参加太平洋战争。在此之前，美军航空队主要在缅甸攻击日军，他们主要使用的是 B-24"解放者"飞机，该机型以其超长航程而著称。9 月 15 日至 23 日，海军少将威尔金森率领第 31 特混舰队，掩护第 3 两栖军团登陆帕劳群岛，该岛屿战略位置至关重要，是关岛、塞班岛和菲律宾之间的交通枢纽。此次行动中，美军共派出 12 艘护航航空母舰，以及战列舰"宾夕法尼亚"号、"田纳西"号、"马里兰"号、

"西弗吉尼亚"号、"密西西比"号，还有 8 艘巡洋舰和 27 艘驱逐舰。由于乌利西环礁并未设防，被美军轻松占领，立即在环礁上建立一个海军基地。与此同时，9 月 21 日到 22 日，美军第 38 特混舰队袭击马尼拉，击沉 2 艘日军驱逐舰和 20 艘商船，对港口的日军设施和岸基机场造成大面积破坏。9 月 24 日，美军袭击了位于菲律宾中部的日军船舶和机场，摧毁了 1200 架日机（当时很多飞机停在地面上）和 13 艘船，而美国海军共损失了 72 架飞机。通过这次战役，美军发现驻菲律宾日军的抵抗力远比预期的要薄弱，由此，美军首次登陆时间从 12 月提前到 10 月。当初，日军入侵菲律宾时，指挥美军抵抗作战的麦克阿瑟将军如今临危受命，负责组织解放菲律宾的军队，并从海军上将尼米兹手里得到了新编太平洋中部司令部的航母和登陆艇，哈尔西的第 3 舰队则独立作战。

然而，美军起初计划夺下军事要地台湾，它靠近中国海岸线。若美军向菲律宾、冲绳岛，包括日本本土出动重型轰炸机，台湾岛可以成为很便利的机场。而且，台湾岛正好位于日本本土到其殖民地之间的航道上，更为靠近各种资源，这样的话，日本帝国就可以方便地将资源运回本土。

菲律宾

当初，面对日军大规模入侵菲律宾，麦克阿瑟将军在被迫撤离时曾立下誓言："我一定会回来！" 后来，当他把日军从新几内岛赶走时，仍在想着如何兑现这一誓言。因此，面对菲律宾和台湾，美军毅然决定首先收复菲律宾，而没有进攻距离日本更近且与中国大陆隔岸相望的台湾岛。

如同 1944 年美军其他几次重大登陆行动一样，他们在进攻菲律宾之前，不仅对其进行了猛烈空袭，还对在登陆部队作战半径内的日军机场，包括在台湾的机场进行了猛烈攻击。台湾战役始于 10 月 10 日，为了分散日军的注意力，哈尔西先是派出 340 架飞机攻击冲绳岛，然后又声东击西，袭击了菲律宾群岛中最大的岛——吕宋岛，最后才对台湾岛发起猛攻。至此，日本在菲律宾群岛的空军主力已被消灭。然而，美军很清楚，台湾岛并非易攻之地，那里有着日军的大批武装，包括日本海军航空兵的主力——海军中将西村祥治指挥的第2航空舰队，驻扎在台湾沿海地区。

美军的步步推进，对其交通线造成日益严重的威胁，日本大本营下令进行一系列的机动演习，以便确定最佳的军事战略。最后，日本大本营决定让所有可用的飞机撤到九州岛，以便用于日后的本土防御作战。然而，战场指挥官没能按照命令行事，最终破坏了这项计划。事实上，诸如此类的情况并非最后一次发生。不能对军事战略做出更全面的考虑，是日本军队的痼疾，就连一些高级军官也不例外。

米切尔麾下的特遣舰队如今被称为第38特混舰队，拥有17艘航空母舰，又一次被分为4支航母战斗群，每支战斗群均有辅助的战列舰、巡洋舰和驱逐舰。其中，海军中将麦凯恩指挥第38.1编队，麾下有"大黄蜂"号航母和新型航母"黄蜂"号，以及"蒙特利"号、"卡波特"号和"考彭斯"号轻型航母；第38.2编队由海军少将博根率领，旗下有"邦克山"号、"汉考克"号和"无畏"号航母，还有"独立"号轻型航母。海军少将谢尔曼麾下的第38.3编队包括米切尔海军上将的旗舰"莱克星敦"号和"埃塞克斯"号航空母舰，以及"兰利"号和"普林斯顿"号轻型航母；指挥第38.4编队的海军少将戴维森手下有"企业"号和"富兰克林"号航母，以及"贝洛伍德"号和"圣哈辛托"号轻型航母。

10月12日，美军17艘航母先后起飞舰载机攻击台湾岛，随着激烈空战的进行，日军损失160架飞机，美军损失了43架。次日，美军袭击重点由台湾岛的机场转向港口设施，日军则试图发起对第38特混舰队的反击，但收效甚微。日军仅有1条鱼雷击中了美军重驱巡洋舰"堪培拉"号，这是唯一一艘以外国城市命名的美军战舰。10月14日，同样的作战模式再次上演，不同的是这一天袭击的目标是吕宋岛北部。日军同样展开了反击，用一枚鱼雷击中重巡洋舰"休斯敦"号。10月15日，激烈的空战再度展开，很不幸，"休斯敦"号再次遭遇一次鱼雷袭击，但日军仍然没能使其沉没。从10月10日以来，日军在台湾岛、吕宋岛和冲绳岛共损失600架飞机，相比之下，美军只损失了90架。

尽管日军损失惨重，但其宣传机器毫发无损，他们利用日本民众对于海军事务的无知，宣布一个又一个的胜利。《朝日新闻》在 10 月 19 日刊登了一个辉煌战绩，列举被日军"击沉"和"击伤"的一连串敌舰名单："击沉 11 艘航母、2 艘战列舰、3 艘巡洋舰和 1 艘驱逐舰；击伤 8 艘航母、2 艘战列舰、4 艘巡洋舰和 13 艘不明船只。"由此可以看出，日本民众与日军战事有多大的脱节。根据日本宣传机构的荒唐报道，美军在战争中实际出动的航母还没有其损失的和残损的航母数量多。

经典的海军交战——莱特湾海战

美军在台湾大获全胜后，准备再次夺取菲律宾，这场攻坚战需要美国人付出最艰辛的努力。10 月 20 日，麦克阿瑟将军的部队首次在莱特岛登岸，这是菲律宾群岛中最小的岛屿。在此次登陆行动中，金凯德将军麾下第 7 舰队的 300 艘登陆船和运兵船，将克鲁格中将指挥的第 6 集团军输送上岸。

像以往的登陆作战一样，在登陆行动发起之前，美军首先进行了重型火力准备，具体由 6 艘战列舰、9 艘重巡洋舰和轻巡洋舰提供，并辅之以 51 艘驱逐舰，此外，至少有 18 艘航空母舰舰载机提供近距空中支援和战斗机保护。所有登陆部队由海军少将奥尔登多夫指挥。海军少将施普拉格负责指挥 18 艘护航航空母舰，它们被分为 3 个战斗群，分别被称作"1 号"、"2 号"和"3 号"。其中，"1 号"由施普拉格本人指挥，而"2 号"和"3 号"则由其他指挥官指挥。

战斗一打响，位于吕宋岛和菲律宾中部的日军机场不断遭到哈尔西麾下的第 3 舰队舰载机的袭击。米切尔仍然指挥被分为 4 个航母战斗群的第 38 特混舰队，旗下有 8 艘航母，"莱克星敦"号、"黄蜂"号、"大黄蜂"号、"汉考克"号、"无畏"号、"埃塞克斯"号、"企业"号和"富兰克林"号，还有 8 艘轻型航母："蒙特利"号、"卡波特"号、"考彭斯"号、"独立"号、"兰利"号、"普林斯顿"号、"贝洛伍德"号、"圣哈辛托"号，外加 6 艘战列舰、15 艘巡洋舰和 60 艘驱逐舰。第三舰队航母上共有 1000 架飞机。

尽管美军事先对吕宋岛北部的日军机场进行了猛烈空袭，但日军仍然反击成功，用一枚鱼雷击中了"火奴鲁鲁"号巡洋舰，又用一枚炸弹击中了澳大利亚皇家海军"澳大利亚"号巡洋舰。

麦克阿瑟发誓解放菲律宾，尤其重要的是，作为美国殖民地的菲律宾竟然被日本人夺走，这对美国人来说还是头一遭，因此，菲律宾对美国人具有很重要的象征意义。很多美国人认为，菲律宾不仅事关美国的尊严，攻下菲律宾又可以切断日本与其新帝国"大东亚共荣圈"之间的海路航道，进而切断燃料、橡胶和其他包括木材在内的原材料供给，迫使日本只能依赖本国作物，或从韩国、中国殖民地获得补给。总之，它将面临和英国类似的战争困境，但与英国不同的是，它缺乏优秀的护航运输队体系，也得不到诸如美国海军与加拿大皇家海军和空军那样的援助。

日本大本营非常清楚其所面临的处境，最终的失败命运已经不可避免。这已经不是一次战斗失败的问题，而是整场战争的失败。向全体日本民众隐瞒失败的真相已不可能，因为可怕的饥荒正在四处蔓延，这就是莱特湾海战发生的大背景。与日本对国内民众的宣传正好相反，前线日军的焦虑到达了顶峰，他们做出一项歇斯底里的计划，临时拼凑了一支由海军中将小泽指挥的舰队，下属4艘航母，分别是刚刚整修过的"瑞鹤"号、轻型航母"瑞凤"号、"千岁"号和"千代田"号，加上9艘战列舰、19艘巡洋舰、35艘驱逐舰以及116架飞机。其中，飞机的数量实在少得可怜，这是因为日军决定在台湾岛留下尽可能多的飞机，用来抵抗美军即将对台湾岛的进攻。另外，在吕宋岛，日本海军航空兵和日军陆军航空兵还有大约300架飞机驻扎在此。

在太平洋战场，美日海军的交战主要是在航母舰载机之间进行，因此，战列舰兵力在战争中相对比较"安逸"。如今，美国海军的首要目标就是将日军战列舰也拉进战争，倾力将其剿灭，这使得莱特湾海战成为历史上最大规模的一次海战。莱特湾海战分为4个阶段：10月24日发生在锡布延海的海空激战，10月24日到25日的苏里高海峡夜战，同日发生的萨玛岛战和恩加诺角海空激战。

日军将这第一次世界大战区中的所有舰船投入战斗，并将其分成4组。其中，小泽亲自指挥日军航母部队，属舰包括2艘战列舰——"伊势"号和"日向"号，

3 艘巡洋舰和 9 艘驱逐舰，其任务是把美军第 3 舰队引诱到远离莱特湾的北部海域。在吕宋岛以西，3 艘巡洋舰和 7 艘驱逐舰组成的舰队从日本出发向南航进；海军中将栗田指挥第 1 打击舰队，下属 5 艘战列舰（包括巨型战列舰"大和"号和"武藏"号）、12 艘巡洋舰和 15 艘驱逐舰从西边杀来；在栗田的南边，海军中将西村指挥 2 艘战列舰、4 艘巡洋舰和 4 艘驱逐舰严阵以待。从这种兵力部署可以看出，日本海军已经山穷水尽、资源枯竭，仅剩下极其有限的空中力量，而在菲律宾西部，没有任何兵力可以部署。不过，日军所处的绝境并没有打消他们的勃勃野心和不切实际的计划，他们甚至为这些战略编撰了极其可笑的代号——"Sho-Go" 行动，意思是"征服"。然而，日军之中，那些比较现实的决策者和高级军官们明白，这样的努力至多能让美盟军队伤亡惨重，进而通过谈判达成某种形式的妥协。

直到此时，日军才意识到他们不可能在空对空战斗中获胜，而传统的舰对舰交战也不能实现，他们获胜的唯一希望是赶在美军运输舰到达登陆区之前对其发动袭击。尽管打了一连串的败仗，日本当局仍在国内进行着欺骗宣传，让民众相信战争进行得十分顺利。为此，在对前线官兵实行严格的通信审查制度的同时，还对那些曾经遭受了最惨重失败的幸存者进行变相的"扣留"，要么将其限制在兵营中不得回家，直到被再次派往国外作战或派到下一艘战舰上执勤。在更高层次，包括日本武装部队高层军官，如今都只能自欺欺人，逃避现实。

从杜立特突袭东京开始，直到 1944 年 6 月美军攻占马里亚纳群岛，日本本土一直没有遭受过空袭。占领马里亚纳群岛以后，将日本本土纳入了美国陆军航空队基地的作战半径之内，因此，当年秋季美军对日军发起了猛烈空袭。与此同时，美军双管齐下，从其他方面对日本实施打击。其中，水雷战和潜艇战发挥了重要作用，致使从 1944 年 3 月到 1945 年 8 月，经下关海峡的日本货运量从 50 万吨锐减到了 5000 吨。到 1945 年 8 月，日本人每天的供给量只有 1400 卡路里。很多人认为如果战事再持续一年，就会有 800 万的日本人死于营养不良。起初，美国空军对马里亚纳群岛的轰炸集中在硫磺岛，从而削弱日军的抵抗，为下一步的进攻作战做准备。1944 年 11 月，日本本土城市开始遭到美军重型轰炸机的轰炸。

截至此时，美军已经构成对菲律宾群岛的严重威胁，这本应该引起日军的足够重视，因为失去菲律宾群岛，意味着来自苏门答腊岛的石油和来自马来半岛的橡胶供给的中断，进而威胁到日本继续进行战争的能力。当然，也有个别的日军军官很重视菲律宾，但重视度显然不够。

日本海军为了准备下一场战役，积极进行各类作战演习，并将剩余的 6 艘航空母舰隐藏在内海，这 6 艘航母分别是："瑞鹤"号、"瑞凤"号、"千岁"号、"千代田"号、"云龙"号和"天城"号，但它们的力量太薄弱了，根本无法抗衡美军第 3 舰队。此时，美军的军舰数量已经远远超过了日本。更加糟糕的是，到了这时候，日军飞机和训练有素、经验丰富的飞行员也所剩无几。此外，日军还做出一项战略决定，维持台湾岸基飞机的数量，以抵御美军可能对台湾发起的袭击，但这样一来，吕宋岛的日本海军航空兵和陆军航空队只剩下 300 架飞机可以使用。

对于日军而言，这场即将到来的战斗被称作第二次菲律宾海海战，但美国人则称之为莱特海战。战斗一开始，栗田就很悲观："……必须将敌军运输船全部摧毁。"栗田回想起瓜达尔卡纳尔岛战役时这样说道，"当时我认为，由于敌我实力悬殊，我们胜算的把握只有 50%，我也想过我方空中后援比预期的要少许多。"

栗田认为必须消灭敌方的运输船，毫无疑问，这是一种正确的看法。然而，日军在执行这项决策时总是失败，当他们终于明白时往往为时已晚，敌军运输舰已经登陆，卸下了所有人员和物资供给，这时他们才对美军进行强有力攻击。而这一策略只有当美军船只往海滩航进的途中被击中或沉没的情况下才奏效。如果策略奏效，那么伤亡美军数量也足以迫使美军与日军进行谈判达成和解。

舰队交锋

日军积极备战，但仍然出师不利。1944 年 10 月 23 日，美军两艘潜艇"鲹鱼"号和"飞鱼"号发现了日军第 1 打击大队，于是向包括栗田的旗舰"爱宕"号在内的 3 艘重巡洋舰发射鱼雷，这 3 艘舰迅速沉没。栗田命令剩余舰只 10 月 25 日离开莱特岛，但在 10 月 24 日，莱特岛上的日军飞机攻击了美军最北部的航母战斗群，企图迫使美军第 3 舰队撤离，确保栗田完全压制和攻击美军运输船。但是，日军飞机没能发现美军航母，飞机燃料也几乎用尽，只能试图在吕宋岛降落，但其中的大部分在降落途中被美军战斗机拦截。由于燃料短缺，他们很容易就成了美军的猎物。

在美舰"兰利"号上，战斗机指挥官约翰·蒙萨拉特海军上尉在雷达显示屏上发现了日军飞机，于是命令 4 架格鲁曼"泼妇"战斗机前去拦截，并要求"埃塞克斯"号航母派出增援力量。"埃塞克斯"号迅速派出 8 架正在巡逻的"泼妇"战斗机加入"兰利"号的战斗。蒙萨拉特看到自己只派了 4 架战斗机去拦截 60 架日军飞机，很不放心，于是联系他的战斗机："增援已派出，马上就会跟在你们身后。""埃塞克斯"号派出的"泼妇"战斗机紧紧跟随，两队战斗机中间有 12 架日军飞机，占此次日军派出飞机数量的一半。

与此同时，日军岸基飞机仅仅击中一艘美军航母——"普林斯顿"号。这一击对日军来说是幸运的。一支 550 磅的穿甲炸弹不偏不倚，正好击穿船尾电梯正面的飞行甲板，穿出一个整齐匀称的洞来。炸弹继续下落，最终击中航母上的面包房，在那里爆炸，炸死了船上所有的人。

爆炸的余波又直冲向上，击中了机库甲板，当时有 6 架飞机正在补给燃料和物资，余热引燃了这些飞机，并引爆了鱼雷弹头。起初，这次爆炸在"普林斯顿"号航母指挥官威廉·巴拉克眼中，不过是小事一桩。

"我看到这一切，根本没当回事，继续战斗！"

当时，第 27 战斗机中队飞行员保罗·特鲁里海军少尉站在甲板上，他的"悍妇"战斗机就在身边，他感觉到下面传过来的爆炸的剧烈震动，后来据他回忆："当时情况下，我们无法驾机起飞！"

9 时 35 分，日军的炸弹击中"普林斯顿"号航母，随即发生大火。到 10 时 10 分，火势威胁到航空燃料的安全，形势已经不再是损害控制那么简单了，在航母上的 1570 人中，有三分之二的人奉命撤离，只留下消防员和高射炮手。很快地，高射炮弹在炙热中开始发生爆炸，炮手们也奉命迅速弃船逃生。这时候，美军一艘驱逐舰行驶到航母旁边，把船员们接走。尽管舰载机被点燃，弹药也发生爆炸，但航母上的火势逐渐得到了控制，舰身仍然保持平衡，舰体未受任何破坏，似乎可以死里逃生了。到了13时30分，整艘舰上唯一燃烧的地方是舰尾弹药库的附近。美军派出轻巡洋舰"伯明翰"号驶到"普林斯顿"号旁边，继续提供消防支援。这时候，传来了敌机攻击的警报，也有报告称日军潜艇在附近出现，导致救援行动暂时中止，直到15时30分才恢复执行。这时候，在没有任何征兆的情况下，航母舰尾的弹药库突然发生爆炸，整个尾部被炸飞。

金属碎片互相碰撞，发出骇人的剧烈声响，"普林斯顿"号的碎片就像炸开的散弹一样，向四面八方飞散，有的散落在"伯明翰"号甲板上。

"就像航母上的舰载火炮所发射的致命散弹，"一位目击者回忆，"效果是一样的，当场就有数百人倒地死去，要么身负重伤，短短数秒之内，甲板两侧的排水道里充满了红色的液体，这是从数以千计的伤口中喷薄而出的血液，残肢断臂横七竖八地掉落在血染的甲板上，简直就是屠宰场的地面……"

"普林斯顿"号航空母舰最终沉没，"伯明翰"号巡洋舰则幸存下来。在巡洋舰上，233名舰员牺牲，211人受伤严重，仅有25人受轻伤。航母上有108人牺牲，牺牲者主要是消防人员，190人受伤。其中，那些重伤员，就有未来的"普林斯顿"号航母指挥官约翰·霍斯金斯船长，他当时被炸掉了一只脚，但他急中生智，用一节绳子快速绑成一条止血带。后来，当新的"普林斯顿"号航母建成时，安装了假肢的霍斯金斯成功说服美国海军，让他担任这艘吨位更大的"埃塞克斯"级航母指挥官，这无论如何都是一种奇迹。

当"普林斯顿"号正在上演悲剧时，美军另外两支航母战斗群发现日军战舰正驶向锡布延海。于是，这两艘航母在一天之内起飞了4个波次飞机前去攻击。日军巨型战列舰"武藏"号（与"大和"号并称当时世界上最大的两艘战列舰，配备18.1英寸最大口径主炮），被美军击中11条鱼雷和19枚炸弹，在美军飞机的下方慢慢打着圈，这是因为其转向齿轮被卡住，最终沉没。起初，该舰指挥官年平井口海军少将拒绝枪炮长有关使用主炮发射防空炮弹对付美机的请求，因为他认为这样做会损伤炮管，但在遭到美军鱼雷一次又一次的攻击后，年平井口终于同意了下属的请求，命令所有9门18.1英寸口径主炮齐射，由于反冲力巨大，日军舰员还以为自己的航母又被击中了一次。最终，日军未能击中一架美机，倒是把己方的一门主炮炮管给炸毁了。

在当时，很少发生战舰直接被炮弹击毁的事情，这是因为炸弹落下来可能会在装甲钢板上反弹，即便如此，"武藏"号也是时运不济。

"有一枚炸弹直接击中了指挥舰桥，造成了很大的杀伤，"一位目击者回忆，"一时间这艘战舰仿佛六神无主。不大会儿，广播里传出来井口的声音，他说舰桥上的所有人都已牺牲，他正在向第二舰桥转移。紧接着，又一轮爆炸发生，这一次，井口再也没有那么幸运，他微弱的声音从广播里传来，"舰长受伤，副舰长接替指挥！"

日军其他战舰同样受损严重，重巡洋舰"妙高"号被迫返航。另外一艘巨型战列舰"大和"号和战列舰"长门"号均被击中，但这两艘战舰继续战斗。位于巴拉望岛以南的海军中将西村的部队也被美军航母舰载机发现，并遭到了狂轰滥炸，又有几艘日舰被击伤，但均未沉没。

面对美军的猛烈攻击，栗田调转了航向，这本是一种战术机动策略，却被哈尔西所误判，以为美军大获全胜。在第38.1特混舰队补充燃料之时，哈尔西带领其余三个大队展开追击。这是一个错误，违反了美军战前制定的计划。根据计划，第3舰队将扼守圣贝纳迪诺海峡，第7舰队负责抗击日军南翼舰队，守卫苏里高海峡。此时，圣贝纳迪诺海峡赫然洞开，栗田再一次调转航向，指挥他的舰队在夜色掩护下穿越海峡。

10月24日夜到25日凌晨，西村的南翼舰队遭到美军鱼雷艇的袭击，但仅有轻巡洋舰"阿武隈"号受损。凌晨2时，美军第7舰队用驱逐舰发动鱼雷攻击，击沉"扶桑"号战列舰和3艘驱逐舰。凌晨4时20分，美日双方展开了一场经典的海上炮战，西村的旗舰"山城"号战列舰被炮火击中发生剧烈爆炸，舰体被炸成两截后剧烈燃烧，无一人幸存。"最上"号重巡洋舰被击伤。天刚破晓，美国陆军航空队出动飞机，击沉了已经重伤的"阿武隈"号。接下来，美军第7舰队护航航空母舰起飞舰载机发动攻击，击沉了"最上"号和剩余的驱逐舰。最后，日军2艘重巡洋舰设法逃脱。

10月25日凌晨6时45分，美军侦察机在萨马岛（莱特岛东北一座大岛）以东海域发现了栗田的战舰。13分钟后，萨马岛海战打响，栗田的战舰发现并开始炮击斯普拉格的护航航母舰队，由于护航舰船仅仅配备防空火炮，因此无力抵抗，斯普拉格就命令所有飞机飞离航母，舰队开始向南撤离。一些美军护航航空母舰具有释放烟幕的功能，其他一些美舰尝试着通过排浓烟形成烟幕。但这种隐蔽手段已经过时，因为日军旗舰"大和"号和其他舰只均配置了雷达。美军孤注一掷，又出动驱逐舰发起一轮鱼雷攻击，击伤日军"熊也"号巡洋舰并迫使其撤退。不过，美军却付出了损失3艘驱逐舰的代价。

"那条早上，我正在飞行甲板上活动，"一艘护航舰上的维护员乔治·史密斯回忆，"……有人冲我吼叫，让我最好戴上头盔，穿上救生衣，系上腰带，因为日本鬼子快来了。说时迟，那时快，我听到船尾传来一声爆炸，起初我认为有可能是我方飞机爆炸了，当我抬头时，我看到一大片锡纸正在下落，锡纸的作用是用来遮挡我方雷达。然后，他们开始射击……我方舰船赶紧调转航向……试图甩掉日本人……接下来，我们开始释放烟雾，试图隐蔽自己……他们向我们飞速追来，赶上了我方一艘航母并将其击沉……他们离我们太近了，我们甚至看到日本旗正在飘扬……当然，我们打尽了所有的弹药……战斗持续了大约2小时……我们钻进两座岛屿之间，日军可能认为我们试图将其引入陷阱……因此退出了战斗。"

此时，美军的护航航母就像被煮熟的鸭子一样，任由日军飞机屠戮。可以说，这是日军捣毁美军航母舰队的最佳时机。在舰上，那些没有具体作战任务的舰员四处寻找藏身之所躲藏，那些已经起飞的飞机试图攻击日军舰队，但因为没有携带合适的弹药而无计可施。毫无疑问，也有几架飞机，没有携带任何的弹药，只能用来分散日军的注意力。还有很多飞机的燃油严重不足，这点燃油还是前一天执行攻击任务后剩下的。有些飞机在燃油耗尽后，飞行员往往选择在舰队附近迫降，希望能被己方人员救起，但就是没有舰船敢于停下来救人。

被日军击沉的美军护航航空母舰是"冈比亚湾"号，其余三艘护航航母"芬肖湾"号、"卡里宁湾"号和"白色平原"号均被击毁。之后，日军停止单方面攻击，掉头撤退，至此所有战斗结束。

由于缺乏真正的海军情报，栗田坚信他进攻的是一支标准的美军航母舰队，而不是护航航母编队，他确信日军正被引入一个陷阱中。事实上，栗田这个结论令人吃惊，作为一个经验丰富的海军高级指挥官，他竟然没有从对方30多节的撤退速度上做出正确判断！在栗田前方，另一支美军护航航母舰队也被日军误认为是标准航母舰队。他判断，哈尔西指挥的美军第3舰队将从北面靠近，于是决定在开阔海域作战，而不是像莱特湾这样的封闭海域，这样做会更加安全。

接下来，美军第二支由6艘护航航母组成的编队，遭到了日军第一轮神风特攻队攻击，4架岸基飞机扑向第2护航航母大队，击中了"苏万尼"号和"桑蒂"号，此外，后者还被日军一艘潜艇发射的鱼雷击中。在栗田返回萨马岛东部海域后，日军又发动了几轮神风特攻行动，炸毁美军"圣洛"号护航航空母舰，并击伤了"卡里宁湾"号和"基特昆湾"号护航航空母舰。栗田此前对于神风特攻队的进攻毫不知情，也无从得知他们的具体胜利。他在前一天还这样对舰队训话："要勇敢地面对可能遭受的任何损失，第1战队一定要冲进莱特岛湾，冲锋陷阵直至战死。"然而，中午时分，他便命令撤退，凿沉了3艘重巡洋舰，另外两艘虽损坏严重，仍安全驶回日本。栗田的做法完全断送了捣毁美军运输舰的任务。

直到后来，美军才意识到他们成了日军自杀式袭击的靶子。在此之前，美国人曾经认为，首轮袭击中坠毁的几架日军飞机，要么失控坠毁，要么是飞行员因飞机受损严重而沮丧万分，不得不操纵飞机撞向敌舰。毕竟，那时候还未发明弹射座椅，飞行员要想逃出快速低空飞行的飞机几乎不可能。

"一架神风特攻飞机径直撞上了我们左舷的一艘航空母舰，"乔治·斯密斯解释，"正好击中舰船的正中心，我们驶过去时，船员们正在弃船……当我们超过这艘舰艇时，整艘船似乎马上就要爆炸……那里空无一物。刹那间，一架神风特攻飞机向我船俯冲过来……跟普通的着舰动作一样，我想他将偷袭我们！当然，我们舰长也明白了他的意图，突然一个左转舵……位于右舷的船员们纷纷撞在船舷上，我们朝着那架神风特攻飞机猛烈开火，它从另一侧坠落海中……爆炸了!"

交战双方的指挥官们都很困惑，无法掌握当前战场的准确情况。尼米兹和金凯德原认为哈尔西正在按计划扼守着圣伯纳迪诺海峡，但当他们意识到哈尔西已经放开海峡，日军得以通过后，他们立刻发出电报，要求哈尔西报告自己的真实位置。然后，他们要求哈尔西转航向南航进，利用剩余的兵力监视整个海峡。

与此同时，米切尔派出轻型航母"独立"号上的一架侦察机，在凌晨2时8分探测出了日本北翼舰队的具体位置，然后，哈尔西派出第34特混舰队前往讨伐，由战列舰和巡洋舰打头阵。

"第三舰队指挥官计划派出一支强大的水面部队打头阵，紧随其后的是航母舰队，这第一次世界大战术富有逻辑性……"美国海军官方报道这样评论，"根据以往作战经验，经过敌我航母舰队之间的交火后，敌方舰队尝尽恶果后就会撤退。接下来所要做的，就是迅速追上他们将其一举歼灭!"

为了应对日军的作战计划，哈尔西决定启用战列舰和巡洋舰。早上8点，米切尔发起了6波轰炸中的第一波攻击，派出527架飞机，攻击小泽驻扎在吕宋岛东部的北翼舰队，这里共有4艘航母。小泽只剩下20架战斗机去抵抗美军势不可挡的攻击，刚一交手，它们就被纷纷击落。日军轻型航母"千岁"号很快发生倾覆，9时37分沉没。"瑞鹤"号、"瑞凤"号、"千代田"号和一艘轻巡航舰均遭重创，小泽不得不把旗舰转移到"瑞鹤"号上。如今，日军仅剩下3艘航母，由于缺乏战斗机防护，不可避免地沦为美机轰炸的牺牲品。第三轮轰炸开始时，200架美军飞机一齐开火，"瑞鹤"号着火，疯狂燃烧着，火势完全不受控制，到下午时分沉没。另一艘轻巡洋舰也身负重伤，后来被美军一艘潜艇结束性命，另有3艘驱逐舰和1艘油轮被击沉。

随后，哈尔西把注意力放在栗田的中央舰队之上，他指挥旗舰"新泽西"号战列舰踌躇满志，急于寻找对手决战。10月26日，他麾下的第3和第7舰队的航母舰载机终于发现了这支日军，随即发起攻击，先后击沉2艘巡洋舰，其中一艘并非栗田的舰只，而是护送日军运输舰到莱特岛的护航舰船。

日军总共损失了3艘战列舰、4艘航母、6艘重巡洋舰、4艘轻巡洋舰、11

艘驱逐舰、1 艘驱逐运输舰和 4 艘潜艇，美军损失 1 艘轻型航母、2 艘护航航空母舰和 3 艘驱逐舰。日军折损了 150 架飞机，包括岸基飞机和舰载机。相比之下，美军损失了 100 架飞机。日军战死 10000 人，美军的数字是 1500 人。显而易见，这次海战的结果又是美军获胜，日军落败。

小泽的战略确实有效，把哈尔西引到北方，为栗田制造机会，但栗田却未能充分利用时机。另外，小泽手中的飞机太少，甚至早在战斗打响时就无法抗拒美军的强力进攻。日军在莱特岛的惨败远远超越了是谁获得这场海战胜利的问题。日军原本的作战目标是在海上突袭美军运输舰，使其遭受严重损害，迫使美军重新作出战略部署。然而，直到 10 月 20 日美军第一次登陆后好几天才有点滴进展。即便栗田严格执行计划，最终前去袭击运输舰，但为时已太晚，美军运输舰未受阻碍便完成了任务。日军的袭击时间应该是 10 月 19 日，当运输船准备靠近菲律宾群岛时，这是努力太少、行动太晚的又一典型例子。如今，轮到美军主动决定作战日程了。

哈尔西的做法充满了争议，他的手头掌握着绝对优势的兵力，却坚持不分散兵力的策略，这种做法简直就是愚蠢透顶。此外，他违背军令、擅自行事，使圣伯纳迪诺海峡赫然洞开，把容易遭受袭击的护航航空母舰和运输舰留给栗田的舰队发落，幸好这位日军将领也犯了一个愚蠢透顶的错误，这才使美军避免陷入万劫不复的深渊。如果哈尔西执意追击栗田舰队，那么至少应该与第 7 舰队汇报自己的打算，以使金凯德有所准备，采取必要措施护卫他的侧翼。当然，哈尔西之所以不告知金凯德，原因很简单，因为他意识到如果那样做，尼米兹就会获悉此事，继而命令他退守原来的阵地。不过，哈尔西还是很幸运的，因为栗田未能对他发起强有力的进攻。当时，栗田坚信自己正在步入美军的圈套，因此很快下令撤退。其实，他的这个理由一点也不充分，因为只消快速看上一眼地图就能看出问题所在。这真是一场绝妙的讽刺，假若哈尔西能够忠于职守，那么栗田打的这场海战将会是第二次世界大战期间双方将领都极为期待的一场战斗。不过，有一种局面比较确定，那就是如果没有空军力量，栗田的舰队将会处于非常不利的境地，这场战役将会更具决定性。事实上，如果栗田当真相信他所面对的是整个美军第3舰队，他应该更早撤离，以保存实力。

截至此时，日本帝国海军已经精疲力竭、溃不成军。他们在第一次菲律宾海海战中丧失了舰载机兵力，在第二次菲律宾海海战中又丢掉了舰队。最终，日军被迫决定采用自杀式飞机攻击美军军舰，不仅对作战过程，也对战斗结果产生了重大影响。

在太平洋战争中，有一种不满始终挥之不去，那就是日军官兵对他们指挥官的失望，不管是海上还是岸上。例如，日本陆军指挥官总是不能切实执行其精心准备的本土防御计划，这种事情一次次地发生。不执行指令的最佳借口就是胜利，的确，只有胜利这一个借口，然而，将军们也并未能摘取胜利果实。在海上，南云忠一没能向珍珠港发起第三轮甚至第四轮轰炸，这早已证明了日军指挥官低下的指挥能力。南云总是担心被美军航母发现，但事实上，这样的风险完全可以通过充分的海上侦察活动予以排除。在中途岛海战中，指挥官不听取经验丰富的舰队军官的建议又是一个充分的例证，就像事先没有做好侦察工作一样。又例如，日军指挥官的优柔寡断，导致舰载机忽而挂载弹药，忽而卸载弹药。还有，日军未能从4个可用飞行甲板中及时清理出一条，供起飞舰载机使用。诸如此类的事例，都充分证明了日军指挥能力的低下。不过，这支海军却拥有着不受干扰地掌控自己飞机的权力。

与此同时，对于日军而言，美军航母的确称得上是有价值的袭击目标，但他们真正的首要任务却是袭击运输舰，赶在登陆部队和武器装备登陆前干掉它们。极力寻找传统的海军交战方式，以发挥战列舰、巡洋舰等那些过时的武器装备的作用，这种做法再次证明了日军指挥官缺乏战略意识，他们无法理解当重型舰船的传统角色被忽略时，该如何进行海战。事实上，对于传统的重型舰船，它们在战斗中应当尽量驶近己方航母，为其提供额外的和迫切需要的防空炮火支援，并对岸上的盟军部队，包括其运输舰，尤其是那些装载补给品的运输舰，进行异常猛烈的炮击。

1944年12月15日，美军部队在马尼拉南部小岛民都洛岛登陆，3艘战列舰、6艘护航航空母舰和7艘巡洋舰提供支援。每年这个时候，太平洋一点都不像其名字所意味的那样太平。3 天后，哈尔西的第 3 舰队遭遇台风，但他全然不顾，仍然对吕宋岛上的日军机场发起猛烈的空袭，支援在民多罗岛登陆的美军部队。后来，大家把这次台风称为"哈尔西台风"。由于哈尔西没有把有关恶劣天气的预警放在心上，导致第 3 舰队深受其害，为此，哈尔西受到人们的指责。台风吹翻了 3 艘驱逐舰，毁伤了 3 艘轻型航母，致使 2 艘"埃塞克斯"级舰队航母舰队的木质飞行甲板损坏严重，共有 146 架飞机或被冲到海里，或在机库甲板上因碰撞而损毁。

美军于 1945 年 1 月 9 日发起吕宋岛登陆作战，在第 3 舰队的支援下，麦克阿瑟指挥第 1 和第 14 军团登陆，金凯德的第 7 舰队提供近距离支援。如同莱特岛登陆行动，这一次，共有 18 艘护航航空母舰为登陆部队提供空中支援，"密西西比"号、"西弗吉尼亚"号、"新墨西哥"号、"加利福尼亚"号、"宾夕法尼亚"号和"科罗拉多"号等 6 艘战列舰和 11 艘巡洋舰参与其中。日军神风特攻队再次对美军登陆舰队发起进攻，击伤几艘美舰，击沉一艘护航航空母舰，具体情况将在下一章继续讨论。总之，截至 1 月 12 日，美军第 3 舰队舰载机部队歼灭了吕宋岛上所有日军空中力量。

对于美国海军陆战队航空中队而言，为登陆部队提供近距离空中支援，无疑是一项再正常不过的任务。然而，就在 1943 年，尼米兹居然下令将海军陆战队飞行员的航母起降训练科目从大纲中删除，这使得海军陆战队在 1943 年到 1944 年的重大作战行动中毫无作为，这种做法令人匪夷所思。事实上，当时的美国海军陆战队在对地攻击、精确轰炸等领域的作战能力颇为强大。不过，到了 1945 年年初，美国海军陆战队重新获准回归上述军事行动。

10
神风特攻队

"为了大日本帝国,"关行南海军上尉在写给父母的信中这样说道,"我将会驾机对敌人的航空母舰发起撞击式攻击,以此来报效天皇的仁慈。我志愿这样去做。"

关行男写这封信的时候,正值美日海军之间的莱特湾海战刚刚打响,日本人在这次战役中首次动用了神风特攻队对美军舰船实施自杀式攻击。

其实,有关"神风"的说法最早起源于公元 1274 年的一场风暴,当时,蒙古大汗忽必烈的舰队浩浩荡荡地向日本驶来,突然遭遇海上台风,庞大的入侵舰队被瞬间吹散,全军覆没,日本人于是把这股拯救了其命运的台风称为"神风",进而顶礼膜拜。事实上,"神风"这个字眼最初并非意味着自杀行为,而是在20 世纪 30 年代作为一款曾经刷新了飞行航程纪录的飞机的绰号。同样,后来的"神风"自杀式攻击也并非全部由空军和飞机实施,例如,在日本陆军的队伍中,由于缺乏足够有效的反坦克武器,许多日本士兵往往会携带着装满炸药的背包,在同美国人的激战中,直接躺倒在美军坦克的履带下面引爆。除此之外,日本人还曾经组织特种作战突击队实施"神风"突袭行动。

许多人也许认为,日军神风特攻队飞行员们的精神动力主要源于他们对日本天皇的顶礼膜拜。但事实上,参加太平洋战争的许多神风特攻队员却是基督徒或者天主教徒,上面提及的关行男就是其中之一,这就是为什么他在家书中提到"天皇的仁慈"的原因所在。

部分问题还在于,当今世界,人们普遍将日本视为一个技术创新型的国家,但在第二次世界大战期间,日本在技术上却远远落后于美英等西方工业化国家,就连日军那款曾在战后受到极度吹捧的"零"式战斗机,在一名美国军官眼里也不过是一款"运动型飞机"而已。"零"式战斗机之所以能在太平洋战争初期出尽风头，凭借的只不过是它的轻盈小巧、机动灵活的作战特性，而这种能力恰恰是西方国家那些工业技术型飞机所不具备的。与此同时，相对于战争初期英国、荷兰等国部署在远东地区那些性能落后且数量有限的飞机而言，日本"零"式战斗机更是技高一筹，占尽上风。

在装备技术发展方面，不妨拿日本帝国与它的盟友纳粹德国进行一番比较：为了对付盟国密集的防空火力，德国人专门发明了遥控滑翔炸弹，并在萨莱诺战役中首次用来对付盟军部队。与之相反，同样是为了对付防空火力，日本人却使用了神风特攻队的自杀式飞机。

此外，为了对付美国的高空轰炸机，德国人发明了使用火箭发动机推进的"梅塞施密特"Me 163 型截击机，而日本人则是去掉了其"零"式战斗机上所有能够拆除的东西，通过降低重量提高速度，鼓动他们的飞行员直接驾机撞向美军的轰炸机，从而实施另一种形式的自杀式攻击。

第二次世界大战期间，日本和德国虽然互为轴心国集团中的伙伴国，但二者之间的实际交往却并不多，彼此之间进行技术转让的情况也极为罕见，军事上的协同合作更是从来没有。因此，日德之间虽然存在着相互联络的具体程序，但到了 1944 年年底的时候，德国人自身已经无暇自保，其面临最终失败的命运已经不可逆转，因此对于日本更是爱莫能助。就德国自身而言，当时唯一的问题在于，这个希特勒一手打造的第三帝国将会在何种程度上、以何种方式走向覆亡。

也许有人坚持认为，日德之间的联络由于空间距离上的遥远而极为困难，但一个不争的事实却是，德国与日本之间从来就没有存在过一条连续而又顺畅的通道。当美国人因为珍珠港遭遇偷袭而对日宣战时，希特勒毫不迟疑地选择了对美国人宣战，但此举实际上加速了德国自身的溃败。当然，在此之前，美国对于英国的与日俱增的全方位支援，不仅招致德国人的强烈不满，也早已引起世界舆论的高度关注，人们纷纷怀疑美国人与德国人之间这种非战争状态还能持续多久。因此，希特勒的对美宣战，无异于为美国人提供了一个期待已久的借口。

的确，在此之前，美国人虽然奉行其所谓的中立政策，但实际上却严重倾向于支持英国等民主国家，它不但以《租借法案》的名义为其提供武器装备，而且还直接在美国基地为英国人训练军队，维修英军在战争中受伤的战舰，例如1941年1月在马耳他附近海域遭受重创的英国皇家海军"卓越"号航空母舰。尤其值得说明的是，美国人甚至允许和支持其子民志愿参加英国军队作战，尤其是英国皇家空军。

"神风"还是"大黄蜂"？

就自杀式攻击的概念而言，这是一种怀着必死决心的执行者所实施的与敌人同归于尽从而确保攻击效果的战略。在许多国家的军队作战中，都曾经派出过人员前去执行那些生还希望极其渺茫的军事任务，或者一些严重受伤的飞行员驾驶飞机撞向目标的案例，但所有这些都算不上是自杀式攻击战略中的战例。就拿第二次世界大战期间的英德海战中的一个案例来说，英国皇家海军驱逐舰"热情"号和"阿卡斯塔"号对于德国海军战列巡洋舰"沙恩霍斯特"号和"格奈森瑙"号的猛烈进攻，其实只是一种处于绝境之中的无奈和冒险之举，尽管这两艘驱逐舰最终被击沉，但它们并不属于自杀式攻击，舰上的许多英军水兵后来弃舰逃生，并得以存活下来。同样，在1942年2月著名的德国舰队"海峡穿越"期间，英军6架"剑鱼"飞机对上述两艘战列巡洋舰以及巡洋舰"欧根亲王"号发起的殊死攻击，也称不上是自杀式行动。

其实，当日本海军有马正文少将建议飞行员们实施自杀式攻击的时候，曾经遭到许多飞行员的拒绝。面对这种情况，有马正文告诉飞行员们，他的上级最感兴趣的是那种能够确保飞行员活着回来的攻击。虽然遭遇飞行员们的不同形式和不同程度的抵制，有马正文却不死心，抓住一切机会鼓吹自杀式攻击战略，尤其当日本遭受美军一次又一次重创之后，更是把这种陈词滥调鼓吹到了登峰造极的地步。

美军进攻马里亚纳群岛开始后，日本海军航空技术仓库的太田庄一海军少尉设计出了绰号"樱花"的人体炸弹——樱花。樱花是日本国花，往往在最美丽的时候凋谢，对于日本人而言，则象征着年轻的武士们在战斗中死去。

"樱花"飞机最早出现于 1944 年 9 月，这是一款专门为神风特攻队设计的自杀式飞机，一旦飞行员坐进机舱，就意味着他必须全力以赴完成攻击任务，而且有去无回。"樱花"属于单座型航空器，采用 5 枚火箭进行推进，构造极为简单。在执行自杀式攻击任务期间，"樱花"必须首先由一架陆基轰炸机携带，在进入大概 11 英里的攻击航程后予以投放，而后，携带着 2600 磅的炸药的"樱花"向着目标俯冲或滑行。通常情况下，在前往攻击区的航程中，"樱花"飞行员们坐在"母机"上面，但在其被投放之前爬进"樱花"飞机进行操作，但也有个别飞行员比较倒霉，必须全程呆在"樱花"飞机里面。

除了极其脆弱的机身构造和笨拙低下的机动能力之外，"樱花"自杀式飞机作战模式上还存在着一个极其致命的弱点，那就是投送"樱花"的"母机"必须尽可能地接近攻击目标，这样一来就进入了盟军雷达和战斗机的作战半径之内。随着盟军战斗机的日益增多，以及飞行员们日益熟练的作战经验，日军投送"樱花"飞机的母机的处境极其危险。

通常来说，日军"樱花"飞机必须使用陆基轰炸机进行投送，但奇怪的是，在日本海军新建成的"信浓"号航空母舰上居然部署了 50 架"樱花"飞机。"信浓"号由第三艘尚未完工的"大和"级战列舰改建而成，当它于 1944 年 11 月 29 日被美国海军"射水鱼"号潜艇射出的 6 条鱼雷击沉时，距离它下水日期仅仅 10 天时间。

"信浓"号是当时世界上除美国航母之外的最大航空母舰，对于它的真实用途，历来众说纷纭，有作为运输舰的说法，也有作为轰炸机母舰，准备搭载"一"式双发轰炸机对美国发起日本版的"杜立特突袭"。"信浓"号在被鱼雷击中 7 个小时候后沉没，部分原因在于其低下的损害控制能力，舰员们对于舰船本身还不熟悉，在遭受鱼雷攻击后缺乏补救经验。

另外一个提倡神风特攻队自杀式攻击的日本军官是"千代"号航母指挥官长城大佐，他将自己的想法报给了上司小泽治三郎海军中将，后者又将这种观念加上自己的建议一并转报给了新任联合舰队司令长官的丰田副武海军大将。到了这时，丰田副武将这种方案交给了时任参谋军官的渊田美津雄大佐，但渊田美津雄对于这种观念不是很感兴趣，他之所以如此冷淡，并非是出于人道主义考虑，而是对那些缺乏经验的飞行员能否完成这种任务很是怀疑。的确，许多神风特攻队飞行员不仅仅缺乏经验，而且随着日本所承受的战争压力越来越重，他们的飞行训练仅仅只满足于能够驾驶飞机或者飞行炸弹冲向攻击目标而已。

这时还属于早期阶段，"神风"这个名字还没有确定下来，特攻行动当时使用的是另一个名字——"大黄蜂"，它意味着作为攻击方和被攻击方都将同归于尽。到了最后阶段，才由大西泷治郎海军中将用"神风"这个名字将其确定下来。

渊田美津雄还担心，单纯依靠这种为数不多的自杀式攻击飞机，很难对敌人造成足够有效的杀伤。他仔细观察后发现，美国人往往通过集中优势兵力进行猛烈攻击，迫使日军方面不得不分散火力进行防御，最终达到瓦解日军抵抗的目的。直到冲绳战役期间大规模使用"神风"特攻飞机实施空袭之前，日本人在很长时间内很难找到发起一场大规模空中攻势的方法。倘若集中大批的"神风"特攻飞机用来对付美军运兵船，就一定能够对美军造成令人惊惧恐怖的震慑效果，从而达到大多数日本高级军官所希望的迫使美国与日本达成妥协的结果。

通常情况下，神风特攻队员的攻击目标要么是一艘驱逐舰，要么是一艘护航航空母舰，但每次只能选择其一并攻击其一。在攻击航空母舰甚至英国人的装甲航母的时候，他们选择的攻击点往往倾向于舰桥和飞行甲板的接头处，这是因为该地方的防护能力最为薄弱，攻击这里可以给敌人造成严重的人员伤亡，还极有可能引发机库火灾，进而发生一连串的连锁反应，最终导致敌舰丧失战斗力退出战斗，甚至发生沉没。

随着战局的持续恶化，日本国内主张实施神风特攻队自杀式攻击的呼声越来越高，渊田美津雄等抵制自杀式攻击做法的日本军人面临的压力越来越大。战争发展到这一阶段，所有的选择都越来越明显地呈现出日本民族的做事风格。最后，在大西泷治郎 1044 年 11 月 19 日出任驻菲律宾第 5 基地航空队司令官之后，此前一直酝酿的自杀式攻击作战概念的实施最终成为现实。作为战地指挥官，大西再次无视其上司们的意愿，对于可能出现的人员和装备损失全然不顾，极力推动神风特攻队的自杀式攻击行动，他将机动性优异的"零"式战斗机作为自杀飞机，让它们仅仅携带250千克炸药对敌舰发起攻击。但是，在装备有装甲防护甲板的战舰面前，这些自杀式攻击做法几乎毫无用途，只能是白白浪费生命。

再后来，当这种作战概念受到官方认可和支持之后，开始逐渐被称为"捷号作战"。在此期间，为了验证这种作战概念的有效性，同时也为了加快神风特攻作战行动的决策进程，有马正文海军少将于1944年10月13日亲自发起了第一次有着官方记载的神风特攻行动，指挥自己的座机直接撞上了美国海军"富兰克林"号航空母舰。同样在这一时期，驻菲律宾克拉克空军基地的日军第201航空大队开始招募执行自杀式攻击任务的志愿者，日军指挥官们明确表示，他们将重点招募那些没有任何家庭负担的人员，但第201航空大队人员却全部应招成为志愿者，该大队也因此更名为第1特别攻击队。

绝望的"神风"

关行男海军上尉被任命为第1特别攻击队队长，指挥麾下的23架"零"式战斗机。最初，该特攻队将其目标定为每次攻击行动必须确保1次命中，但关行南逐渐发现，为了寻找到一个合适的攻击目标，他往往必须出动四个架次才能取得成效。然而，像这种反复寻找目标进行攻击的机会只属于像关行男这样的驾驶这种先进飞机的飞行员，相比之下，那些驾驶"樱花"飞机的飞行员们却没有这种幸运，他们只要一起飞就再也没有返回的机会。事实上，关行男的下属们也注意到，随着一次次劳而无功的出动，他早期的狂热也渐渐冷却下来。

特攻战术是不断变化的。例如，为了规避盟军日益熟练和有效的战斗机防护圈，神风特攻队飞行员可以选择从20000英尺高空发起攻击，也可以在3000英尺高度上实施低空接近。在实施高空攻击时，飞机不能够以大角度高速俯冲，以免失去控制，同时也为了确保攻击精度。但在3000英尺高度作战时，实施大角度俯冲则是完全可能的。但是，无论采取哪一种战术，神风特攻飞机在最后阶段都将不得不穿越密集而又精确的防空炮火区，因此，这种有人驾驶的自杀式飞机在攻击目标时永远不可能像人们想象的那样精确无误。

人们通常认为，自杀式攻击行动的一个弱点在于战况反馈的缺失，这是由于谁也听不到一名业已阵亡的飞行员的战况汇报。但是，事实并非如此。日军神风特攻队针对军舰的自杀式攻击通常由战斗机护航，这些战斗机因此往往也参加了与盟军战斗机的空战，他们完全可以回去向上司报告战场情况。但不幸的是，日军飞行员之中通常存在着一种报喜不报忧的浮夸风气，他们报告的战况往往要比实际战况好出许多。之所以出现这种局面，也许是由于日军战斗机飞行员在同美英飞行员的战斗中已经倾尽全力，也许由于赞美那些业已牺牲的同行是一种下意识的本能，也许是出于一种因自己未能志愿参与神风特攻行动而产生的强烈的愧疚之心。

另一方面，造成这种局面的原因，还可能在于日军的情报匮乏和舰船识别能力低下，他们经常将油船误判成护航航空母舰，将驱逐舰误判成为巡洋舰。当然，除了上述原因之外，还存在着一种可能，那就是战斗机飞行员们忙于进行空战，他们与目标之间的距离往往很远，看不清楚也是一种可能。

一些眼光犀利、言语尖刻的历史学家甚至认为，日军之所以在神风特攻队执行自杀式攻击时派出战斗机护航，其真实目的就是为了监督那些在半路上思想动摇、企图开小差的神风特攻队员，迫使他们继续送死。在神风特攻队之中，存在着一个不争的事实，那就是并非所有"志愿者"的意思表达都是真实可信的，有些"志愿者"是在其所在的团队"全部志愿"之后才被迫签字的。而一些不愿做"志愿者"的人员，则往往在某场空袭过后离奇死亡。

另一方面，也有一些神风特攻队员的确能够活着回来，他们要么是由于找不到适合的攻击目标，要么是由于飞机出现机械故障无法继续飞行。尽管神风特攻队飞行员们坚持认为自己是按照传统的武士道精神进行作战，但仍有不少的日本人认为他们其实是一群疯子。例如，就连那些信仰基督教的日本飞行员在加入神风特攻队的时候，也都认为为天皇而死是自己的神圣职责。

日本人强人的宣传工具，不但能够在其最惨重的败绩上抹上耀眼的光环，还能够彻底歪曲事实真相，毫不害臊地宣称每一名神风特攻队员都曾经击沉过一艘敌舰，这完全是一堆彻头彻尾的谎话，是日本人一厢情愿的美梦。也许，由于缺乏对空战真相的了解和掌握，当时的日本帝国海军内部普遍认为，在每次自杀式进攻中，所有神风特攻飞机都能够突破盟军的空中防线达成最终目的。事实上，在盟军战舰高射炮火所构筑起的日益密集的防空弹幕面前，许多侥幸从执行空中截击任务的盟军战斗机前逃脱的自杀式飞机，最终还是折戟沉沙坠入大海。即便如此，在莱特湾海战中，大西泷治郎的飞行员们还是取得了较大的成功，一度引起美国人的极度担忧。

对此，美国海军高级官员莫里森海军上将起初认为，鉴于日本人"启用了一种令人极为惊惧的新战术，有可能将战争延长到下一个年头"。在莱特湾海域，先后有 4 艘美国海军航空母舰遭到日军神风特攻飞机的重创，第 5 艘航空母舰"圣洛"号甚至被击沉。初步的统计表明，平均每 4 架神风飞机能够重创 1 艘盟军战舰，每 33 架能够击沉一艘。面对这种局面，美国人对于有关神风特攻队的新闻报道进行了严格审查，避免让日本人掌握到神风特攻行动的真正杀伤效果，从而做出他们自己的正确判断。

当然，在最初阶段，美国海军虽然拥有着极其强大密集的防空炮火，但日本人的神风特攻作战仍然给美国人造成了巨大的精神压力。据美国海军某战舰上的枪炮军官哈利·斯坦利上尉回忆："往往快到 8000 码的距离时，我们才能够发现他（神风特攻队员），他驾驶飞机朝着我们超低空快速逼近……我真弄不明白，他是怎么躲过了我们的密集炮火的？"

的确，在当时，面对日本人这种几乎完全新型的自杀式战术，美国人遭受的挫折感和无助感简直无法言表，美军一名高级军官曾经这样评价道："通常情况下，只要某个国家获得某种先进的技术发明，其他国家很快也能够获取到。无论它是某种新型发动机或者新型飞机，另外一个国家也会很快拥有。但是，对于日本人发明的这种以死相搏的神风特攻队战术，却没有一个国家愿意去效仿和尝试。"

当然，也有对此截然不同的看法，一名美国军官坚定地回答："既然那些狗娘养的日本人敢来送死，那就让我们好好成全他们吧，把他们狠狠打入地狱去。"

1944 年 11 月，就在日军发起神风特攻行动后的第二个月，与美国海军第三舰队在菲律宾以东海域展开了一场空前激烈的战斗，神风特攻队取得了异乎寻常的辉煌战绩，先后击沉1艘驱逐舰，重创"埃塞克斯"号、"富兰克林"号、"汉考克"号、"无畏"号和"莱克星顿"号等5艘航空母舰，就连轻型航空母舰"贝洛伍德"号和"卡伯特"号也难逃厄运，遭受重创。

11月25日，日军神风特攻队的自杀式攻击达到了最高潮。截至此时，鉴于美国海军已经完全掌握了战场空中优势，日本人不得不把陆地机场上的飞机分散隐蔽在大树下面，以免被美军发现并摧毁。为了扭转不利局面，日军指挥官要求属下的5个机场各出5架飞机组成神风特攻队，其中甚至包括像中岛公司研制的B6N"天山"鱼雷轰炸机这样的大型飞机，这就意味着许多执行常规作战任务的飞行员将不得不成为神风特攻队员，"志愿"前去执行自杀式攻击任务。与此同时，日军还派出17架"零"式战斗机为自杀式飞机担负护航和空中观察任务。

就在距离马尼拉150英里的海面上，日军神风特攻队如期发现了美国海军第三舰队，战斗如期打响。担任护航任务的日军战斗机负责牵制升空拦截的美军战斗机，执行自杀式攻击任务的神风飞机则选准各自的目标准备发起撞击。当时，神风特攻队选择的第一个攻击目标便是美军航母"汉考克"号，然而，正当日军飞机企图穿越弹幕撞上航母之前时被高射炮火击中，即便如此，燃烧着的飞机碎片还是重重砸在了甲板上面，引燃了一场大火。

同样的厄运接踵而至，在美军"无畏"号航空母舰上，一架日军自杀式飞机成功突破美军高射炮火所射出的密集弹幕，穿透航母飞行甲板钻入机库，而后发生爆炸，甲板随即产生弯曲。紧接着，又有一架自杀式飞机撞上了"无畏"号，并且再次穿透飞行甲板进入机库，同样发生剧烈爆炸。这时，连续遭遇两次重创，"无畏"号已经无法继续战斗，舰员们到处忙着扑灭火势，早先飞出去作战的舰载机也不得不在其他航母上寻求降落。

"卡伯特"号航母也成了2架日军神风特攻飞机的攻击目标，其中一架飞机直接撞在了飞行甲板上，另外一架被防空炮火击中坠入大海，但由于落水点距离航母太近，剧烈的爆炸仍然对航母造成了一定损害。相比之下，"埃塞克斯"号航母就比较幸运，尽管也有一架神风特攻飞机撞在了它的飞行甲板上，但其自身携带的炸弹竟然没有发生爆炸。

对于美军"无畏"号和"卡伯特"号航空母舰的攻击，是日军神风特攻队攻击大型战舰的最成功战例之一，由此可以看出那些飞行员的作战经验非常丰富，在战斗中，他们不但要努力规避来自敌舰的密集的防空火力，还要在敌舰上寻找到一处最佳的撞击地点，力争产生最大程度的杀伤效果。

尤其需要着重指出的是，虽然同一艘美军战舰往往会遭到不止一架自杀式飞机的攻击，但这并不意味着日本人懂得集中兵力实施自杀式攻击的重要性。相反，神风特攻队员们往往会各自为战，他们各自选择感兴趣的目标发起攻击，极大地分散了攻击力，无法对某一个具体目标形成致命打击，从而迫使其退出战斗。

当然，派出屈指可数的 25 架自杀式飞机前去攻击一支规模如此之大、防护如此严密的舰队，实在是以卵击石，但日本人仍然乐此不疲地去做。11 月 25 日这天，日军总共出动了包括神风特攻飞机在内 42 架飞机，进攻美国海军第三舰队，最终有 16 架飞机活着返回了基地，其中就有若干架的自杀式飞机。当时，在海上活动的美军战舰的数量非常多，即便如此，一些返回基地的神风特攻队员仍然坚称他们没有发现一个目标，另外一些返回基地的飞行员则是由于飞机自身出现技术故障所致。

事后发现，就拿撞在"埃塞克斯"号航母上的那架神风特攻飞机来说，其携带的那枚炸弹之所以没有爆炸，实在是事出有因，而且毫不奇怪。当时，日军指挥层要求神风特攻队员在没有确定攻击目标之前，不能够预先准备好炸弹。之所以做如此要求，是因为在神风特攻行动的初期阶段，曾有着许多的特攻队员往往提前把炸弹预置到待发状态，一旦寻找不到目标，他们要么不得不将炸弹投进大海，要么冒着极大的风险挂载实弹返回基地降落。新规定出台后，为了将自杀式攻击行动进行到底，许多飞行员在没有携带炸弹的情况下，只有将杀伤敌人的战果寄托在飞机的撞击速度和油箱的剩余油量上。

截至 11 月底，日军在莱特湾的自杀式攻击行动看起来并不能一举成功，双方仍然处于极度胶着状态，对于近乎孤军作战的日军神风特攻队来说，飞行员们的受挫感和绝望心态也愈发强烈起来。同样，这次海战中，美军方面也暴露出一些问题,那就是在遭受神风飞机突袭的时候,大型航空母舰和那些建造简单的轻型护航航空母舰同样地脆弱不堪。同时,与装备了装甲飞行甲板的英国皇家海军的航空母舰相比,美军航母上层建筑上的木质飞行甲板几乎不堪一击,因此,造成了数艘大型航空母舰在遭到神风飞机的自杀撞击之后,不得不退出战场进行大修,它们的飞行甲板上、机库里以及防空火炮阵位上也出现了大量的人员伤亡。

看起来,盟军的航空母舰似乎是神风特攻队的首选攻击目标,但绝不是唯一目标。其实,那些只配备了轻度防护装甲的巡洋舰和驱逐舰的防护能力更加脆弱,尤其当它们在浅水海域活动时,由于可供机动的空间非常有限,往往容易遭到神风特攻飞机的密集攻击。当然,在所有被攻击的舰船类型中,最脆弱的还是那些由商船改装而成的船只,尤其是军火运输船。1944年12月28日,一架神风特攻飞机撞上美国军火船约翰·布尔克号,致使该船发生剧烈爆炸,所有船员无一幸免,全部葬身大海。

美军在菲律宾最大岛屿吕宋岛的登陆行动开始后,日军神风特攻队的自杀式攻击行动也发展到了更加疯狂的程度。在战斗中,美军护航航空母舰"奥曼尼湾"号被击沉,另外3艘护航航空母舰受重伤。除航母外,受到神风特攻队重创的还有2艘战列舰——"新墨西哥"号和"加利福尼亚"号,以及4艘巡洋舰。战后统计,在这次战役中,共有100多艘美军战舰遭到重创或沉没,4000多名官兵负伤或阵亡。

在战斗中,大西泷治郎海军中将的第1航空舰队也支援了神风特攻作战,他们从吕宋岛上的机场起飞发起攻击。到了后来,鉴于日益明显的战场颓势,眼见战局已经无可挽回,大西泷治郎撤走了剩余全部的神风特攻队员,把地勤人员留下来作为守备步兵战斗到最后时刻。

1945年1月18日,日军又组建了一支新的神风特攻队,准备在台湾周边海域对美国海军战舰实施攻击。接下来的战斗中,刚刚于上年11月服役的美军"埃塞克斯"级航母"提康德罗加"号,不幸被日军神风飞机撞中两次。其中,第一次撞击钻透了飞行甲板,随即在机库里引发大火,火势迅速蔓延,很快便失去了控制。第二次撞击发生在大约1小时后,重创该舰舰岛部位。

面对这一严峻局面，"提康德罗加"号的战损管制人员从容不迫、沉着应对，他们在舰长的指挥下，努力调整该舰的航行方向，竭力降低海风对于火势的影响，同时努力使舰船左侧部位发生倾斜，让海水慢慢地灌进船舱，协助消防人员扑灭大火，以确保弹药舱的安全。

舰员们的英勇奋战和冷静处置，最大限度地保全了"提康德罗加"号航空母舰，该舰在进行快速维修之后，很快便于同年4月份重返战场，及时参加了美军对于日本本土岛屿的进攻行动。尤其值得一提的是，从"提康德罗加"号上起飞的舰载机还直接参与击沉了日军战列舰"武藏"号、"榛名"号、"日向"号、"伊势"号以及新建造的航空母舰"海鹰"号。

1945年2月21日，在硫磺岛附近海域，2架日军神风特攻飞机击沉了美军"俾斯麦海"号护航航空母舰，另一艘航空母舰"萨拉托加"号则至少被6架神风飞机撞中，舰员们竭尽全力拯救这艘战舰。有关硫磺岛海域的神风特攻作战行动将在后面章节中详细讲述。

正如前面曾经提到的那样，"提康德罗加"号并非最后一艘遭到日军神风飞机重创的美军航空母舰。1945年2月21日，日军神风飞机对于从战列舰改装而来的"萨拉托加"号航母实施了异常猛烈疯狂的攻击，先后有6架飞机撞上该舰，真正造成致命杀伤的只有4架：第一架飞机撞到飞行甲板之上，引起剧烈爆炸。第二架撞在右舷水线以下的舰体上。在此基础上，又有2架飞机撞到上述位置，进一步加重了损害的程度。第五架飞机企图撞击舰岛部位，但错过了目标。尽管如此，神风特攻队员仍然设法撞掉了该舰的信号天线。第六架也撞在了航母的右舷边缘。除了上述6架飞机的攻击外，还有数枚炸弹击中了"萨拉托加"号。

遭受一连串重创之后，"萨拉托加"号这艘年老体衰的航空母舰不得不退出战斗，返回位于美国布雷默顿的皮吉特湾造船厂维修。此前几年，"萨拉托加"号也曾在此维修过，一次是在1942年1月，该舰在珍珠港海域被日军伊－6号潜艇射出的一条鱼雷击中，一次是在1943年8月31日，"萨拉托加"号又遭到日军"伊－26"号潜艇的攻击，有3间锅炉房被鱼雷击穿，海水猛灌进来，再加上其他一些伤害，使得该舰动弹不得，不得不在皮吉特湾造船厂进行简易战场处置后，拖往珍珠港进行长期维修。不过，虽然"萨拉托加"号看起来似乎总是很不走运，但它却屡屡化险为夷，从来没有被击沉过。

1945年3月，日军利用"樱花"飞行炸弹实施了第一次猛烈攻击，执行任务的是一支被称为"雷鸟"的神风特攻部队。在战斗中，日军用来携带"樱花"飞行炸弹的所有"一"式轰炸机（日本三菱公司生产）均被美军战斗机在空中击落，损失极为惨重。

究其本质，无论任何阶段的神风特攻行动，都只是日本人以自杀式心态进行战争赌博的具体表现。其中，整个硫磺岛战役期间，绝望的日本人与势不可挡的美国人展开了殊死搏杀，造成6000名美军官兵阵亡，17000人受伤，而日军守备部队22000人中也仅有200人生还。

攻击之下的生活

进入1945年春季，与美国海军快速航母编队并肩作战的英国皇家海军太平洋舰队航母编队被编为第57特混舰队，而美国海军此时也已重新更名为第五舰队。虽然与美国人进行战争合作，但英军航母编队在确定作战目标方面仍然有着很大的自主权，它们选择的攻击目标是先岛群岛中的3个岛屿，分别是宫古岛、石垣岛和西表岛。当时，为了防止日军出动空中力量增援驻守冲绳的日军守备部队，英军第57特混舰队必须对上述岛屿的日军机场进行轰炸和压制，最大限度地消耗日军的空中战力。

第57特混舰队下辖4艘航空母舰，所有飞行人员、机库人员和飞行甲板操作人员在凌晨3时30分起床进行战斗准备，所有航母也于凌晨5时左右抵达战位，做好迎击日军神风特攻飞机可能来袭的所有准备。根据英军作战条令，上述4舰的战备等级分为三级：最低一级为黄色戒备，舰载战斗机开始作战准备；第二等级为蓝色戒备，战斗机完成作战准备，随时可以出动；最高等级是红色戒备，战斗机必须升空作战。

4月1日，英军"胜利"号航空母舰险些被日军一架神风特攻飞机撞上，当时，该日机几乎以垂直俯冲的状态朝着"胜利"号一头扑下来，"胜利"号舰长沉着应对，指挥航母向左迅速摆头，使得日机几乎贴着航母右侧舰艏一头扎进了海中。

在应对日军神风飞机的自杀式攻击中，英国海军快速航母的装甲甲板充分显示了它们的重要功能。

"一架飞机从我们头顶呼啸着飞过去，"当时在"卓越"号航空母舰上作战的诺尔曼·汉森回忆道，"紧接着，只听得一声巨响传来，那架飞机撞在了我们右舷 300 码外的与我们平行的'不倦'号航母上，撞击的部位恰巧就在飞行甲板到舰岛之间，造成了大量的人员伤亡。然而，装甲飞行甲板保护了它下面的机库，避免了更大的损失，甲板自身却被飞机活生生地撞出了一个很深的大坑……甲板维护人员迅速使用速干水泥填平了凹陷部位，使其很快就恢复了飞行功能。短短几小时后，'不倦'号又开始频繁起降飞机实施作战，刚才发生的一切仿佛只不过是打了一个嗝儿。"

当天晚些时候，同样的坏运气差点降临到了"卓越"号航空母舰的头上，这一次，日军神风飞机在快要撞上"卓越"号之前，被舰上密集的高射炮火击中后发生爆炸，"卓越"号这才侥幸躲过一劫。

不过，在对付这架神风特攻飞机的战斗中，发生在"卓越"号航母上的一个偶然事件特别值得说明。

当时，就在攻击行动发起前，"卓越"号的飞行甲板上已经有 2 架"海盗"式战斗机进入起飞阵位待命。其中，不知何故，其中一架飞机的飞行员在离开飞机座舱时，居然忘记关闭发动机。被高射炮击中的日军飞机坠海时发生的剧烈爆炸，使得整个航母出现剧烈震荡，甚至让很多人误以为自己的战舰遭到日军鱼雷攻击。加之舰上 8 座高射炮塔的 16 门 4.5 英寸高射炮的猛烈开火，舰体震荡格外加剧，不知什么时候，甲板上用来固定飞机的轮挡居然发生了松动，那架没有了飞行员的"海盗"飞机竟然慢慢晃动起来，朝着飞行甲板边缘滑过去。就在这千钧一发时刻，一名年轻的电工从舰岛那边飞奔过来，他凭借着令人难以置信的巨大勇气和出奇的冷静沉着，一下子就跃进了飞行员座舱，一脚踩住了刹车，而后关掉了发动机。接下来，他全然不顾周围正在激烈进行着的战斗，坚持坐在座舱里控制飞机，使其无法移动，直到又有两名飞行甲板操作员跑了过来，用一套轮挡装置将飞机固定好为止。然而，这名年轻的电工表现如此出色，事后仅仅得到了口头表扬，很多人都为他抱不平，认为他应该得到更高的奖励。汉森甚至试图帮他争取一枚"杰出服役勋章"。

当时，在紧张而又混乱的战斗环境里，一些完成任务试图返回母舰的英军飞机也很容易遭到己方高射炮火的攻击。究其原因，一方面在于舰机之间的相互识别能力低下，二是由于英军飞机标志在远距离上极易与日军飞机的红色圆形标志发生混淆。

神风特攻队的末日

随着美军在广岛和长崎先后投掷下两颗原子弹，日本政府走投无路，裕仁天皇不得不宣布无条件投降。然而，仍有许多日本人将这种投降视为国家耻辱，甚至有人试图发动政变来阻止政府的做法。但是，在所有的日本人中，没有人能够比神风特攻队员们的必死决心更为坚定，他们决心用一次"最高境界的牺牲"来回应这种投降的耻辱，证明投降敌人绝非日本武士所为。

事实上，战争进行到了这个时候，由于油料的极度短缺，日军神风特攻队试图对盟军发动一次由5000架飞机组成的大规模自杀攻击的计划，注定将成为泡影。与此同时，在这些残余的飞机中，许多都是老旧过时的教练机，飞行员们所接受的训练也仅仅只是能把飞机开到空中而已。因此，究竟有多少架飞机和多少飞行员能够投入实战，的确是一个非常值得探究的问题。

当不可一世的日本帝国终于战败，日军神风特攻行动走上穷途末路之际，指挥神风特攻队残渣余孽的日军司令官是宇垣缠海军中将，1945年8月15日下午，他亲自驾机率领一支由11架"彗星"轰炸机组成的神风特攻编队，试图对在冲绳的美军部队发起最后的攻击。4小时后，宇垣缠发回了最后一封电报：

"因为本职无能，过去半年以来，麾下的将士们虽然英勇奋战，但未能完成击碎骄敌、护持神州之重任。如今，本职确信皇国武运长久、与天无穷，因此将紧随麾下将士们的坚定步伐，前往他们宛如樱花般献身殉国的冲绳海域，秉持真正的武士道精神对骄狂之敌发起最后的攻击。本职相信，麾下各部将士定能体谅本职之真正用意，将克服未来所有困难，再造辉煌。愿皇国万世无穷，天皇陛下万岁！"

事实上，宇垣缠的这封电报是对历史事实的一种彻头彻尾的抵赖行为，他全然无视正是日本人自己一手发动战争，对亚洲和太平洋沿岸国家实施疯狂侵略的历史事实，竟然反过来猛烈指责美国人的"傲慢无礼"和"狂妄自大"，是导致自己国家蒙受战火灾难的原因所在。

不过，宇垣缠只是在自己的电报里完成了所谓的最后神风特攻行动，他所率领的8架"彗星"轰炸机并没有攻击任何盟军目标。为了不违反天皇停止敌对行动的命令，宇垣缠所乘的"彗星"飞机冲向冲绳岛以北的伊平屋岛，当时岛上有着7000名美军正灯火通明地庆祝战争结束，宇垣缠的座机从大肆庆祝的美军头顶上掠过，坠毁在美军驻地1千米外的沙滩上。

其他的自杀式飞机则飞到了英国皇家海军特混舰队的上空。当时，甲板上挤满了庆祝战争结束的水手们，看到日本机群突然出现在头顶，他们无不大惊失色。高射炮手立刻各就各位瞄准目标，但没有开火，因为他们早在几小时前就接到上级指示——对日本停止敌对行动。

当然，日军最后这支神风特攻队在盟军舰队上空盘旋一阵后，也没有选择攻击，而是纷纷坠入大海，追随他们的司令官去了。这次行动中，共有18名日军飞行员死于非命。

事实上，随同宇垣缠执行最后一次自杀攻击任务的11架飞机中，有4架由于机械原因返回了基地。因为战争进行到这个时候，整个日本的战备物资已经极度匮乏，很多飞机零部件缺失或需要更换，却无法及时更换或维修，因此不得不在战斗中途折返。

同样在1945年8月15日，这天夜间，曾经一手鼓吹和创建了神风特攻作战模式的大西泷治郎海军中将，按照日本人特有的自杀模式在其东京的寓所里剖腹自杀。他首先按照宗教仪式用短剑剖开了自己的腹部，接下来还曾试图割断自己的喉管，但未能成功。随着血液逐渐流尽，他躺在地上，等待着最后时刻的到来。第二天上午，一个仆人发现了躺在血泊之中的大西泷治郎，这时他已经极度虚弱，仍然意识残存。但是，他拒绝了医疗救治，要求让自己一个人静静死去——这个过程一直持续到当天晚上 18 时才结束。

11
潜艇战

在前面第 9 章，我们曾经提到过美军潜艇攻击日军航空母舰的一些成功案例，但是，只要一提及第二次世界大战期间的潜艇作战，人们通常就会把注意力放在德国海军 U 型潜艇以及大西洋海战之上。为了公平起见，许多英国海军历史学家同样也强调了皇家海军潜艇部队在地中海上的作战行动，尤其以戴维·华克莱恩海军少校及其潜艇"支持者"号为杰出的成功案例。

在太平洋战区，潜艇作用的发挥似乎不太明显，部分原因在于海军高层官员们更乐于宣扬航空母舰的重要作用和出色表现。同样，一个毋庸置疑的事实在于，市井大众们大多不喜欢谈论潜艇战略或潜艇作战，因为他们对于潜艇如何加强自身防御所知甚少。

不过，还存在着另外一个无法回避的原因。尽管盟国对于德国潜艇在北大西洋海域肆意攻击盟国商业航线的做法颇多指责，但是在太平洋战场，美国海军对于日本商业航线也同样实施着毫无节制的攻击行动。在此之前，日本人对美国实施不宣而战的做法，也曾激起过美国民众对于日本人的强烈愤慨，但即便如此，美英盟国政府仍然不希望本国民众了解和掌握盟国潜艇大规模攻击日本商船的事实真相。

在如何进行潜艇作战的问题上，美国海军与德国海军的一个主要区别在于，前者有着更加实质性的战场自由处分权，而德国海军则不然。在北大西洋海域，德国 U 型潜艇进行作战时，通常采用"狼群"战术并进行不间断的无线电通信，这些做法往往使得盟军能够对其实施准确跟踪，并及时指挥护航运输队采取必要的规避措施。

日本人不懂得潜艇作战

为了准备战争，日本帝国海军逐渐发展成为一支力量均衡的军种，拥有着一支颇为强大的潜艇舰队。但是，令人吃惊的是，日本人在作战思想上虽然一贯强调进攻而非防御，但其潜艇兵力在战争中却很少能够得到有效的使用。与此同时，面对美军潜艇对其漫长而又曲折的海上交通线所构成的严重威胁，日本帝国海军似乎并不重视，甚至是无动于衷，他们很少去关注如何建立起一套行之有效的护航运输系统。有时候，他们即便组织起一支护航运输队，也往往采用 8 艘商船配备 1 艘驱逐舰的护航模式，这种做法在美英两国看来简直如同儿戏。根据英国人和美国人的护航经验，一支大型运输队如果能够得到相应程度的护航保障，它们所蒙受的损失甚至要比一支小型运输队的还要低。

第二次世界大战爆发之际，日本海军几乎没有任何有关反潜作战的具体规定和战术战法。迫于日益严峻的战场压力，日军战舰虽然相继具备了一定的反潜作战能力，但很少进行相关的技战术训练。

负责反潜作战的日本海军第 1 舰队的军官和士兵，通常由一些退役人员或不太称职的人员组成。这样一来，在反潜作战实践中，会遇到一种比较常见的现象，一艘日军护航舰船经常会根据来袭鱼雷的航迹去发现美国潜艇，而非使用声呐系统去主动探测。同样，日本人在深水炸弹技术方面也极为原始和落后。事实上，战争爆发时，日本人的声呐技术非常先进，但与其他领域的技术一样，声呐技术在战争期间却没有得到相应的进展。

日本人除了拥有一支强大的潜艇舰队之外，其"长矛"鱼雷也是当时世界上性能最先进、攻击最有效的武器。相比之下，美国海军起初在鱼雷技术研发方面起点很低且举步维艰，他们的鱼雷在发射后的弹道往往不是很直，即使偶尔笔直了，却会偏移到目标下方穿过。有时候，即使击中目标，也往往不能够爆炸。关于美军鱼雷的低劣性能，有着一个比较著名的案例足以说明问题，曾经有一艘叫做"缇娜沙"号的美国潜艇，在发现一艘日本捕鲸船后接连发射 15 条鱼雷，竟然没有一条鱼雷发生爆炸，甚至有一条在击中捕鲸船后居然滑掉了。

日本潜艇

据 1939 年版的《简氏战舰》记载，当时的日本帝国海军拥有着 24 艘 "远洋"级大型潜艇以及同等数量的 "远航"级潜艇。据此可以推断， "远洋"级潜艇的性能要比 "远航"级潜艇优异很多，但后者的能力也不可小觑，其作战半径可达 16000 英里，几乎不需要进行海上燃油补给，就可以将美国加利福尼亚州圣迭戈海军基地和巴拿马运河的太平洋出口等重要作战区域纳入作战半径之内。

此外，日本人还拥有载机潜艇（可搭载飞机的潜艇）、布雷潜艇和海岸防御潜艇等艇型，其真正实力应该远远超出了《简氏战舰》所能掌握的水平。在珍珠港事件爆发前夕，日本人建造出了数量众多、类型各异的潜艇，除了常规潜艇之外，他们还打造出一支颇具规模的 A2 型载机潜艇部队，这些潜艇通常搭载 1 架飞机，个别潜艇甚至能够搭载 2 架，续航力达到了 90 天。后来，日军又对一些载机潜艇进行了改装，把机库和飞机拆除后，用来搭载一种袖珍潜艇，其功能相当于神风特攻飞机，专门用来执行自杀式攻击任务。

就在濒临战争爆发之际，日本帝国海军还征集了一支由 200 来艘舰船组成的护航力量，用于保护其海上商业航线的安全。但是，有许多人认为这一数量甚至不到其所需数量的十分之一。在这 200 多艘舰船之中，只有 10 艘是驱逐舰，其余都是一些小型船只。相比之下，美英盟国的运输队通常采用巡洋舰护航，后来甚至使用了航空母舰护航，同时还有大量的必不可少的驱逐舰、护卫舰和轻巡洋舰参与其中。当然，到了战争后期，日本人也曾计划建造 263 艘海防舰执行商船护航任务，但即便如此，这一数量仍然无法满足需求，且为时已晚。

缺乏对声呐技术的理解和认识，尤其是海洋盐度、温度、水压等的变化对于声呐性能影响的研究，是日本人的另一个致命弱点。在日本人的精神世界里，进攻的冲动总是异常强烈，他们在发现敌军潜艇之后，往往直接发起攻击，但如果攻击失败便立即放弃，很少会一连耗费数日，对其进行连续跟踪和追杀。

日本人在发动战争之初，曾经拥有一支由 2528 艘舰船组成的商船队，其中的 40% 的份额划拨给陆军和海军使用，剩余船只的数量不但很难满足一个不断扩张的庞大帝国最基本的海上交通需要，甚至连可能出现的船只损失都无法及时予以补充。事实上，日本商船队的总吨位是 6340000 吨，真正用来满足普通民众生存需求的份额只有 2440000 吨，将近 60% 的商船吨位和大型船只划给日本军方使用。同时，日本帝国在其迅速扩张的过程中，还把从对手那里俘获的一些船用来弥补海上航运能力的短缺，这在一定程度上缓解了航运压力。

在日本，没有一个人能够对于保护海上航运真正负起责任。截至 1942 年春天，就在太平洋战争爆发后不到 6 个月，日本人的海上商船吨位便遭遇了惨重损失，不得不采取措施进行补救。在此形势下，第 1 和第 2 护航大队应运而生，并且组织了第一批护航运输队。正如前面提过的那样，日本人组建的护航运输队，通常采用 1 艘驱逐舰护卫 8 艘商船的模式，这样一支护航运输队在美英盟国眼里简直是一群乌合之众。鉴于这种情况，日本人的商船吨位损失继续扩大，1943 年 9 月达到了 17 万吨，11 月达到 30 万吨，1944 年 1 月达到 35 万吨。在整个 1944 年，被击沉的日本商船总吨位甚至达到了 390 万吨。

到了这个时候，日本人已经开始陆续从多条护航航线上后撤。其中，1943 年 12 月，在盟国航母兵力的猛烈攻击下，日军被迫从特鲁克岛到马绍尔群岛之间的航线退出；同月，面对盟军的步步进逼，日军不得不放弃了从特鲁克岛到腊包尔的航线。1944 年 1 月，由于把有限的护航兵力派到了对于日本帝国来说最为关键的日本—台湾航线上，因此，日本到上海的航线也失去了护航保障。1944 年 8 月，日本人为了强化日本到新加坡航线的安全防护，不得不放弃了日本到香港航线的护航作战，但即便如此，日本到新加坡的航线很快便于 1945 年 1 月被迫放弃，主要原因在于油轮数量出现严重不足。到战争结束时，日本人的油轮总吨位只剩下 25 万吨，但是，即便这个数字也未能真正反映出日本人面临的真实处境，因为在残存的这些船只中，至少有一大半的船只当时已经无法使用。

日本人在潜艇战领域的缺陷和失误，使得日本的海上航线（包括商业航线和海军航线在内），在面临潜艇这种强大武器的威胁时，均不能得到有效的保护。与之相反，美国人在战争中学习战争，他们积极改进相关的武器装备，尤其是鱼雷技术，积极试验相应的各种战术，甚至包括德国人最擅长的"狼群"战术，以便充分应用和发挥潜艇兵力的优势。

日本人需要从其征服的土地上获取橡胶、粮食、燃油等各种原材料，用来维系这个从东京延伸到新加坡的直线距离超过 3000 海里的庞大帝国，但他们在如何保卫海上交通线安全方面却毫无建树。战争日益临近尾声时，日本人的燃油短缺达到了令人绝望的地步，为了对美英舰队实施自杀式攻击，他们不得不想尽千方百计节省燃油。当时，整个日本民族几乎濒临饿死的边缘，营养不良在民众中间到处蔓延。

美国潜艇战的成功

在世界各国，尤其是在欧洲，存在着一种非常普遍的看法，那就是：德国人是第二次世界大战期间潜艇战略和战术发展的集大成者，在盟国将护航航空母舰和远海侦察有效结合起来对付潜艇之前，是德国人最先将潜艇作战发展到了一个空前的高度。事实上，这种看法非常错误，因为英国皇家海军在潜艇战方面同样取得了比较重大的成功，在地中海海域更是如此。但就总体而言，潜艇战的最高成就奖最应该颁发给美国人，因为正是他们的"射水鱼"号潜艇击沉了当时日本海军最自豪的新型航空母舰"信浓"号，这是除美国航空母舰之外所建造的最大型的航空母舰。其实，对于自己潜艇所取得的这种辉煌战绩，就连美国海军有时候也不敢相信。

第二次世界大战充分检验了美国强大的工业生产能力，美军潜艇部队和其他部队一样，也从这种强大工业能力中受益匪浅，得到了长足发展。曾经有一段时期，美国海军的潜艇生产速度甚至达到了每月 5 艘，它们不但性能可靠，还装备了当时世界上最新型的雷达系统和夜视装置。的确，美国人在潜艇建造领域的遥遥领先的发展步伐，仿佛意味着不需要等到战争结束，就可以较大幅度地降低潜艇建造的规模和力度。

对于美国海军来说，随着日本帝国向其本岛海域的全面收缩，其主要的商业航线随之放弃，一些可供潜艇攻击的重要目标也逐渐消失。即便如此，美国海军潜艇的活动范围和频率并没有因此减少，他们在成功击沉日军"信浓"号航空母舰之后，继续向前推进，开始威胁日本内海及其本岛之间的海上交通线。

与其他类型的美国战舰一样，超远航程、出色的适航能力和舒适的舱室环境（至少在其他国家海军看来如此），是美国潜艇建造的主要特征。美国海军在建设发展潜艇兵力的时候，充分考虑到了太平洋上不同基地间的漫长航程，以及远海深处变幻莫测的恶劣海况，时刻把潜艇官兵们的生活、工作环境的舒适程度放在首位。此外，美国海军潜艇部队司令部在对自身进行大幅变革之后，也逐渐得到了海军其他部门的高度重视，例如专门负责解决潜艇鱼雷可靠性问题的军械部。

但奇怪的是，美国人对于潜艇战的态度经常表现得自相矛盾。胡佛总统在参加 1930 年的伦敦国际海军会议的时候，曾经倡议世界各国取消潜艇对于运粮船的攻击权。他在做出这番表态的时候，不但忘记了当年美国内战期间，北方联邦政府是如何通过粮食封锁对付南方邦联政府的，而且还忽视了在战争期间推行这种政策的可行性。同样，如果说美国海军是潜艇战的忠实信徒，这种说法也不尽准确，不符合客观事实，因为在第二次世界大战期间，曾经有许多的美国海军将领痴迷于航空母舰的空中制胜能力，也有相当一部分将军仍然信奉战列舰的"大舰巨炮"优势思想。

英国皇家海军 T 级潜艇配备了 10 具 21 英寸口径的鱼雷发射管，在潜艇发展领域雄踞首位，相比之下，拥有 8 具发射管的潜艇相对来说比较普遍。与英军潜艇相比，许多美国潜艇毫不逊色，它们甚至配备有 2 门 5 英寸口径火炮（相当于英军驱逐舰上的 4~4.5 英寸口径火炮），以及 1 门 20 毫米口径"厄利空"或 40 毫米"博福斯"火炮。这些潜艇通常还配备有 2 副潜望镜，有些潜艇配备 3 副，雷达就安装在潜望镜上。此外，美军潜艇上面装备的 PLAN 方位指示器，可以使潜艇指挥官在指挥夜间作战时不必爬到舰桥之上，在指挥塔里面就可实施。PPI 引导仪可在夜间攻击时，避免在太远距离上发起攻击。

不过，美国人水下战争的成功既来之不易，也来之不早，他们在战争早期所遇到的鱼雷问题只是其中的一方面。在 1941—1942 年间，美军许多潜艇指挥官在作战时缺乏足够的进取精神，潜艇作战区域往往远离日本主要港口和海军基地，很多时候，美军潜艇只是对日军海上航线实施监视，除此之外毫无作为。一个更加令人费解的事实是，由于担心因误判进而误击己方战舰，美军甚至不允许潜艇兵力进入最好的潜艇狩猎场——吕宋海峡。

随着查尔斯·洛克伍德海军中将出任潜艇部队司令，鱼雷故障问题的最终解决终于出现一线曙光。即便如此，一直到了1943年秋天，随着更多富于进攻精神的海军指挥官的相继任命到位，这一问题才最终得以解决。

人们通常并不认为是第二次世界大战改变了潜艇的功能及其承担的角色。直到战争爆发前夕，仍有许多国家海军未能把潜艇作为一支可以独立作战的兵力而加以重视，在他们看来，潜艇只不过是水面舰队的一个附属物，专门为水面舰队提供侦察监视支援，并择机对敌人的大型战舰发起攻击。例如，就连英国皇家海军也不怎么看好潜艇，他们甚至在德国U型潜艇第一次世界大战期间获得重大成功的情况下，仍然建造了一些蒸汽动力潜艇并将其编入水面舰队之中，因为这些潜艇在水面航行状态下能够跟上其他战舰的行进脚步。但是，最终的事实证明，对于潜艇而言，这是一种莫大的灾难。

幸运的是，美国海军在战争爆发之初，就在太平洋上拥有了一支数量最为庞大的潜艇兵力，有着不少于55艘的大型潜艇和18艘S级中型潜艇，它们在配合水面舰队作战时拥有两方面重大优势：一是均具备了长远航程，二是配备了适合热带地区作战的物资设备，例如空调系统和饮用水制造净化设备。

当然，英国皇家海军也曾在中国海域部署了一定数量的潜艇，但这些潜艇在1940年回撤到欧洲海域增援地中海舰队，在那里发挥了非常重要的作用。此外，英国人还在香港部署了15艘潜艇，它们的性能非常先进。荷兰在东印度群岛也部署了15艘潜艇，却严重老旧。

再来讨论日本帝国海军对于潜艇作战的态度。毫不奇怪的是，由于未能认识到潜艇作战的重要性，最终导致日本无法对美国造成真正的打击和伤害。例如，在战争早期，倘若日本人在珍珠港和巴拿马运河外围部署大量的鱼雷，势必能够阻挠美国海军部队向太平洋海域的出动步伐。同样，如果在诸如圣迭戈海军基地这样的军事基地，或者像圣弗朗西斯科（旧金山）这样的商业港口外围实施水雷或潜艇封锁作战的话，肯定能够对美国造成更多、更实质的打击。这些做法未必能够为日本赢得战争，但肯定能够为日本人赢得 6~12 个月的喘息时机，而这一点恰恰是日本军事战略所最急需的。

当然，日本人也曾经将载机潜艇投入实战，但应用范围却非常有限，先后实施了两次森林纵火行动，在美国西海岸林木繁茂的俄勒冈州放了两把火，试图引发森林大火，最终未能如愿。究其原因，也许由于炸弹并没有爆炸，也许秋季森林里面比较潮湿所致。总之，日本人利用载机潜艇发起的火攻行动以失败而告终，给人们留下了一个毫无价值、虚弱无能的糟糕印象。

和其他失利的战例一样，在纵火攻击中，日本人再一次未能发挥出潜艇作战的真实价值，事实上，这种兵器的价值就放在那里，却被人忽视了。究其原因，是日军潜艇指挥官们的传统保守的思想意识在作祟，他们既不鼓励任何新颖的创意，也不注重调动下属们的主动作为精神，最终白白浪费了潜艇兵器的巨大价值。

整个战争期间，日本帝国海军一直渴望能够与美英对手进行一场大规模的舰队作战，再现当年日俄对马海战的辉煌，因此被牢牢束缚住了手脚。日本人希望能够在莱特湾海战中实现这一目标，但在美国海军面前落了空。日本人不明白，以往那种主力战舰之间进行大规模舰炮攻击的时代已经过去，交战双方的舰队很少能够发生面对面的遭遇战，这项工作如今已经交由舰载机来进行，或者由舰队各自所属的潜艇来完成。

潜艇战

1941 年 12 月 7 日，就在日本对珍珠港发动偷袭后的 6 小时，美国海军指挥官们就接到上级指示，要对日本发动"一场无限制的飞机和潜艇作战"。当时，美国海军太平洋舰队所属的潜艇兵力在珍珠港事件中几乎毫发无损，驻扎在菲律宾的美国海军亚洲舰队的潜艇兵力同样完好无缺。但不幸的是，美国海军在战前的作战规划中，却没有为潜艇兵力设定一个比较合适的角色。因此，当美军潜艇离港时，它们并没有实施布雷作战或者攻击敌人航线的任何打算，美军亚洲舰队的潜艇兵力甚至没有对日军入侵菲律宾的行动采取任何形式的阻击行动。虽然说日本帝国海军在潜艇兵力运用上曾经坐失不少良机，犯下许多的错误，但在这一时期，美国海军的表现同样好不到哪里去。

为了阻击入侵马来亚的日军登陆舰队，英国、荷兰和美国海军匆忙组建一支潜艇兵力进行拦截，但收效甚微。1941 年 12 月，5 艘荷兰潜艇攻击日军舰队，击沉日军商船 2 艘，击伤 4 艘，但自身却损失了 3 艘。剩余 2 艘荷兰潜艇撤回荷属东印度群岛，在那里与 2 艘来自地中海舰队的英军潜艇会合。美国海军亚洲舰队的潜艇部队击沉了 12 艘日军船只，而其自身的 27 艘潜艇也损失了 3 艘。接下来，美军潜艇撤到澳大利亚以西的弗里曼特尔，在那里滞留到战争结束，在此期间，由于日军在印度洋上活动极为有限，这些潜艇几乎毫无作为。

珊瑚海战役后，美军潜艇奉命前去干掉业已受伤的日本航空母舰“翔鹤”号，但由于遍寻该舰不见，最终无功而返。中途岛海战前夕，日本人试图击沉一艘美国潜艇时，不幸暴露了自己的行踪，使得美国人准确探知到来势汹汹气势的日军舰队，从而进一步验证了此前所掌握情报的准确性。

正是在 1943 年，潜艇开始成为盟军武器库中一件非常重要的兵器。在这一年，美国海军最终解决了长期困扰潜艇发展的鱼雷问题，一些新任命的更具进取精神的潜艇指挥官也开始发挥作用，所有这些变革的效果开始在 1944 年显现。其中，美国潜艇在太平洋海域作战能力的逐步提升，大部分的成绩应当归功于查尔斯·A·洛克伍德海军中将，他于 1942—1943 年间出任美国海军太平洋舰队潜艇部队司令官。

在菲律宾海海战中，美国海军潜艇击沉了日军航空母舰“翔鹤”号和“大凤”号，在莱特湾海战中攻击了 3 艘“高雄”级巡洋舰。同一年，死于美军潜艇之手的还有日军战列舰“金刚”号和航空母舰“信浓”号。当美军“射水鱼”号潜艇艇长报告称自己击沉了“信浓”号航空母舰的时候，美国海军高层几乎没有人敢相信。直到今天，“信浓”号航空母舰仍然是被潜艇所击沉的最大吨位的战舰，这一纪录无人打破。

美国海军针对日本的潜艇战一直持续到了 1945 年 8 月，此时，日本人的商船吨位已经下降到不足 1941 年开战时的四分之一。在这个过程中，美国潜艇的贡献相当重大，总共击沉了日本 1300 艘商船和 200 艘左右的战舰。

在众多参战的美军潜艇之中，最成功的当属"刺鲅鱼"号。与那个时代的诸多潜艇一样，它同样以鱼类的名字命名，只不过是加勒比海海域的一种鱼类。"刺鲅鱼"号于 1942 年 8 月抵达珍珠港，此时距离其正式服役刚刚 3 个月，指挥官是马文·肯尼迪海军少校。该艇直到 1943 年 10 月被日军击沉之前，先后执行了 7 次战斗巡逻任务。

除了对登陆海滩进行侦察之外，美军还利用潜艇救援落水的美军航空人员，据统计，整个战争期间，美军潜艇共救起了 504 名飞机机组人员。

作为一种行之有效的攻击力量，英军于 1943 年 8 月将其部分潜艇集结到了印度洋进行作战，但由于这里远离马六甲海峡，很少遇到可以攻击的日军大型战舰。即便如此，英军潜艇仍然做出了一定程度的贡献，为盟军提供侦察情报支援的同时，干扰了日军对其入缅作战部队进行物资补给的努力。截至 1944 年 10 月，英国海军东方舰队潜艇部队先后击沉 1 艘巡洋舰、3 艘潜艇、6 艘其他海军船只，击沉日军商船总吨位 4 万吨，大小各型商船 100 来艘。

1944 年晚些时候，英国皇家海军第 8 分舰队及其所属的 11 艘英荷潜艇，作为美国海军第七舰队的分支前往爪哇海域作战。在锡兰海域，英国皇家海军第 4 分舰队和新组建的第 2 分舰队在此活动，截至 1945 年 3 月，皇家海军潜艇部队已经成功控制住了马六甲海峡。接下来的一个月，在印度洋和太平洋上，英荷两国海军共有 38 艘潜艇在此活动，另有 5 艘潜艇正从欧洲战场赶来。1945 年 6 月 8 日，英军"锋利"号潜艇取得了最辉煌的战绩，在邦加海峡附近用鱼雷击沉了日军重巡洋舰"足柄"号，造成 1200 名日军人员葬身鱼腹。

在地中海取得重大战功之后，英军潜艇"逃避者"号于 1942 年奉命前往远东攻击日军商船航线，先后用鱼雷击沉了 2 艘日军商业货船和 1 艘陆军货船，还曾攻击过日军轻巡洋舰"长良"号，但鱼雷偏离了目标。此外，它还参加了巴东海峡战役。1945 年 5 月，"逃避者"号的姊妹艇"托贝"号也抵达了太平洋战区，在 C.P. 诺曼海军少校指挥下继续进行破交作战，先后击沉 2 艘日本帆船和 1

艘近海货船，临近战争结束前又击伤另外一艘近海货船。

同样，英荷海军潜艇也曾多次救援落水的航空飞行人员，搭载和输送特种作战部队人员，还先后9次用甲板火炮对敌军实施炮击。在欧洲，英国皇家海军就曾一直钟情于发展和使用袖珍潜艇作战，并将这种做法引用到了远东战场。第14分舰队拥有6艘XE级袖珍潜艇，它们于1945年4月相继抵达澳大利亚海域，在随后的一个月，由于缺乏合适的攻击目标，这支袖珍潜艇部队差一点就被解了。到了6月份，英荷军方研究后认为，日军海底电报线路属于一个比较合适的攻击目标，于是在7月31日这天，在法属印度支那圣雅克角附近，XE4号袖珍潜艇切断了新加坡—西贡电报线缆，XE5号袖珍潜艇在香港南丫岛附近切断了香港—西贡电报线缆。另外两艘袖珍潜艇——XE1号和XE3号，潜入柔佛海峡，用水雷攻击了日军重巡洋舰"高雄"号，给其造成一定程度的创伤。当然，在执行这些攻击任务中，有一些损失是不可避免的，英军先后有3艘潜艇——"海豚"号、"计谋"号和"石柱"号，被日本人击沉。

"刺鲅鱼"号的战争记录

在太平洋战场上，战功最显赫的美国海军潜艇当属"刺鲅鱼"号。

"刺鲅鱼"号潜艇于1942年中期服役，属于"小鲨鱼"级潜艇，曾经先后7次执行战斗巡逻任务，并立下了赫赫战功，是美国海军太平洋舰队潜艇部队辉煌战绩的杰出代表。在"刺鲅鱼"号短若流星的战斗生涯中，人们可以看到美军潜艇指挥官们日益增强的进取精神和攻击意识，同样也能看到他们是如何应对和解决诸如MK14型鱼雷之类的技战术难题。

1942年8月23日，"刺鲅鱼"号潜艇开始执行第一次战斗巡逻任务。在特鲁克岛以西海域，"刺鲅鱼"号发现一艘日本船只，它随即射出3条鱼雷实施攻击时，但该艘日舰突然掉头朝它驶来，致使3条鱼雷全部偏离目标。在发现特鲁克岛以西海域并不具备狩猎价值后，"刺鲅鱼"号开始南下，继续寻找合适的狩猎场，在此期间，它曾对日军一艘大型货船发起攻击，但攻击行动再遭失败。10

月初，在乌卢尔岛附近海域，由于肯尼迪艇长指挥无方，且缺乏进取精神，"刺鲅鱼"号再次错过两个非常重要的目标——日军水上飞机母舰"千代田"号（曾作为袖珍潜艇母舰，后改装成航空母舰）以及一艘未能判明属性的航空母舰。就这样，第一次战斗巡逻行动于 10 月 17 日结束。

第二次巡逻行动于 1942 年 11 月 8 日开始，这一次，"刺鲅鱼"号潜艇奔赴所罗门群岛海域执行破交任务。期间，"刺鲅鱼"号发现一艘商船后曾试图发起攻击，但由于角度不佳，不得不放弃。不过，机会最终还是来临了，12 月 10 日，在对日军油船"神威丸"号进行长达 2 小时的追击后，"刺鲅鱼"号发射 3 条鱼雷将其击沉，所有鱼雷均命中目标。就在这时，担任护航任务的日军驱逐舰赶来，开始对"刺鲅鱼"号投掷深水炸弹，迫使它不得不迅速深潜，日舰虽然发射了 40 多枚深水炸弹，但无一命中。其实，"刺鲅鱼"号当时完全可以对第二艘商船或那艘日军驱逐舰发起攻击，却放走了它们，开始寻找下一个巡逻区。

12 月 14 日，"刺鲅鱼"号击沉了日军潜艇伊 –15 号。第二次巡逻行动在澳大利亚昆士兰州的布里斯班港口附近结束。

行动结束后，艇长肯尼迪海军少校由于缺乏主动进攻精神而被免职，接替他的是达德利·莫顿海军少校，后者曾经是"刺鲅鱼"号执行第二次巡逻任务期间的预备指挥官。

1943 年 1 月 16 日，"刺鲅鱼"号潜艇开始执行第三次战斗巡逻任务，它先是在澳大利亚摩顿湾附近配合美军驱逐舰"帕特森"号进行了声呐试验，而后潜入日军后勤补给基地威瓦克活动，伺机对日军目标发起攻击。但不幸的是，"刺鲅鱼"号当时并没有配备有关该港口的正规海图，艇长莫顿少校不得不使用艇员们在澳大利亚购买的一副廉价的教学地图。1 月 24 日，莫顿发现日军驱逐舰"春雨"号，遂发射 3 条鱼雷进行攻击，但无一命中。紧接着，莫顿又射出了第四条鱼雷，但鱼雷再次偏离目标。此时，"春雨"号也发现了这艘美军潜艇，随即调转方向，朝着"刺鲅鱼"号就冲了过来。就在此时，莫顿射出了第五条鱼雷，击中该舰中部，致使其搁浅，不得不进行维修。

1 月 25 日，莫顿率领"刺鲅鱼"号潜艇前往帕劳群岛，并于次日发现了两艘日舰行进时冒出的滚滚浓烟。于是，莫顿下令对两艘日船各发射 2 条鱼雷，前两条鱼雷击中了"福荣丸"号，该船随即沉没。第四条鱼雷击中了第二艘日船。

接下来，莫顿又发现了两艘日本船只，他首先选择了吨位较大的运输船"槟榔丸"号，对其连射 3 条鱼雷，2 条击中目标，该船随即葬身海底。这时候，最初遭到"刺鲅鱼"号攻击的两艘舰中的第二艘，朝着"刺鲅鱼"号疾驰过来。莫顿在近距离上对其连射 2 条鱼雷，第二条鱼雷虽然击中目标，并摧毁了它的方向舵，却未能迫使对方停住脚步。这时候，"刺鲅鱼"号再次射出 2 条鱼雷，第二条击中目标，使其动弹不得，最后被同行的另外一艘油船拖离战场。

莫顿暂时放过了这两艘日船，在目送它们消失在海平面上后，下令"刺鲅鱼"号浮出水面进行充电。但就在当时，海面上漂浮着大约 20 来艘救生艇，上面坐满了从被击沉船只上逃出来的日军陆海军士兵。接下来发生的事情充满了争议，美国海军坚持说，救生艇里的日本人当时朝着"刺鲅鱼"号进行猛烈射击。但日本人却说，救生艇里的日本人当时成了美军潜艇的攻击靶标。还有人声称，"刺鲅鱼"号曾试图迫使日本人放弃救生艇。

后来，"刺鲅鱼"号离开了那片海区，继续追击刚才逃离的两艘日船，并对未曾负伤的那艘油船首先发射 2 条鱼雷，第二条击中目标。紧接着，又将剩下的最后 2 条鱼雷射向刚才负伤的商船，这一次将其彻底送入海底。完成这一切后，莫顿指挥"刺鲅鱼"号前往加罗林群岛中的法斯岛。

如今，鱼雷已经打光了，"刺鲅鱼"号只能用它的 4 英寸甲板火炮攻击对手了。1 月 27 日，"刺鲅鱼"号再次发现一支由 8 艘船组成的护航运输队，于是准备发起攻击。这时，一艘日军驱逐舰紧急赶到，朝着"刺鲅鱼"号投掷 6 枚深水炸弹，迫使其不得不赶紧逃遁。第二天，在法斯岛附近海域，莫顿艇长发现日军一家磷矿精炼厂，决定用甲板火炮实施攻击，但一艘蒸汽船的不期而至，迫使它不得不赶紧下潜进行规避。

鉴于所有的鱼雷已经用完，"刺鲅鱼"号不得不提前结束巡逻行动返回珍珠港。由于战斗激烈，这次巡逻前后仅仅持续了 23 天，而不是通常的 60~75 天。

英国皇家海军潜艇每次完成巡逻任务后，往往挂起一面"骷髅旗"，用来表明自己的战斗情况和战绩。莫顿也设计出了自己的胜利符号，他找了一把扫帚绑在潜望镜上，旨在说明这是一次彻底的清扫行动。事实上，这种做法最早曾在17世纪的英荷海战期间被英国人所使用。此外，莫顿还在潜艇信号旗索上悬挂了8面日本小旗，每面旗帜代表着被"刺鲅鱼"号击沉的一艘日本船。

经过简短维修和海上训练后，"刺鲅鱼"号于2月23日开始了它的第四次战斗巡逻之旅，途经中途岛添加燃油后，它将继续北上黄海海域巡逻，最远将抵达鸭绿江口和大连附近海域。在此之前，这片海域并没有美军潜艇进入，主要是因为海水太浅，平均深度只有120英尺，不利于潜艇隐蔽作战。一路上，"刺鲅鱼"号保持水面状态航行，路上一架敌机也未曾遇到。同时，这片海域还覆盖了台湾到长崎、下关之间的海上航线。

3月19日，"刺鲅鱼"号发射一条鱼雷，将日军货船Zogen Maru炸成两截，船员们全部葬身鱼腹。仅仅4小时后，"刺鲅鱼"号发射2条鱼雷击中货船Kowa Maru号，其中一条鱼雷将船体炸开一个大洞，另一条居然没有爆炸。于是，"刺鲅鱼"号又补发了两条，却被该船设法避开了。

3月21日，在朝鲜半岛附近海域，"刺鲅鱼"号用3条鱼雷击沉了日军大型货船Hozen Maru号，其中一条鱼雷击中船体中部。4小时后，另外一条货船Nittsu Maru号也进入了视线，"刺鲅鱼"号遂发射3条鱼雷进行攻击，2条击中目标，该船随即沉没，4名落水者拒绝接受美军救援。

接下来，莫顿继续指挥"刺鲅鱼"号实施水面状态战斗巡逻。3月23日，在海员们所熟知的"舢板小路"——老铁山海峡，"刺鲅鱼"号用鱼雷击中了Katyosan Maru号运煤船，在滚滚浓烟之中，该船沉入海底。3月24日，莫顿对大型油船"高雄丸"号发射3条鱼雷，其中两条提前爆炸，第三条偏离目标，第四条同样如此。这时，该艘油船开始朝着"刺鲅鱼"号猛烈开火。"刺鲅鱼"一边迅速下潜，一边朝着目标又射出了3条鱼雷，其中一条击中发动机舱，导致该船在短短4分钟内沉入海底。

3月25日，"刺鲅鱼"号对日军货船"五月丸"号发起攻击，又有2条鱼雷提前爆炸，迫使莫顿不得不命令"刺鲅鱼"号浮出水面，朝目标尽量接近，以便用20毫米口径的甲板火炮发起攻击。接下来，"刺鲅鱼"号射出的雨点般密集的炮弹几乎把该船打成马蜂窝。在身中90多发炮弹之后，该舰发生火灾，而后沉没。

第二天上午，"刺鲅鱼"号遇到一艘小型柴油货船，于是再次发挥甲板火炮的威力，将这艘试图撞击自己的货船打成一片火海，并沉入海底。

当天晚些时候，一艘日本拖船也撞上了"刺鲅鱼"号的炮口，甲板火炮再次大显神威。但是，就在战斗期间，有3门20毫米口径火炮居然卡壳了，"刺鲅鱼"号潜艇不得不加速追上该艘拖船，艇员们将临时准备的燃烧弹投掷到拖船之上，引起熊熊大火。

3月28日，"刺鲅鱼"号的20毫米口径火炮恢复正常，又击沉了2艘日本摩托舢板。

3月29日，"刺鲅鱼"号发现日本货船Yamabato Maru号，遂从艇艉发射管发射2条鱼雷，第一条鱼雷击中目标并将其送入海底，第二条鱼雷偏离目标。完成这次狩猎任务之后，"刺鲅鱼"号浮出水面，开始向中途岛方向进发。在途中，莫顿从美国海军情报系统获悉，"刺鲅鱼"号实施的一连串的成功的破交作战，已使得日本方面确信，有美军一支潜艇"狼群"正在黄海海域活动，因此不得不暂停了该海域所有的航线计划。

就这样，"刺鲅鱼"号创造了战斗巡逻期间击沉敌方舰船数量的新纪录。

4月6日，"刺鲅鱼"号抵达中途岛，在完成重新补给之后，进行了训练演习，而后于4月25日开始执行第五次战斗巡逻任务。

当时，美军正准备进攻阿留申群岛西段的阿图岛，而日军也正计划实施截击。在此情况下，"刺鲅鱼"号奉命前往千岛群岛拦截日军舰船。在前往任务区的途中，"刺鲅鱼"号保持水面状态航行，以便执行另外一项任务——海上侦察，并得到美军一定程度的空中掩护。在松轮岛，它拍摄了大量日本军事设施的照片。

直到5月5日，"刺鲅鱼"号才遇到了此番巡逻之旅的第一个目标——"神川"号水上飞机母舰。"刺鲅鱼"号潜入水中，朝着目标射出3条鱼雷，其中一条击中并重创该舰，迫使其不得不掉头返航。5月29日，从"刺鲅鱼"号手中侥幸逃脱的"神川"号遭遇了另外一艘美国潜艇"恶棍"号，最终被后者击沉。

接下来，"刺鲅鱼"号继续在千岛群岛周边海域执行巡逻任务。5月8日，"刺鲅鱼"号在海岸附近发现2艘日舰，于是朝领头那艘日舰发射2条鱼雷，紧接着又朝担任护航任务的另外一艘日舰射出4条。第一条鱼雷准确击中并击沉了Tamon Maru号，但是，担任护航任务的那艘日舰却竭力躲过了所有4条鱼雷的攻击，逃离了战场。当天晚些时候，"刺鲅鱼"号与日军2艘护航战舰和1艘大型海军辅助船发生遭遇，遂发射3条鱼雷对敌发起攻击。但是，其中两条鱼雷提前爆炸，第三条却未能爆炸。在此形势下，"刺鲅鱼"号只好极力下潜，躲避日军护航战舰的攻击。

5月9日夜间，"刺鲅鱼"号的雷达发现日军两个目标——1艘大型油船和1艘货船，正以纵队队形航进，于是分别朝着油船和货船各发射3条鱼雷，这两艘日船——"高雄丸"号和Jinmu Maru号均被击沉。5月12日，又有2艘日舰进入"刺鲅鱼"号的视线，它再次潜入水下进行攻击，同时射出4条鱼雷，只有1条击中目标。在此情况下，莫顿射出了手中剩下的最后2条鱼雷，第一条偏离了目标，第二条虽然击中，却没有爆炸。就这样，两艘日船才侥幸得以逃脱。到了这个时候，"刺鲅鱼"号不得不返回珍珠港，进行重新补给。由于鱼雷技术上的缺陷，在莫顿搜寻到的目标中，有一半得以逃脱。不过，在短短25天的三次巡逻行动中，"刺鲅鱼"号共击沉了日军舰船吨位93281吨，击伤30880吨，战果还是相当辉煌的。

1943年5月21日，"刺鲅鱼"号潜艇胜利凯旋，返回珍珠港基地。第二天，海军上将尼米兹亲自登临"刺鲅鱼"号，向全体艇员们颁发勋章。5月24日，"刺鲅鱼"号前往加州梅尔岛海军造船厂进行大规模检修。7月20日，美军分舰队司令——海军上校约翰·格里吉斯爵士也向艇员们颁发了奖章。7月21日，"刺鲅鱼"号开始返航珍珠港，27日抵达。

8月2日，"刺鲅鱼"号开始了它的第六次战斗巡逻之旅，8月6日再次简短造访中途岛，进行燃油补给。

8月14日，"刺鲅鱼"号抵达日本海海域，在那里，它遇到了日本3艘中型货船，遂朝着最后一艘射出一条鱼雷，但未能命中。于是，"刺鲅鱼"号开始跟踪这3

艘货船，但就在第二天，它意外发现一艘大型船只正从对面驶来。莫顿下令"刺鲅鱼"号紧急下潜，并实施攻击。第一条鱼雷击中目标却没有爆炸，随后的 2 条鱼雷打偏。这时候，"刺鲅鱼"号开始调整航向，准备用艇艉发射管发射鱼雷攻击敌人，但这一次，鱼雷快要接近敌船时，却提前爆炸了。此时，日军一艘鱼雷艇赶到，"刺鲅鱼"号只好放过那艘日舰，眼睁睁看着对方溜掉。

接下来，"刺鲅鱼"号移师北海道—朝鲜航道。8 月 16 日，它对一艘日本货船发射一条鱼雷，但没有击中。第二天，"刺鲅鱼"号先后两次遭遇同样的霉运。在跟踪其中一个目标时，莫顿将他的注意力转移到另外 2 艘日舰上，却再次浪费了一条鱼雷。短短 4 天之内，"刺鲅鱼"号先后发现了 12 个目标，但其中 9 个目标逃之夭夭。

最后，美军太平洋舰队潜艇司令部命令"刺鲅鱼"号返航。就在返航途中，8 月 19 日，"刺鲅鱼"号发现一艘舰船，却很快验证是一艘苏联船只，属于友军船只。

第二天，"刺鲅鱼"号浮出水面，用甲板火炮对一艘日本小船猛烈炮击，小船起火燃烧，6 名日本人成为美军俘虏。当天晚些时候，"刺鲅鱼"号又击沉了另外 2 艘日本小船，但船上人员拒绝接受美军的营救。

8 月 25 日，"刺鲅鱼"号抵达中途岛，29 日抵达珍珠港。

刚刚回到基地，莫顿就请求上司允许他再次前往日本海执行战斗巡逻任务。这一次，莫顿如愿以偿地得到了最新型的 MK18 型电动鱼雷，他希望这种新型武器能够比此前使用的 MK14 型鱼雷更加出色和可靠。9 月 13 日，"刺鲅鱼"号再次途经中途岛添加燃油。根据作战计划，"刺鲅鱼"号将于 9 月 20 日进入日本海（另外一艘潜艇"锯鳐鱼"号几天后也将步其后尘进入该海域），10 月 21 日启程返航，经过千岛群岛后将通过无线电报告情况。

然而，谁也未曾料到，"刺鲅鱼"号这一去犹如石沉大海，始终没有任何音讯，它的第七次战斗巡逻行动竟然成为自己的死亡之旅。

事后，人们相信，"刺鲅鱼"号 10 月 5 日曾经在本州西海岸击沉了 8000 吨级的"昆仑丸"号，还击沉了另外 3 艘船只，总吨位达 5300 吨。

　　战后，根据日本人所做的战场记录，10月11日，日军一架反潜巡逻机发现了美军潜艇泄漏到海面上的油污，于是，数艘日军战舰和飞机闻讯赶来，包围了这一区域，开始实施猛烈的深水炸弹攻击，最终协力将"刺鲅鱼"号潜艇击沉。

　　1943年12月2日，美国海军宣布"刺鲅鱼"号失事。人们相信，它也许撞上了水雷，也许被它自己射出的偏离航线的鱼雷所击沉。不过，"刺鲅鱼"号的牺牲，以及紧随其后的"锯鳐鱼"号所遭受的猛烈的深水炸弹攻击，使得美国海军不得不暂时中止潜艇前往日本海执行巡逻任务，直到1945年6月美军潜艇装备了探雷设备之后，这一行动才得以恢复。

12
从台湾岛到冲绳

    随着日本在菲律宾的空中力量的最终失败，哈尔西率领第 3 舰队进入南中国海，于 1945 年 1 月 10—21 日期间，对于从印度支那（今日越南）西贡到台湾的大片海域的沿岸港口以及日军的运输船队发起攻击。美军航母舰载机几乎没有遇到任何抵抗，就击沉了日军 20 多万吨的战争物资。期间，日军神风特攻队再度出现，美国海军"提康德罗加"号和"兰利"号战舰被击中。即便如此，到了这一年春天，菲律宾南部绝大多数的土地最终被美军控制。

    毫无疑问，美英盟军正日益收紧对于日本人的包围圈。2 月 16—17 日，被再次命名为第 5 舰队的美国太平洋海军部队，在雷蒙德·斯普鲁恩斯海军上将的指挥下，对于日本本岛发起了第一次大规模攻击。其中，具体执行任务的是米切尔率领的由 16 艘航空母舰、9 艘战列舰、14 艘巡洋舰和 77 艘驱逐舰组成的第 58 特混舰队。美军攻击的首要目标便是日军的机场，在执行此类任务时，美国海军战斗机和战斗轰炸机的表现要比陆军航空队的轰炸机优异许多，相比之下，后者更擅长于集中力量轰炸城市目标。

    在战斗中，500 多架日军飞机被摧毁，美军仅仅损失了 88 架。此时，猛烈的轰炸行动令日本民众惊恐万分，美军使用了大量的燃烧弹，对于日本人的木质房屋造成了极其严重的破坏。

    在美军对日本的攻击中，从马里亚纳基地起飞的远程轰炸机极易遭到日本战斗机的拦截攻击，不过，这个问题随着具备更高飞行高度的波音 B–29 "超级堡垒"轰炸机的问世，多少得到了缓解。在此期间，为了给轰炸机提供战斗机护航，就需要为战斗机提供距离日本本土更近的基地，在此情况下，硫磺岛开始作为一个最理想的目标进入美军决策层的视线。

2 月 19 日，在美军第 5 舰队第 58 特混部队航空母舰的协同下，第一波美军两栖作战部队开始在硫磺岛登陆，特纳海军中将麾下的第 51 特混部队的 500 艘舰船，将史密斯中将的第 5 两栖军团输送上岸，担任直接火力支援的是 7 艘战列舰、11 艘护航航空母舰和 5 艘巡洋舰。

此时此刻，在硫磺岛上，2 万名日军守备部队正隐蔽在坚固而又严密的防御工事中，等待着美军部队的到来。为了配合硫磺岛防御作战，2 月 21 日，日军出动神风特攻队对盟军"俾斯麦海"号和"萨拉托加"号战舰发起了自杀式攻击，这一点已在前面章节中提到过。就这样，美英盟军在付出了死伤 2.3 万人的惨重代价，前后历时 1 个月的时间，才最终突破日军防线，占领硫磺岛。

进入下一个登陆目标区后，美国人确立了首先攻击日军机场的作战方针。为此，美国海军第 58 特混舰队在冲绳登陆之前，首先需要对日本本土的空军基地再度发起攻击，以防止日军派出飞机袭扰在冲绳登陆的美军部队。3 月 18—19 日，美国海军航空母舰编队再次出动 1200 架战机，对日本本土机场和海军基地实施猛烈空袭。参加这次作战行动的航空母舰有"大黄蜂"号、"本宁顿"号、"企业"号、"富兰克林"号、"埃塞克斯"号、"邦克山"号、"汉考克"号、"约克城"号、"无畏"号和"黄蜂"号，轻型航空母舰"贝勒伍德"号、"巴塔安"号、"圣哈辛托"号、"独立"号和"卡伯特"号也参与其中。为上述航母编队提供支援的有战列舰"马萨诸塞"号、"印第安纳"号、"北卡罗来纳"号、"华盛顿"号、"南达科他"号、"威斯康辛"号、"新泽西"号和"密苏里"号，战列巡洋舰"阿拉斯加"号、"关岛"号以及 16 艘巡洋舰和 64 艘驱逐舰。

在岸上，组织日军反击作战的是宇垣缠海军中将，他出动神风特攻队对美军航母实施疯狂的自杀式攻击，"富兰克林"号、"企业"号、"无畏"号、"约克城"号和"黄蜂"号航空母舰先后被击中，其中，"富兰克林"号受伤最为严重，1000 多名官兵伤亡。当时，日军 2 枚 550 磅炸弹穿透"富兰克林"号的飞行甲板，进入机库内部，在战斗机群中发生爆炸。当时，这些"复仇者"、"悍妇"和"海盗"战斗机正满载弹药、加满燃油，准备发起新一波的攻击。一连串的强烈爆炸之后，"富兰克林"号彻底丧失了战斗力，成为唯一一艘差点丧命战场的"埃塞克斯"级航空母舰。即便如此，在一种近乎奇迹般完美的损害管制之下，这艘舰被成功营救，拖到珍珠港进行大规模维修。不过，后来发生的事实是，"富兰克林"号经过维修重建之后，再也没有返回海军服役，最终却被拆解，这主要出于第二次世界大战后削减海军军备的原因。

冲绳海战

1945 年 3 月底，美军第 77 步兵师在庆良间岛成功登陆，意外发现这里的防御体系非常薄弱，于是迅速在此建起一处强大的海军前进基地，用来支撑美军登陆部队将对冲绳诸岛发起的强攻行动。截至当时，美军所遇到的最顽强的抵抗行动将要发生在冲绳。

1945 年 4 月 1 日，美军登陆部队在克服了大海上的狂风巨浪之后，终于抵达冲绳海滩准备上陆。此时此刻，在冲绳群岛，等着与美军进行誓死决战的是牛岛满陆军中将统率的 8 万陆军部队，以及此前驻扎在此的 1 万海军部队。日军守备部队构筑的防御工事异常坚固，岛屿南段尤其如此。

这一次，支援美军登陆作战的仍然是斯普鲁恩斯海军上将指挥的美军第 5 舰队，下辖米切尔将军麾下的第 58 特混部队的 10 艘大型航母和 6 艘轻型航母，以及海军中将伯纳德·罗林斯爵士指挥的英国太平洋舰队的 4 艘航母及其搭载的 220 架战斗机，其中的航空兵力主要由海军少将菲利普·维安爵士指挥。此外，英军参战的还有战列舰"国王乔治五世"号和"豪"号、5 艘巡洋舰和护航驱逐舰。

此前提到，第 58 特混部队主要负责压制冲绳岛上的日军航空力量，保护美军第 5 舰队左翼安全，截击穿越先岛诸岛的日军飞机。

除此之外，特纳海军中将麾下的第 51 特混部队也将参与作战行动，其登陆兵力主要有 430 架运输机和大型登陆舰，担任支援任务的是战列舰"新墨西哥"号、"马里兰"号、"纽约"号、"阿肯色"号、"科罗拉多"号、"田纳西"号、"内华达"号、"爱达荷"号、"西弗吉尼亚"号、"得克萨斯"号以及 18 艘护航航空母舰、540 架飞机和 13 艘巡洋舰。事实上，上述船只仅仅只是攻击行动的先头部队，在第 5 舰队的战斗行列里，还有着大量的油船、飞机运输舰（搭载替补飞机的护航航空母舰）以及维修船和远洋拖船等。

在最初阶段，西蒙·巴克纳陆军中将指挥美国陆军第 10 集团军在冲绳岛西海岸登陆，起初并没有遇到太强烈的抵抗。事实上，日本人再一次重演了他们以往的防御战法，那就是随着盟军部队的逐渐深入，日本人的抵抗程度越来越强烈。这一次，到了 4 月 6 日，在"大和"号战列舰的率领下，一支由 1 艘巡洋舰和 8 艘驱逐舰组成的日军战斗舰编队向着冲绳杀来。与此同时，日军神风特攻队也发起了新一轮的自杀式攻击行动。次日，米切尔将军派出 280 架舰载机前去搜剿"大和"号战列舰，最终将其和巡洋舰以及 4 艘驱逐舰一并击沉，另外 4 艘驱逐舰侥幸逃脱。

不过，在持续 6 周之久的冲绳战役期间，日军神风特攻队共有 2000 名飞行员阵亡，这是整个战争期间最密集的自杀式攻击行动。同样，盟军部队也遭受了极其惨重的损失，至少有 26 艘战舰被击沉（没有一艘的吨位能够超过驱逐舰），另有 164 艘战舰受伤。在受伤的战舰中，就有美军航空母舰"无畏"号、"企业"号、"富兰克林"号和"邦克山"号，英军航空母舰"可畏"号、"不倦"号和"胜利"号，以及美军战列舰"马里兰"号、"田纳西"号和"新墨西哥"号。其中，"企业"号在 4 月 11 日遭到日军一架自杀式飞机的重创，舰载机起飞活动不得不暂时中断 48 小时。

"对于我们的航空母舰来说，一旦被某架神风特攻飞机撞上，至少意味着需要返回珍珠港进行 6 个月的维修，"一位美军联络官在对一艘遭到神风特攻飞机袭击的英军航空母舰进行评估时这样说道，"但这事要是发生在英国佬的航空母舰上，却根本算不了什么，只需叫上几个清洁工，随便打扫几下就可以了。"

也许这种说法有点过于夸张，但一个不争的事实却是，面对日军神风特攻作战，英国皇家海军的 6 艘快速装甲航空母舰均经受住了严酷考验，它们配置的装甲飞行甲板、装甲机库和机库装甲甲板发挥了重要作用。

指挥日军空中反击作战的是丰田副武海军大将，从 4 月 6 日开始，他的空中攻势和神风特攻行动几乎同步进行，仅仅这一天，在攻击美国海军第 5 舰队的

900 架日军飞机中，就有 355 架飞机是神风特攻飞机。第 58 特混舰队宣称击落了 249 架飞机，在 182 架突破盟军战斗机警戒圈的日军飞机中，有 108 架飞机被击落。请注意，在这里同时使用了"声称"和"估计"两个术语，这是因为在很多时候，面对被击落的同一架飞机，不止一个的飞行员和高射炮手都会认为那是自己的战绩。战斗结束后，情报军官通常会对战绩进行严格调查和核对，但要想获取一个非常精确的数字却极为困难。可以想象的是，某个战斗机飞行员在座舱里看到一架战斗机冒着浓烟、火光冲天地从眼前掉下去，他无疑会将其作为自己的一个战果，然而，如果被击中的飞机继续下落，恰巧被某艘战舰上的高射炮火击中，于是，这架飞机也会被后者当成战果而加以炫耀。这两种情况都是可能的，也都是可以理解的。

如今，发生在冲绳的这场战役已经成为一场纯粹的消耗战，从 4 月 6 日到 5 月 29 日，从日本本土九州岛上起飞的 1465 架飞机，先后实施了 10 个波次的大规模自杀式攻击。在这些飞机中，有 860 架来自日本海军航空兵第 5 航空舰队，其余飞机来自日本陆军航空兵第 6 航空集团军。另有 250 架飞机来自台湾，其中大约 80% 的飞机属于日本海军航空兵。在此基础上，日本海军航空兵还实施了 3700 架次的常规攻击行动，日本陆军航空兵实施了 1100 架次常规作战。

美国海军第 5 舰队的作战行动比较机动灵活，4 月 9 日，出于对冲绳发起新一轮攻击的需要，第 57 特混舰队奉命对冲绳岛北端的日军机场实施攻击，这样一来，其原先承担的压制先岛群岛上日军机场的任务，便被第 51 特混舰队接了过去。在提到第 51 特混舰队的表现时，美国《海军部海军参谋历史》曾经这样记载：

"……担任进攻防御设施的主力，为进攻西部岛屿提供近距离支援……很显然，这支部队认识到，在所有投入作战的兵力之中，没有一个能比快速航空母舰部队做得更出色，所有飞行员都浴血苦战，全力以赴进攻隐蔽的敌人。"

在攻占冲绳之后，盟军部队才得以首次检测这种"樱花"飞行炸弹，其中还包括最新型的"樱花"III 型，采用 3 级火箭推动，携带 4500 磅炸药，一旦撞上航空母舰，即便是一艘英国人那样的装甲航空母舰，也肯定会造成致命杀伤。

第 57 特混舰队

4 月底，第 57 特混舰队返回先岛群岛海域执行作战任务。接下来，经过短期轮替脱离战区进行补给之后，于 5 月 4 日前往先岛群岛之中的宫古岛海域。然而，就在这一天，第 57 特混舰队的航空母舰一度面临着生死攸关的考验，这是因为应盟军登陆部队的要求，能够为航母提供密集防空火力掩护的战列舰前去对冲绳海岸的日军目标进行猛烈炮击，这样一来，使得航空母舰的防空力量异常薄弱。

果不其然，就在战列舰部队出发后没多久，日军神风特攻队的飞机便铺天盖地杀了过来。其中，一些飞机开始对"可畏"号航空母舰发起猛烈攻击，时任该艘航母消防军官的杰弗里·布鲁克亲眼目睹了这一幕，他在约翰·温顿的作品——《被遗忘的舰队》中这样回忆道：

"这是一个极其悲惨的时刻，我起初以为，（日军）神风特攻飞机撞上了舰岛，那些（在舰岛上的）人肯定必死无疑了。甲板上，好几处地方燃起了熊熊大火，舰岛后面的升降机也起火了，滚滚浓烟在舰船上方升起来，绝大多数的烟雾源于甲板燃烧，一些浓烟还从甲板下方船舱里冒出来……可想而知，那里也遭到了重创。"

11 时 31 分，"可畏"号航空母舰被日军一架神风特攻飞机迎头撞上，飞行甲板虽然没被穿透，但还是撞出了一个 2 英尺深的凹坑，随后便发生了剧烈爆炸和燃烧。当时，甲板上停放着许多正准备升空作战的飞机，有 8 人当场身亡，47 人受伤，大多数是严重烧伤。幸运的是，该舰医疗官此前及时将甲板医疗室从舰岛底层的航空情报办公室移走，这才使该舰在被神风特攻飞机撞上后，避免了更大的伤亡，即便如此，仍有 2 名军官在航空情报办公室被炸死，其他人严重烧伤。

5 天后的 5 月 9 日，"可畏"号再次被神风特攻飞机撞上，这一次受损部位在飞行甲板后部。日军飞机一下子冲进在此排队的机群里，造成比上次攻击更加惨重的损失。当时，由于飞行甲板的一个铆钉被炸飞，燃烧的航空燃油一下子灌进甲板下方的机库之中，引发更大规模的火灾。在这次攻击中，甲板上有 7 架飞机被毁，机库里损失的飞机达到了 12 架，这样一来，该艘航空母舰仅仅剩下 4

架轰炸机和 11 架战斗机可以使用。

然而，"可畏"号的噩梦到此并没有结束，一场更大规模的事故接踵而至。5 月 18 日，"可畏"号上发生一起严重的"乌龙"事件，当时，该舰重新添加了燃料，并上载了新替换的战斗机。在机库里，一名军械士在维护一架"海盗"战斗机时，未意识到这架飞机当时仍然挂载着武器弹药，不小心触发了航空机炮，恰巧击中一架驻泊在前方的"复仇者"飞机，该机随即爆炸起火，引发了又一场火灾，有 30 架飞机在火灾中损毁。不过，即便这样，"可畏"号在当天晚上就重新恢复了运转，继续执行作战任务。

在此之前，美国人曾经对英国皇家海军能否适应太平洋海域的高强度作战行动颇为担忧，事实上，这种担心并非杞人忧天。

就在离开悉尼前往冲绳海域轮换"卓越"号航空母舰的前夕，"可畏"号航母上的许多人曾经观看了一场电影——《女斗士》，一部描写在太平洋地区作战的美国航空母舰的电影。

"很遗憾，我不得不承认的是，我们的作战装备几乎没有一样能够适用于实战，我甚至吃惊地发现，造船厂的仓库里几乎没有我们所需的任何东西。"杰弗里·布鲁克回忆道，"在当时，我几乎跌跌撞撞地跑去见舰长洛克·基恩上校，他从面前的文件上抬起头来，吃惊地问我，'你敢肯定是这样的吗？那就赶紧去买些吧！'于是，我独自下了船，前往悉尼最大的物资仓库，寻找能为我们提供作战装备的主顾。让我意想不到的是，还真有那么一家不错的厂家，他们的仓库里堆满了刚从美国进口的各种设备。经上司批准，我订购了一些，带回来在飞行甲板上进行了一天的实际测试，还邀请舰长本人也到现场观摩。测试一结束，他就发话，'半小时内带我一起上岸'。最终，我们与当地那家仓库负责人签订了一笔金额可观的订单，由他们给我们提供所需的装备。"

不过，太平洋战争的快节奏和高压力，对于盟军作战能力的大幅提升大有裨益。在最初阶段，英国皇家海军"不恕"号航空母舰的舰载机着舰速度为每架次耗时 31.8 秒，做到这一点，离不开甲板降落军官的高度自信、出色的导航技术、训练有素且精力充沛的甲板操作团队，其中就包括操作飞机降落拦阻装置的行家里手，从而确保舰载机的顺利着陆和转移。

到了冲绳战役的最后阶段——"冰山作战"，编号第57特混舰队的英国皇家海军太平洋舰队，除了在莱特湾海域进行为期8天的补给作业之外，在海上连续作战了62天。其中，起飞舰载机实施航空攻击作战23天，共出动各型飞机4691架次，投掷炸弹927吨，发射火箭弹950枚，摧毁日军飞机75~100架，并对日军机场和其他地面设施进行了轰炸。与此同时，英军自身也遭受一定程度的损失，共有26架飞机被日军击落，72架飞机在各类事故中损失，其中包括至少61架飞机在降落过程中损毁。除此之外，32架飞机葬身于日军神风特攻队之手，30架飞机在一场完全不必要发生的火灾中化为灰烬。

先岛群岛上空

在英国皇家海军的战时行列中，新西兰人在舰队航空兵中占有很高的比例，这完全是由于皇家海军当时在新西兰征募大量新兵的结果。相比之下，英国皇家空军却没有那样做。这样一来，摆在任何一个想当飞行员的新西兰人面前的只有两个选择，要么报名参加英国皇家海军的舰队航空兵，要么亲自前往英国本土参加英国皇家空军，但后者在战争时期却很难做到。

相比之下，新西兰皇家空军最初发展很慢，究其原因在于其少得可怜的人口，以及缺乏最基本的飞机工业，要想获得任何新型装备，都需要付出异常艰苦的努力。在新西兰籍飞行员队伍中，有着一位名叫唐纳德·卡梅伦的海军上尉，他最初以预备役的身份志愿加入英国皇家海军，战后转变成为一名正规的皇家海军军官。对先岛群岛攻击作战期间，卡梅伦正好在英军"胜利"号航空母舰上服役，因此卷入了一次特别不走运的战斗行动。

1945年5月9日午后，按照既定作战计划，卡梅伦将率领一支由4架"海盗"飞机组成的战斗机编队，护卫一支"复仇者"轰炸机机群，对宫古岛上的日军机场进行轰炸。如果在轰炸行动期间，没有遇上敌军战斗机拦截的话，这些"海盗"战斗机飞行员将在完成护航任务后，主动寻找其他一些有价值目标实施攻击，而后返航。然而，卡梅伦这支编队从行动一开始，便注定了一连串的坏运气。当编队 15 时 30 分起飞后不久，其中一架"海盗"战斗机便由于发生机械故障而退出。就在他们为"复仇者"轰炸机护航期间，又有一架"海盗"出现燃油压力过低，不得不提前返回"胜利"号航空母舰。这样一来，这支编队只剩下 2 架"海盗"战斗机了。幸运的是，在轰炸行动期间，没有遭遇日军战斗机升空拦截，于是，"复仇者"轰炸机顺利完成轰炸任务，开始陆续向"胜利"号返回。

这时候，卡梅伦和他的 4 号僚机驾驶员意外发现，正下方石垣岛上的机场显得异常繁忙，于是决定用各自机翼下挂载的 500 磅重型炸弹对其发起攻击。卡梅伦建议同伴选定一个攻击目标并告知自己，以便当同伴发起攻击时，自己能够进行配合，迫使机场上的高射炮不得不分散火力。

"开始冲吧，501 号"，4 号僚机呼叫我。于是，我俩一起朝着目标俯冲下去。卡梅伦回忆道，"就在大约 2000 英尺高度时，我把飞机向左方拉起，以蛇形轨迹迅速爬升到 15000 英尺高度。这时候，不见了 4 号机的影子，我又呼叫一遍，但听不到任何回答。在高空盘旋期间，我看见下方机库上一团巨大的火焰腾空而起，那一定是 4 号机了。"

卡梅伦再次仔细查看了机场四周空域，仍然希望能够看到 4 号机在下方某个高度飞行。但是，他发现在两座机库接头处，停着的可能是一架大型飞机。卡梅伦再次以 400 英里时速朝着目标俯冲过去，以 45° 角的俯冲轨迹抵达机场上空，并从那条东西方向的主跑道上方低空掠过。这时候，就在他再次拉升飞机到达海面上空之前，他清晰地看到，许多人正从停放在机库外面的那架飞机上往下跳。于是，他决定再对机场进行一次俯冲，伺机发起攻击。事实上，卡梅伦的这种想法无疑非常冒险，因为当他的飞机第一次从跑道上空掠过后，机场上的高射炮手们，都已经高度戒备起来，他们甚至已经把火炮调整到最佳角度，准备迎击他的再次到来。

"我再次以近乎零英尺的高度从跑道上空掠过，然而，就在我飞越跑道尽头的机库上空时，一声令人惊惧的巨响传来，我的飞机被击中了，机身顿时出现倾覆，发动机罩的碎片砸落在座舱罩上，座舱内满是浓烟。我用左手把座舱盖打开，一阵气流吹过来，我能够看清前方情况了。这时候，我开始向海面上飞去……除了燃烧引起的滚滚浓烟之外，感觉飞机还能够正常操控……不过，已经彻底没有油压了……汽缸盖的温度计指针也归零了……我竭尽全力操控飞机，努力保持尽可能高的飞行高度，在大概 2500 英尺高度，我开始呼叫'救命，救命，501 号在石垣岛以西 20 英里海域迫降。'"

就这样，卡梅伦一边呼叫，一边进行水面迫降，机尾部分首先落水。

"我从座舱里爬出来，费尽九牛二虎之力，从降落伞末端扯下了小舢板，而后打开一小瓶的二氧化碳，舢板很快充满了气体，我抱着它跳进海中。接下来，遇到了一件更加困难的事情，那就是如何进入这个小小舢板里。为此，我不得不把我穿的救生背心里的空气放掉，即便如此，仍然很难翻进舢板里。我浑身几乎每个部件都动员起来，最后总算翻进去了，这时候已经筋疲力尽了。"

很不幸，日本人赶在盟军之前，找到了正在大海里漂泊的卡梅伦。于是，他不得不在某个战俘营里度过了最后的战争时光，忍受日军看守的残酷折磨。但是，从某种程度上讲，卡梅伦又是很幸运的，与大多数被俘的盟军飞行员被日军处死的命运相比，他居然幸存了下来。在当时，美英盟军海军航空兵的飞行员们一旦被击落，沦为日本人的俘虏，他们就会极力掩饰自己的真实身份和军衔，避免被日本人当成袭击行动的策划者，从而承受非人的虐待。

冲绳战役结束

直到 6 月份，经过无数次的血腥激战，美军在付出了伤亡 48000 人的惨重代价后，总算拿下了冲绳。如今，除了日本本土之外，在美国海军第 5 舰队的前面，已经没有任何大型作战目标了。

在此期间，美军第 8 两栖大队下属的第 24、31 步兵师于 4 月 17 日在棉兰老岛西海岸登陆。在更加靠西的地方，英国皇家海军东方舰队出动战列舰"伊丽莎白女王"号和"黎塞留河"号（隶属于自由法国军队）再次炮击港口城市沙璜。在此基础上，英国人以 2 艘护航航空母舰、2 艘巡洋舰和 5 艘驱逐舰为主力，组建了英国皇家海军太平洋舰队。5月15日到16日夜间，英军驱逐舰编队发现了试图穿越马六甲海峡的日本重巡洋舰"羽黑"号，用鱼雷将其击沉。

在英军东方舰队中，比较现代化的"黎塞留河"号战列舰的身世比较复杂，它隶属于自由法国军队，两座前置式炮塔上共配备8门15英寸口径火炮。然而，就在它刚刚建成服役之际，恰逢法国政府向希特勒的纳粹德国投降，法国海军部门想方设法将它转移到了阿尔及利亚的米尔斯克比尔，希望能够在此逃过厄运。后来，它又转移到了塞内加尔港口达喀尔。但就在7月8日这天，它遭到了来自英国皇军海军"竞技神"号航空母舰的舰载机和2艘巡洋舰的攻击，一定程度受损。

同年的9月23日，"黎塞留河"号再度陷入一场同英军舰队的战斗，并轻度负伤。在当时，英国皇军海军之所以屡屡攻击法国舰队，是为了防范法国维希政府投降后，以"黎塞留河"号为代表的这支颇为强大的海上力量落入法西斯德国之手。但英军针对"黎塞留河"号的频频开火，也使得一部分法国人极为反感和厌恶，即便如此，随着盟军在北非成功登陆，一部分在北非港口的法国战舰和从法国土伦港逃出来的战舰最终加入自由法国军队，其中就包括"黎塞留河"号。

接下来，"黎塞留河"号被送往美国纽约进行维修改装，为了从纽约曼哈顿大桥下方通过，它不得不拆下了高耸的测距仪。完成维修后，"黎塞留河"号编入英国皇军海军东方舰队，在英美军队攻击沙璜港的联合作战行动中，负责为英军"卓越"号航空母舰和美军"萨拉托加"号航空母舰提供防空火力掩护。紧接着，在直布罗陀进行短暂改装之后，"黎塞留河"号于1945年4月再次编入英国东印度舰队执行任务。

5月27日，哈尔西从斯普鲁恩斯手中接过了美国海军第5舰队的指挥权，将其代号再次改回第3舰队，其下属的特混舰队编号也进行了同样的调整。这样一来，美国海军航空母舰的指挥权也发生了变化，麦凯恩海军中将从米切尔手中接过了新更名为第38特混舰队的指挥权。

攻占冲绳之后，美国海军第3舰队于7月14—18日重新对日本本土岛屿发起了猛烈空袭，派出海军航空兵攻击日本机场、港口和沿海航线的同时，还首次出动战列舰编队对沿海工业目标进行大规模炮击。

重新补充燃料和物资之后，哈尔西统率第 3 舰队再次返回日本海域，并于 7 月 24—30 日再次对日本本土进行轰炸，这一次的攻击重点是位于日本内海的基地。在这次攻击中，日本海军新建造的航空母舰"天城"号以及战列舰"伊势"号、"日向"号和"榛名"号相继被美军击沉。

战争进行到了这一阶段，日本社会的整体状况可以从以下两组数字一窥端倪：一是民众每天的定量配给下降到了 1400 卡路里热量，二是每月穿越下关海峡的海上航运量从 1944 年 3 月的 50 万吨，下降到了 1945 年 8 月的 5000 吨。

1945 年 3 月 9 日到 10 日夜间，美国陆军航空队对日本首都东京发起了一次空前规模的火攻，尽管行动前后仅仅持续了 2 小时，却产生了极其严重的杀伤效果，整个东京城变成火海，16 平方英里土地化为焦土，267000 座建筑物被烧毁，几乎占整个城市建筑物的 25%；83783 人死于火海之中，另有 50000 人严重烧伤，超过 100 万人无家可归。

面对美军对于东京和其他城市的大规模火攻，日本人在成千上万座建筑物之间构筑了防火道，但无异于杯水车薪，效果寥寥。

事实上，美军于 8 月 6 日和 9 日在广岛和长崎投掷的原子弹，并没有产生迫使日本人立即投降的效果。于是，美国海军第 3 舰队于 8 月 8 日到 14 日之间再次恢复了对日本的猛烈攻势，英国海军太平洋舰队也积极参与其中。

其中，在 8 月 9 日这一天，罗伯特·汉普顿·格雷上尉（来自加拿大皇家海军的志愿预备役军人）率领第 1841、1842 海军航空兵中队，驾驶"海盗"战斗机群从"可畏"号航空母舰上起飞，对停泊在女川湾的日军船只发起猛烈攻击。在敌军 5 艘战舰发射的猛烈炮火中，格雷上尉的战机被击中受伤，但他临危不惧，继续对敌人进行攻击，将一艘日军驱逐舰成功击沉，最后，他连同自己的战机一起坠毁在港口里。后来，他被追授一枚维多利亚勋章，这是英军最高荣誉勋章。

拒绝投降

在第一枚原子弹投掷到广岛后的第 14 天，日本政府才接受了盟国提出的无条件投降要求。直到 9 月 2 日投降书正式签署，太平洋战争才算正式结束。

直到今天，当时这种局面仍然令许多人觉得匪夷所思，也有一些人坚持认为，投掷第二枚原子弹实在没有必要。

毋庸置疑的是，绝不可以低估美军对日本所投掷的两枚原子弹的影响力。其中，在广岛，短短数秒钟内，便有 78000 人死亡，51000 人受伤，176000 人无家可归，70000 多座房屋被毁。三天后，在长崎，正当日本领导人仍在激烈争论是否接受美国总统杜鲁门 8 月 6 日发表的要么投降、要么面临新型武器打击而彻底毁灭的最后通牒时，又一枚原子弹在长崎爆炸，50000 人死亡，10000 人受伤，但总体伤亡数字要比广岛略低。这是因为，与美军在广岛投掷原子弹采用空中气爆模式相比，长崎则采用了地面爆炸模式，受当地多山地形阻隔的影响，一些建筑物在爆炸中得以幸存。

8 月 20 日，日本接受了盟国提出的无条件投降，但正式签署投降书的日期却在 9 月 2 日。在是否投降的问题上，日本军政高层经过了无数次争论，期间甚至发生了一起未遂的军事政变，这才决定了最终的结果。

当然，两颗原子弹的最终使用，的确是一种走投无路的残酷选择。因此，有许多人，不仅在日本，也包括世界其他地方，认为美军在投掷两颗原子弹之间留出的时间间隔太短了，但即便如此，在迫使日本人最终签署无条件投降书的这件事上，盟国方面仍然进行了长达 11 天的漫长等待。

作为重要的军事和工业城市，广岛和长崎之所以被选中作为原子弹的轰炸目标，而不是首都东京，一来是因为在此前的大规模火攻和轰炸中，东京已经满目疮痍、一片焦土；二来也许由于盟军需要让日本帝国政府以及天皇本人存活下来，以便与盟国进行谈判，并在日本国土上推行和落实相关的投降条约。

不过，在日本国内，"拒绝投降"运动的力量不可忽视。在当时，曾经率领日军机群成功偷袭美国海军基地珍珠港的渊田美津雄已经晋升为大佐，他当时并不在曾让他一展宏图的海上战场，而是在总参谋部里当差。如今，他和老朋友源田实一样，深深陷入一种蔓延日本军队上下的强烈情绪之中，渊田美津雄用拳头狠狠砸着桌子，和其他人一起大声叫喊"决不投降"。

在另外一处地方，2架搭载着前往盟国进行投降谈判人员的日本飞机，被反对投降的人们强迫降落，成员之中甚至有人伤亡。最后，其中一架飞机经过修理后，载着日本谈判小组再次踏上征途。

13
结果又会怎样？

　　和第二次世界大战其他战场一样，我们在总结和反思太平洋战争的时候，同样会面临许多"倘若如此……又会怎样"之类的问题。事实上，诸如此类的问题早在战争爆发之前就已经被无数次提出来。例如，日本人有必要在中国和法属印度支那推行如此富于侵略性的战略吗？以至于最终引起美国人和英国人的高度警觉。简而言之，战争真的是不可避免的吗？倘若英国人在20世纪30年代后期没有向希特勒做出那么多的妥协和让步，日本人会不会不需发动战争就能够获得更多的东西？

　　毕竟，由于法国人不愿意同意大利人开战，英国人便不得不放弃了遏制意大利人在阿比西尼亚进行扩张的计划，甚至连对意大利人关闭苏伊士运河这种措施都没有采取。

　　一个不容回避的事实在于，所有旨在缓和紧张局势的举措都没有奏效，也没有任何光明的前景，因此，美英两国政府就不再打算继续姑息和纵容日本人为所欲为了。在遏制日本人侵略扩张的问题上，美国人是倡导者和发起者，英国人紧随其后，是响应者和跟随者。其实，英国人之所以乐于与美国人保持步调一致，是希望这种亲密关系能够促使美国人也加入战争中来。在日益恶化的国际形势下，不可能没有人预见到日本人会选择战争。事实上，美国驻太平洋地区的海军、陆军指挥官们所收到的种种信号，完全可以视作一种对于不测事件的提前警告。

　　令人难以置信的是，对于种种警告和反常迹象，在夏威夷的美军指挥官们竟然如此麻痹大意，没有采取任何必要的预防措施。当然，他们也曾考虑到日本人有可能发起突然进攻，他们甚至对于日本人可能发起攻击的地点也进行过推断，或者在菲律宾，或者在关岛，或在其他地方。然而，未能意识到一场迫在眉睫的航母舰载机攻击，充分暴露出拥有着强大航母兵力的美国人对于未来海战认识上的苍白。当然，在夏威夷以北海域进行航空侦察飞行，也许能成为一种挽救败局的有效手段，或者部署一支专门攻击来袭日军航母的潜艇防线，也许不失为一种补救措施。然而，所有这些做法，都可能意味着美国人已经把日本人视作敌人，因此是不可以接受的。不过，当一支由 6 艘航空母舰组成的强大舰队朝着美国太平洋舰队驻地珍珠港逼近的时候，其强烈的威胁意味绝对不容许视而不见。

倘若美国的政客和外交官们还能够想起日本人在 1904 年对俄国不宣而战的历史的话，他们就不会对日本人抱有任何的信任。倘若珍珠港基地早就做好应战准备的话，日本人就不可能实现他们的诸多目标，而美国人也就不会遭受那么惨重的伤亡，他们被击沉或遭受重创的舰船和飞机的数量就会大幅减少。同样，美国人的航空母舰就会奉命前去截击日本舰队，并在日本人尚未来得及行动之前遏止其在太平洋海域的迅速扩张，迫使其不得不快速转入守势。然而，鉴于美国人在将日本人赶回本土的过程中面临的重重困难，因此战争将不会很快结束，但有一点毋庸置疑，那就是日本人将不得不遵从美国人的要求，结束其在中国境内的战争，并离开法属印度支那。

另一方面，倘若南云忠一海军中将当时继续派出第三波甚至第四波舰载机群攻击珍珠港的话，必将给美国人的基地设施和舰船编队造成更大程度的损失，但日本人自身也将面临更高的风险，并有可能遭受更多的损失，这是因为美国人此时已经高度戒备起来，做好了迎击日本人继续来袭的所有准备。

但是，一个不争的事实却是，当日本人的战机铺天盖地般飞抵珍珠港上空的时候，美国海军太平洋舰队所有的航空母舰全部在海上活动，因此，仅仅从这一点而言，日本人这次偷袭行动无论如何也称不上一次战略胜利，而是一次不折不扣的战略失败。

坐失良机

就日本人的民族性格而言，没有充分发挥其强大的潜艇舰队的作用，实在令人匪夷所思。日本人最明显的失误之处在于忽视了巴拿马运河对于美国人的重要价值，从而使美国人在将其后备兵力从大西洋向太平洋输送的时候，节省了宝贵的时间和路程。的确，如果日本人将其潜艇兵力运用得当，在巴拿马运河西出口布设水雷，就能给美国人制造出难以克服的巨大困难。日本人还可以出动突击队，就像英军突击队封锁法国圣纳泽尔港口那样，用封锁船封堵巴拿马运河出口，至少使其瘫痪一段时间，为自己赢得更多的战略缓冲时间。甚至还有人认为，日本人倘若封锁巴拿马运河，远比其摧毁珍珠港的基地设施更有用，尤其当美国海军太平洋舰队的航空母舰并不在港口之内时。

日本帝国海军由于未能实施行之有效的潜艇作战，致使其在阻止美国人跨越太平洋的步伐上几乎毫无作为。倘若潜艇兵力运用得当，势必会对美国海军造成巨大牵制，迫使其不得不耗费大量兵力为美国本土前往夏威夷的运输队进行护航。日本人有着当时世界上性能最优异的鱼雷武器，因此，如果发起一场成功的潜艇作战，极有可能将夏威夷变成一座与世隔绝的孤岛，进而在面对日军两栖部队登陆或日本强大的战列舰部队的重炮轰击时，变得脆弱不堪。

此外，还有一种有可能大幅增加日本人获胜机会的做法，就是对美国人的飞机制造厂进行攻击，因为，它们中的大多数就分布在西雅图附近的华盛顿州，还有一些分布在加利福尼亚州，这些区域基本上都在日本帝国海军舰机潜艇的攻击范围之内。

然而，如此多的宝贵机会最终却从日本海军决策者的手中白白流失，着实属于不智行为。他们不但认识到美国海军所具备的巨大优势，也明白自己绝不是美国大西洋舰队和太平洋舰队的对手，更清楚美国所拥有的强大的工业生产能力，但在如何解决这些问题上却心胸狭隘不思进取，把全部赌注押在了对美国海军太平洋基地珍珠港以及分布在夏威夷岛的各个附属航空基地的全力一击。

同样，世界海战史上的许多经验教训也被日本海军决策者给忽视了。例如，对于任何一支海军而言，其在战时的一项重要任务就是保护海上航线和海上贸易，这样做并非是为了从中获取商业利润，而是为了确保国家生存。对于日本这样一个严重缺乏自然资源的人口众多的国家来说，如何保护原材料、燃料和粮食等战略物资的输入安全，当是日本海军的首要职责。在任何一名美国或英国海军军人看来，组建护航运输队确保海上航道安全，永远不会是一种下策。但是，这种认识对于生性好勇斗狠的日本帝国海军而言，却极为不合时宜。战争并非总是如何发起攻击的问题，当然，总是采取防御也是绝对赢不了战争的，但大多数情况下，如何保卫和防护同样至关重要。

例如，日本人对于澳大利亚港口城市达尔文的进攻就毫无必要，对于战争全局的发展甚至有害无益，它唯一的作用就是浪费了大量的燃料和弹药，而这些物资如果用在其他地方将会产生更加重要的收效。此外，日本人在阿留申群岛浪费大量人力、飞机和舰船的做法，是他们缺乏战略眼光的又一案例，这种做法与其实现主要目标背道而驰。

与之相反，美国人对于日本人早期攻占诸多岛屿的现实，并没有立即做出过多的回应，这是因为他们认识到这些岛屿并非十分重要，完全可以等到时机成熟时再逐个收复。当然，美国人只会对日本人企图入侵阿拉斯加州的任何举动及时做出回应，但这种可能永远只是一种假设，从来没有成为现实。

有人甚至追问，为什么日本人将其魔爪伸到了缅甸和新几内亚？尤其是缅甸？缅甸也许可以被视为进入印度的大门，但对于日本人来说，在占领印度的价值和打击一个老牌殖民帝国（英国）的威望之间，究竟孰轻孰重，很难做出判断。印度并不能提供日本人所需的粮食和原材料，而且距离日本人提倡的"大东亚共荣圈"也相去甚远，其唯一的资产就是众多的人口。曾经有许多印度籍战俘参加了日本人倡导的印度国民军，但他们中的大多数人仅仅是为了逃避战俘营里的残酷折磨，避免被饿死的悲惨命运。印度人并不希望将骑在自己头上的殖民者从一个白种人换成另一个黄种人，尤其当他们终于从英国人那里得到一旦战争结束就可以获得独立的承诺之后，更是如此。

退而言之，鉴于在中国战场上大量兵力被牵制的泥潭局面，难道日本人真的希望同样的一幕也发生在地域广袤的印度次大陆上？

无独有偶，在欧洲的东线战场，希特勒在入侵苏联的"巴巴罗萨"行动初获成功之后，做出了分散兵力向前推进的决定，最终成为其在冬季来临之前无法取得决定性突破和胜利的主要影响因素之一。

在太平洋战场，如果日本人集中精力经营马来半岛、荷属东印度群岛以及法属印度支那的话，他们也许能使自己的新帝国持续更长一段时间。因为，占领法属印度支那，至少能够为其进攻泰国和马来亚提供空军基地，而菲律宾群岛同样非常关键，它们加固了马来亚、东印度群岛和日本本土群岛之间的海上航道联络。可以说，泰国、马来亚、东印度群岛等土地非常富有战略价值，它们可以为日本提供所需的石油、橡胶、锡矿、粮食、木材等战略物资。

指挥失误

鉴于失败已成定局，日本人决心打一场防御战争，与美国及其盟友的强大军队血战到底。日本领导人明白，自己的国家已经不可能赢得战争，却企图通过继续战斗，为自己赢得一个比较有利的谈判条件，从而使自己的国家尽可能地保留"帝国"的各种权利和地位。在他们看来，既然完胜对手已经不可能，摆在前方的道路只有消耗战一条出路，希望借此给盟国造成更多的人员伤亡，使他们国家的人民无法承受和坚持下去。

其中一条途径就是攻击盟军登陆舰队，击沉盟军运兵船和物资装备船，造成尽可能多的人员伤亡。然而，日本人没有料到，自己的美国对手对于登陆作战艺术有着更高一筹的总结和研究。的确，美国人在认真研究了英国人几十年前在盖利博卢半岛登陆作战失败的教训之后得出结论，只有将船上人员和物资尽可能快地输送上岸，才能够在遭遇强敌之前尽可能多地占领和扩大登陆场，才能够赢得更多的胜算机会，尽可能多地降低惨重伤亡的风险。

在许多的岛屿和群岛防御作战中，日本人不但自身伤亡惨重，也使盟军付出了巨大的代价。但是，困兽犹斗的日本人无论做怎样的殊死挣扎，也只是暂时延缓了被最终击败的可悲命运。

与此同时，日本人的情报工作存在诸多失误，无法随着战争的进行而得到改进。珍珠港事件发生后，美国人迅速逮捕了大批的日裔美国人，对他们进行监视居住，杜绝了日本间谍搜集美国海军情报的可能。因此，由于缺乏情报来源，到了战争尾声阶段，日本海军军官几乎无法区别美军护航航空母舰和全尺寸攻击型航空母舰，有时候甚至把油船和航空母舰混为一谈。

由于没有能力训练飞行员如何更加准确地识别目标，或者进行集中力量攻击，使得浪费大量作战资源和飞行员生命的"神风特攻行动"的决策更加失败。在偷袭珍珠港行动中，日本帝国海军是世界上第一个从航母上发起大规模集中空袭的海军力量，但在实施神风特攻作战的行动中，却不能应用同样的战术。事实上，短时间内集中神风特攻兵力发起猛烈攻击，要比分散兵力和时间，更能使这种可怕的武器奏效。

问题还在于，使用那种携带较少武器载荷的小型飞机执行神风特攻任务比较有效，但使用"零"式战斗机作为自杀式炸弹，无论对于飞机还是飞行员而言，都是一种浪费。中途岛海战中，美国人总结发现，重型轰炸机不太适用于对付正在海上航行的舰船，但用来对付港口中的船舶或者登陆场上的人员和装备却相当有效。

不过，日本人并没有一架真正意义上的重型轰炸机，其陆军航空队中最强大的轰炸机，在美国人和英国人眼里也不过是中型轰炸机而已。尽管如此，日本人的俯冲轰炸机和鱼雷轰炸机倒是非常好用，尤其在配备了经验丰富的飞行员后，更是所向无敌，这一点在珍珠港行动中得到了充分验证，称得上是其偷袭成功的重要因素。

然而，在对付一个准备充分的敌人时，需要与日俱增的经验和技术，日本人在这方面却有些止步不前。很显然，与防卫力量薄弱的中国军队作战，并没有使日本军事力量得到任何锻炼和提升，从而使其能够与美国这样一个久经沙场的对手交战。

这种看法听起来似乎非常苛刻甚至刺耳，但无论如何，日本人在法属印度支那几乎没有遇到任何抵抗，在马来亚和新加坡的英军部队防守松懈、装备低劣，驻扎东印度群岛的荷兰军队的能力素质也强不到哪里去。在菲律宾，美国人主要依靠当地的土著军队，这些人对于美国缺乏忠诚度，驻扎当地的美国军队不得不与当地严酷的热带环境作斗争，随着日军的成功登陆，补给线岌岌可危，这些美国人的处境更加危急。

在作战能力上，拿20世纪40年代初期的日本军队与19世纪90年代的英国军队做个比较，我们不难发现，这两支军队进行的均是一场殖民地战争，他们的对手均是一支缺乏训练且装备低劣的部队。其中，对于英国人而言，当他们发现自己正与其他的欧洲人作战，而且日益陷入一场快速移动的战争时，简直如梦方醒。对于日本人来说，当他们遭遇到高速机动的美国军队时，如遭当头棒喝。

过度膨胀的野心

很难下结论说，这是一场日本人注定无法打赢的战争。不过，日本人的狼子野心太过于膨胀了，对于这一点，早在战争爆发之前，作为日本海军联合舰队司令长官的山本五十六海军大将就已经心知肚明。毫无疑问，山本的许多政治雇主们都把赌注下在了盟友德国人身上，他们梦想着德国人能够保持其在欧洲战场的迅猛进攻势头，始终给盟国形成强大压力。然而，盟国强大的两线作战能力，令日本人始料未及。

事实上，当美国人开始把支持对日战争摆到优先位置上时，日本人也许开始看到了以往美好运气的陡然逆转。在美国对其投掷两枚原子弹的强烈震撼下，日本政治家们开始考虑和讨论投降事宜。到了这个时候，日本国家赤地千里，饿殍遍野，所有大中型城市不是被原子弹夷为平地，就是被燃烧弹烧成焦土，其悲惨景象，不啻人间地狱。即便如此，日本社会仍然发生了一场强烈的反对投降运动，日军还是为5000名神风特攻队员及其飞机筹集到了最后一次自杀式攻击所需的燃油。

　　面对盟国尤其美国对自己造成的不可承受的巨大伤亡，日本人也许最渴望做到的就是返回谈判桌上。日本人在盟军向其本土推进的过程中，未能拦截和摧毁掉盟军舰队，其最终失败的命运再也无法逆转。一贯视人的生命如同草芥的日本人，在其侥幸成功偷袭珍珠港之后，也许从来就没有弄明白过——如何才能真正打赢美国人！